古代歷史文化 研究輯刊

三二編

王明蓀 主編

第20冊

雲南青銅時代動物搏噬主題研究

劉渝 著

國家圖書館出版品預行編目資料

雲南青銅時代動物搏噬主題研究／劉渝 著 -- 初版 -- 新北市：
花木蘭文化事業有限公司，2024〔民 113〕
目 4+226 面；19×26 公分
（古代歷史文化研究輯刊 三二編；第 20 冊）
ISBN 978-626-344-883-4（精裝）
1.CST：動物 2.CST：青銅器時代 3.CST：文化研究
4.CST：雲南省
618   113009488

ISBN-978-626-344-883-4

9 786263 448834

古代歷史文化研究輯刊
三二編 第二十冊   ISBN：978-626-344-883-4

雲南青銅時代動物搏噬主題研究

作　　者　劉渝
主　　編　王明蓀
總 編 輯　杜潔祥
副總編輯　楊嘉樂
編輯主任　許郁翎
編　　輯　潘玟靜、蔡正宣　美術編輯　陳逸婷
出　　版　花木蘭文化事業有限公司
發 行 人　高小娟
聯絡地址　235 新北市中和區中安街七二號十三樓
　　　　　電話：02-2923-1455／傳真：02-2923-1452
網　　址　http://www.huamulan.tw 信箱 service@huamulans.com
印　　刷　普羅文化出版廣告事業
初　　版　2024 年 9 月
定　　價　三二編 28 冊（精裝）新台幣 84,000 元　　　版權所有 · 請勿翻印

雲南青銅時代動物搏噬主題研究

劉渝 著

作者簡介

劉渝，現任重慶師範大學歷史與社會（考古文博）學院副教授。博士畢業於四川大學考古文博學院考古學及博物館學專業，曾參與過重慶明月壩、李家壩等遺址考古發掘工作，專注巴蜀與雲南青銅時代美術考古研究，發表有《基於滇國多人獵獸圖像解析下的族群文化與社會形態研究》、《西南少數民族族群的歷史形成與社會結構》，主持參與國家社科基金《從考古遺存的圖像主題看戰國秦漢時期雲南地區的對外交流》、《滇國墓葬研究》等項目。

提　　要

　　雲南青銅時代的物質遺存中存在大量表現動物以及人與動物之間搏噬關係的圖像主題，其迥異於中原及周邊地區，深入探討此類圖像主題的文化內涵及其中外來藝術要素，是研究雲南青銅時代對外交流的重要組成部分。

　　本書首先對動物搏噬主題材料進行系統地梳理並對其進行分類描述，其次分析其分期發展以及區域分布等特點，探索背後所傳達的信仰崇拜、社會結構、禮儀制度等文化內涵；最後對各類型構圖和形象進行深入分析，將之與雲南外相似圖像材料作比較，探討共性與差異，考察與地區外有無交流和互動。

　　本書認為雲南青銅時代的動物搏噬主題的出現和流行具有一定爆發性特點，受地區外文化因素的影響較為明顯；但影響其表現形式和內容的並不僅為斯基泰文化，事實上我國北方草原文化、波斯希臘文化以及中國南方文化的動物搏噬主題都有可能對其產生過直接或間接交流。由於青銅時代中晚期的雲南處於社會轉型期，複雜精細的圖像主題都是為雲南上層統治者服務，適應等級和禮儀要求的產物，其使用範圍始終集中於生產技術水準較高、社會環境較為穩定、自然資源豐富的滇池區域。隨著漢文化強勢入侵，滇國解體，土著青銅文化衰落，動物搏噬主題也迅即沒落並最終消失。

目

次

緒　論

第一節　選題緣起

　　雲南是中國西南地區自然生態環境獨特，族群眾多，長期以來文化地域性強烈的一個地理單元。這一地區既與內地的歷史進程有密切的聯繫，又是連接亞洲腹地與中南半島的關鍵樞紐，自古就是族群遷徙和文化傳播的重要通道。青銅時代是雲南文化藝術最繁榮、最富有地方特徵的時期，也是民族融合匯聚的重要時期。受地理、氣候、生態環境的影響，當地「西南夷」族群創造出了豐富而多彩的地方青銅文化，並在其物質文化遺存上保留了大量反映當時思想意識、社會狀況、生產方式、民風民俗等方面的信息。

　　雲南古代土著族群青銅文化的物質遺存中，出現了大量高度寫實的圖像和紋飾，其中迥異於中原及周邊地區卻與北方乃至歐亞大陸草原文化造型風格接近的動物紋引起了學者關注，其直觀地為研究雲南當時社會結構、信仰崇拜、自然環境等提供了重要依據，成為研究雲南文化藝術乃至社會歷史進程的重要參考資料。

　　以動物為主題，進行藝術創作，是遠古人類文化共有的特徵。不同經濟文化類型的各民族，所創造的動物藝術形象各具特色，各不相同。然而在不同的形象中，總有一些相似的題材反覆出現，形成既能獨立存在又能持續在不同文化傳統中衍生發展的母題〔註1〕。

〔註1〕 「母題」（moti）本是一個外來的概念，本義是指音樂、藝術、戲劇作品中最重要的或者是反覆多次出現的某種主題、模式或觀念。「母題」在 20 世紀被引進到文學研究領域後，成了一個重要的理論術語，並在民俗學、比較文學、古代文學及文藝學等多種學科中得到廣泛運用，但各自的內涵並不相同，歧義紛出。

　　青銅時代雲南考古遺存上的動物紋中，大量表現動物之間搏鬥、噬咬、具有強烈動態和高度寫實的主題獲得了學者的高度關注。一方面這類主題表現的內容生動活潑，表現的動物種類和構圖形式多種多樣，承載器物在雲南青銅時代遺存中往往代表最精湛製作工藝和特殊身份地位，可通過深入的分析研究此類藝術形式所反映的自然環境和社會階層；另一方面此類主題中某些動物組合和表現情節反覆出現，如猛獸（通常為虎、豹）獵噬草食動物、猛獸與人搏噬、蛇噬動物等，不僅單體的動物角色有母題化的傾向，某些形式的組合構圖也有程式化的趨勢，研究其可瞭解雲南古代居民在信仰崇拜等思想意識方面的問題；同時這類主題，可與其他地區古代遺存相似主題進行橫向和縱向的比較，由共性中找出其起源傳播的途徑或模式，再現古代先民對自然界的一般性認識和理解；而其相互差異則可為研究在不同自然地理氣候環境下，不同民族和文化，不同階層和性別的先民在崇拜形式、信仰對象等方面的特徵提供佐證。

　　雲南動物紋的研究，目前主要集中於綜合研究，或某類動物母題研究，以動物搏噬主題為專題的綜合考察非常缺乏，資料的整理搜集也不夠系統完善；而作為研究雲南對外交流互動的重要材料，這種主題又多為學術界所關注，常有研究文章會有所提及和討論。同時草原文化動物紋研究的深入，越來越多的理論和方法為研究雲南青銅時代的動物搏噬主題提供了新的思路和借鑒。隨著考古材料的逐漸積累，有必要對行全面梳理並將之作為一個專題展開綜合性研究。

第二節　研究對象的界定

　　本書的研究對象是青銅時代雲南地區考古遺存上出現的動物搏噬主題，為什麼採用這一名稱而沒有用諸如動物搏鬥紋、動物咬鬥紋或格鬥紋等名稱，一是對於這類圖像紋飾，學術界並未有統一命名；二是前述幾種命名方式，無法涵蓋本書所要討論的材料範圍。因為本書傾向於將整個雲南相關主題的材料劃分為狹義和廣義兩個層面來進行界定。

　　這裡所指狹義的層面，亦即傳統歐亞草原文化動物搏鬥紋或咬鬥紋研究

其中最為明顯的表徵就是將母題與主題、題材、原型、意象等眾多範疇糾纏在一起。為避免歧義，儘管動物搏噬紋本身，就世界範圍來看，無論早晚，都屬於人類文化中反覆出現的母題之一，但基於雲南青銅時代動物搏噬紋自身種類的豐富性和其文化內涵的複雜性，本書沒有採用母題這一稱呼，僅對某些在境內外廣泛出現的具有相似構圖、相似動物角色的紋樣進行分析時，可能對一些特殊的構圖或紋飾圖像內容採取母題的稱謂。

的對象，通常表現為猛獸如虎、狼、有翼怪獸襲擊噬咬草食動物如鹿、驢等，以及猛獸之間如虎狼、虎熊等的搏鬥對峙與互相噬咬。在雲南的青銅時代遺物中，這類圖像造型明顯與亞歐草原地區黑海流域、西伯利亞、伊朗高原、哈薩克草原、蒙古草原、以及中國北方的古代動物紋具有某些相似性。對於這種具有強烈動態及寫實性的動物圖像與造型，學者們習慣將之與其他具有同樣風格的單體或組合的動物紋統稱為「草原風格」、「野獸風格」或「斯基泰」動物紋，而往往在討論文化交流、藝術起源等問題時將這種形式的圖像造型作為典型予以重要的關注。最早究竟由誰概括統稱，由誰開始關注這類材料此處難以盡考，但大體上來說，對其的關注和認識與學者各自對動物紋種類和考古學文化的研究認識密不可分，因此不同的學者在對材料的界定和命名上也有不同。如田廣金、郭素新兩位學者就將此類主題紋樣或圖像命名為「動物咬鬥形」，並指出其「主要是表現動物相互咬鬥的場面，其中以猛獸捕咬家畜為多見」，其舉出的例子中就涵蓋了各種野獸捕咬草食動物、動物互鬥甚至捕咬過後猛獸背負獵物的場景〔註2〕；學者烏恩·岳斯圖則將明確可辨的材料分別劃分種類並命名為「猛獸襲食草原動物」和動物「相鬥紋」〔註3〕；而張增祺先生在討論雲南動物紋時，明確將諸如虎噬豬、虎牛搏鬥以及虎背牛等材料都納入了其所探討的「動物搏鬥紋」範疇〔註4〕；美國學者埃瑪·邦克（Emma C. Bucker）在《滇國藝術中的「動物格鬥」和騎馬獵手》中所例舉「動物格鬥紋」材料時，也將「虎背牛」、「虎進攻野豬」、「蛇咬虎尾」、「虎進攻牛」這類圖像造型納入了其範疇〔註5〕。從上述例子可知，學者們在討論相關主題時，其命名和實際採用研究的材料本身並不能嚴格劃上等號，很多學者甚至並沒有嚴格對之進行界定，而是按照約定俗成的原則和自己的認識理解進行命名。

　　但從雲南青銅時代遺物可以發現，本地區動物之間搏鬥噬咬的圖像造型有與草原地區的相似性，但更多的是其強烈獨特的地方色彩，其構圖形式和所表現內容也較草原地區更為複雜，因此狹義的「動物搏鬥紋」一詞無法完整涵

〔註2〕詳見田廣金、郭素新：《鄂爾多斯青銅器》第「二　動物紋分類」一節，第174頁，文物出版社，1986年。

〔註3〕詳見烏恩·岳斯圖：《北方草原考古學文化比較研究──青銅時代至早期匈奴時期》第235～244頁，科學出版社，2007年。

〔註4〕張增祺：《雲南青銅時代的「動物紋」牌飾及北方草原文化遺物》，《考古》1987年第9期。

〔註5〕〔美〕Emma C Bunker：《滇國藝術中的「動物格鬥」和騎馬獵手》，《雲南文物》1989年第12期。

蓋雲南地區的材料和探討雲南本地特色，必須引入廣義的界定。本書所主張的動物搏噬主題，一是除了狹義的與草原地區類似的動物搏鬥噬咬圖像造型外，還要納入更多具有雲南本地特色的一些動物搏鬥噬咬的圖像造型，如廣泛出現的蛇噬動物、動物對峙、猴蛇相鬥等等；二是要將「人」納入研究對象的範疇，將動物與人之間，主要是具有搏鬥、對峙、噬咬、獵追等同樣在狹義動物搏鬥紋中能看到的構圖場景，作為探討的對象。正如《鄂爾多斯青銅器》之五章對於動物紋的分析——「人與動物組成的反映社會生活場面的造型，實際上是群獸形和動物咬鬥形的進一步發展」〔註6〕；學者田曉雯在分析雲南青銅扣飾表面動物題材的紋飾時，就將動物與人的搏鬥包括騎士獵鹿等都包含進了「動物」題材的範疇。我們應當注意到，動物與人的搏噬是雲南青銅時代圖像紋飾中具有特殊意義的一類，其構圖形式，場景內容又與狹義的動物搏鬥紋有許多相似的地方，同時在數量上也顯示出可自成一類的特點。這也是研究雲南動物搏噬主題與草原地區動物搏鬥紋差異性的一個重要方面；同時也反映了人與自然關係的變化。因此為了避免在題目上給人以先入為主的印象，本書採用了「動物搏噬主題」這一名稱，研究對象涵蓋動物之間以及動物與人之間相互對峙、噬咬、搏鬥的平面圖像和立體造型。

雖然本書所涉及的雲南地方材料目前來看基本上屬於戰國晚期到東漢初期，即雲南青銅時代從鼎盛逐漸走向衰落，亦即土著青銅文化逐漸被來自中原的鐵器文明所取代的發展階段，但在探討其源流時均會涉及其雲南青銅時代初期的一些工藝技術以及文化特徵，在對某些主題類型作分析時還有可能回顧周邊地區乃至境外的一些更早的材料，故在此特別說明。

第三節　雲南青銅時代動物紋相關研究回顧

如第一節所述，本書之所以選擇動物搏噬主題這一主題，有個重要原因即是傳統研究中，對這一主題的全面考察和專門研究甚少，但在研究雲南青銅時代考古學文化與藝術的時候，尤其是進行綜合動物紋研究或某一動物紋、某一類器物伴隨紋飾研究時，卻又屢屢提及這類材料。因此對雲南青銅時代動物搏噬主題的研究回顧，要通過梳理整個雲南青銅時代動物紋的研究來瞭解概括。

有關草原動物紋的研究甚早，著述頗多。國內外研究地域廣，時間跨度大，

〔註6〕詳見田廣金、郭素新：《鄂爾多斯青銅器》第174頁，文物出版社，1986年。

資料不甚枚舉，僅國內學者就有結合器物造型對若干動物角色或紋樣、構圖形式、藝術風格等進行分析的，如《亞歐草原野獸風格若干紋樣研究》〔註7〕、《試論鄂爾多斯戰國墓中出土的怪獸形象》〔註8〕、《略論怪異動物紋樣及相關問題》〔註9〕、《亞歐草原動物紋藝術的典型主題——鹿—鳥組合紋探析》〔註10〕、《歐亞草原有角神獸牌飾研究》〔註11〕等，也有對其所反映的游牧文化之生存環境、民族以及起源與文化交流等問題進行探討的，如學者馬健《黃金製品所見中亞草原與中國早期文化交流》〔註12〕、杜正勝《歐亞草原動物紋飾與中國北方民族之考察》〔註13〕、《歐亞草原動物紋飾對漢代藝術的影響》〔註14〕；或通過對藝術形式的分析其宗教信仰等方面的內涵，如《考古所見薩滿之腰鈴與飾牌》〔註15〕、《歐亞草原動物紋樣的角色轉換》〔註16〕等。這些研究無論是研究方法還是研究的一些觀點對於戰國秦漢時期動物紋研究或多或少都有著借鑒參考的作用。而正是有了草原地區動物紋研究的基礎，近現代雲南地區的動物紋研究才隨著材料的不斷積累逐漸開始成為熱點課題之一。

　　相較於歐亞草原動物紋的研究，雲南動物紋研究起步較晚。雲南地處西南僻疆，雖從漢代開始中央王朝就在此地設置郡縣，但從歷史時期的記載來看多有反叛，屬於不服王化之地，其民被視為蠻夷，其物沒有本民族的文字記載，從宋代金石學肇始到解放前，對於雲南青銅時代遺物的收藏甚少，僅能在古代文獻記載中見到雲南出土的銅鼓材料。由於中西方學術界在早期研究中，多關注於能結合甲骨金文和歷史文獻分析，能對技術起源和歷史文明進程提供關

〔註7〕沈愛鳳：《亞歐草原野獸風格若干紋樣研究》，《南京藝術學院學報（美術與設計版）》2009年第6期。

〔註8〕姜濤：《試論鄂爾多斯戰國墓中出土的怪獸形象》，《考古與文物》2005年第4期。

〔註9〕烏恩：《略論怪異動物紋樣及相關問題》，《故宮博物院院刊》1994年第3期。

〔註10〕吳豔春：《亞歐草原動物紋藝術的典型主題——鹿—鳥組合紋探析》，《文博》2011年第4期。

〔註11〕林澐：《歐亞草原有角神獸牌飾研究》，《西域研究》2009年第3期。

〔註12〕馬健：《黃金製品所見中亞草原與中國早期文化交流》，《西域研究》2009年第3期。

〔註13〕杜正勝：《歐亞草原動物紋飾與中國北方民族之考察》，《中央研究院歷史語言研究所集刊》第六十四本第二分，民國八十二年六月。

〔註14〕楊孝鴻：《歐亞草原動物紋飾對漢代藝術的影響》，《南京藝術學院學報》（美術及設計版）1998年第1期。

〔註15〕馮恩學：《考古所見薩滿之腰鈴與飾牌》，《北方文物》1998年第2期。

〔註16〕仲高：《歐亞草原動物紋樣的角色轉換》，《西域研究》2004年第2期。

鍵證據的青銅禮器尤其是中原系統的青銅器研究上，因此對於邊疆地區的青銅時代遺存關注不多。

解放前雲南地方已有青銅時代的遺物出土並有所流傳，但國內外學者所述甚少，只有銅鼓由於在中國古代已開始有所搜集和關注，於清代始有研究，並有學者開始注意到銅鼓上出現的立體蹲蛙、翔鷺等動物紋樣〔註17〕。不過此時還沒有人關注到有關動物搏噬主題的相關材料。

雲南青銅文化的研究真正肇始於 20 世紀五十年代的大規模發掘活動。1955 年到 1960 年晉寧石寨山的四次發掘，集中出土了大批精美的青銅器，為系統開展雲南青銅時代的研究工作奠定了首批科學的物質證據。在編撰報告時，大量精美的動物紋青銅器使得學者開始注意到一些極為典型的動物紋，如蛇紋，並指出蛇在當時的滇池區域很可能是普遍存在的一種動物，由於其對人們的生命財產有著直接的危害性，因此人們便產生了畏懼的心理，從而把它作為圖騰來崇拜。祭祀的銅柱（殺人祭銅柱貯貝器，銅柱上纏一條大蛇，大蛇正在吞食一人），可以說是最莊嚴神聖的東西；金印也是代表著統治者最高權力的重器，兩者之上都表現了蛇，說明蛇是當時滇王國崇拜的圖騰〔註18〕。該研究第一次嘗試了將青銅器上的動物紋樣與雲南青銅時代的宗教信仰聯繫在一起。而馮漢驥先生在石寨山發掘之後首次對出土器物上的雕塑和紋飾進行了專題研究，並將傳統考據學的方法引入對青銅器人物形象的分析，即將圖像與歷史文獻相結合探討石寨山青銅器的族屬問題〔註19〕。

70 年代到 80 年代考古學者集中在滇池區域的江川李家山和呈貢天子廟墓地，滇西區域的楚雄萬家壩和祥雲大波那發掘了一批重量級的墓葬。這批墓葬規模大等級高，出土遺物製作精美，同時滇池和滇西區域的差異性也開始凸顯出來，由此奠定了對雲南青銅文化區系類型研究的基礎。隨著動物紋青銅器實物資料的豐富，一些學者如李昆聲、高鍾炎在《雲南古代青銅動物造型藝術》中就對雲南青銅器上出現的動物進行了分類和造型藝術分析，其中就劃分出了動物格鬥這一類題材。〔註20〕同時出現了一些對動物紋所表現出的信仰崇

〔註17〕參考蔣廷瑜：《古代銅鼓通論》第 273～287 頁，紫禁城出版社，1999 年 12 月。
〔註18〕《雲南晉寧石寨山古墓群發掘報告》第 136 頁。
〔註19〕馮漢驥：《雲南晉寧石寨山出土文物族屬問題試探》，《考古》1961 年第 9 期；馮漢驥：《雲南石寨山出土青銅器研究——若干主要人物活動圖像試釋》，《考古》1963 年第 6 期。
〔註20〕李昆聲、高鍾炎：《雲南古代青銅動物造型藝術》，《美術叢刊》1980 年第 12 期。轉引自《雲南青銅文化論集》第 143～147 頁，雲南人民出版社，1991 年。

拜問題的專門研究。如在 1986 年學者田曉雯和霄鵬在《「蛇」在滇文化中的地位》一文中，就再次對青銅器上廣泛出現的「蛇」進行了分析，通過民族學和古代文獻的材料來證明蛇是滇人的一種圖騰和標誌。〔註 21〕此外一些學者也開始注意到某些動物紋與當時的經濟生活和生產方式之間的關係，如李昆聲、張興永在探討農牧業時都結合了青銅器上的動物形象進行分析〔註 22〕。

此時一些國外學者也開始注意到雲南青銅時代具有代表性的滇國青銅器上高度寫實的動物紋，與亞歐草原游牧文化的動物紋中以搏鬥、噬咬、捕食等形式出現的動物主題，俗稱動物搏鬥紋、動物咬鬥紋或格鬥紋有著強烈的相似性。這類主題是草原動物紋中藝術造詣最高的作品，在游牧文化中均很盛行。其表現了食肉動物與草食動物的撕咬、搏鬥，具有強烈獨特的造型風格，也是西方學者廣泛研究的所謂「野獸風格」最典型的代表〔註 23〕。自此，狹義的動物搏噬主題被納入雲南動物紋研究的對象。

1974 年 M.Pirazzoli-t' Sertevens 在其文章中指出，中國西南出現的動物紋飾，可以用西北與中國西南之間文化要素的「流通」及「互換」來解讀，其可能的傳播路線要去中國大河谷地、草原地帶以及西南高原之間的緩衝地帶尋找，橫斷山脈河谷的一些考古發現可能是關鍵線索。〔註 24〕1976 年日本學者白鳥芳郎進一步針對動物搏噬主題中的某些圖像造型做出分析並指出，滇文化青銅器上的動物搏鬥紋飾與斯基泰藝術中的動物搏鬥圖案十分相似，二者之間必有聯繫，並認為是昆明族將斯基泰文化因素帶入了雲南。〔註 25〕由此開始對滇文化青銅器上的動物紋冠以「草原藝術風格」或「斯基泰藝術風格」等說法，將大量具有相似風格和構圖的動物紋看做亞歐草原游牧文化傳播的結果。後來美國學者邱茲惠（Chiou Tze-Huey）進一步通過探討滇文化中常見的

〔註 21〕 田曉雯、霄鵬：《「蛇」在滇文化中的地位》，《雲南文物》1986 年第 6 期。

〔註 22〕 李昆聲：《雲南牛耕的起源》，《考古》1980 年第 3 期；張興永：《雲南春秋戰國時期的畜牧業》，《農業考古》1989 年第 1 期。

〔註 23〕 又稱斯基泰獵牧人動物紋樣風格。

〔註 24〕 M.Pirazzoli-t' Sertevens, La civilization du royaume de Dian a lépoque Han dápres le material exhume a Shizhaishan (Yunnan) (Publications de l' École d' Extrěme-Orient 94), Paris:1974, pp.124~127, p.126. 轉引自羅伯特‧強南、墨哥里勞‧奧里柯利：《中國西南游牧考古芻議》，盧智基譯，《南方民族考古》第七輯，科學出版社，2011 年 5 月。

〔註 25〕 〔日〕白鳥芳郎：《石寨山文化的承擔者——中國西南地區所見斯基泰文化的影響》，蔡葵譯，《雲南文物》1980 年。轉引自張增祺：《滇國與滇文化》，雲南美術出版社，1998 年 10 月。

銅鼓紋飾、滇式的大自然題材及東山的幾何紋飾，進一步贊同白鳥芳郎關於氐羌族是歐亞草原動物造型重要傳播者之一的論斷〔註26〕。

1986年張增祺先生在其《雲南青銅時代的「動物紋」牌飾及北方草原文化遺物》〔註27〕一文中再次肯定了雲南青銅文化中滇文化的動物搏鬥紋與斯基泰藝術之間的聯繫，但他主要是從文化歷史的角度來解釋上述風格的聯繫，著眼於民族遷徙和當地民族歷史傳統來分析，並對傳播此類動物紋的民族得出了一些不同的看法。

但與此同時，在一些針對雲南青銅器器物類型和藝術特徵的專題研究中，學者提出了截然不同的看法。如學者田曉雯通過分析雲南青銅器中的扣飾及其上面的紋飾後認為，以動物為藝術造型的裝飾主題，從古至今，從東方文化到西方文化都是一個人類文化發展史上的共同特點，並明確否定了雲南青銅扣飾存在任何外來的影響〔註28〕。

1988年美國學者埃瑪·邦克（Emma C. Bucker）在《滇國藝術中的「動物格鬥「和騎馬獵手》中直接從圖像分析出發提出了類似的觀點。她指出草原動物藝術風格不可能隨意被作為一種圖案之源，去引證出另一個地理環境和文化中的某種十分類似的動物圖案。她分析比較了從騎馬獵手之服飾、使用武器以及動物種類和格式上雲南之與歐亞草原文化之差異，再次指出滇國青銅器動物格鬥和狩獵的場面是其「自身文化中的一部分，絕無來自草原動物的影響」〔註29〕。

無論是田曉雯還是埃瑪·邦克，其看法所依據主要是文化人類學中有關文化相似性的理論。傳統文化相似性的理論認為，大體上相近似的自然環境、生態空間和社會條件，往往會造就成適應方式的相近或相似性，這種相近或相似性，不能全然理解成僅僅是文化傳播和移入的結果。〔註30〕然而二者當時依據的材料有限，也未對其中所涉及的最能反映草原文化特色的動物搏噬主題進

〔註26〕 Chiou-Peng,Tze-Huey, The "Animal Style" Art of the Tien Culture, Unpublished Ph. D. diss.,University of Pittsburgh, 1985.

〔註27〕 張增祺先生：《雲南青銅時代的「動物紋」牌飾及北方草原文化遺物》，《考古》1987年第9期。

〔註28〕 田曉雯：《談「滇文化」之青銅扣飾》，《雲南文物》1986年第12期；田曉雯：《從青銅扣飾看古滇國裝飾藝術》，《雲南文物》1988年第12期。

〔註29〕 〔美〕Emma C Bunker：《滇國藝術中的「動物格鬥」和騎馬獵手》，《雲南文物》1989年第12期。

〔註30〕 參考馮孟欽：《試論文化人類學對文化相似性的解釋》，《東南文化》1991年第5期；蔡家麒：《關於文化的相似性》，《世界民族》1996年第1期。

行全面的梳理，因此其結論仍然存在爭議。不過埃瑪・邦克第一次將騎馬人物形象與動物搏鬥紋一起納入一個系統討論文化交流和傳播問題，這對本書研究對象的界定無疑是一種指導。

　　隨即張增祺先生在其《再論雲南青銅時代的「斯基泰文化」影響及其傳播者》中指出埃瑪・邦克所引述材料十分有限，並沒有真正對雲南之動物格鬥和騎馬獵手進行系統全面的分析和論證。他再次明確提出雲南之動物紋確有與歐亞大陸草原文化或稱斯基泰文化交流的可能性：兩種藝術是否相似或相近，主要是看其有無共同的藝術構思和創作主題，及相似的藝術風格和表現手法。至於用何種原材料或裝飾於何處，是浮雕還是線刻等，都是第二位或次要的問題。並進一步確定滇文化青銅器上之此種紋飾應該是公元前 3～2 世紀由阿爾泰—帕米爾一帶的游牧民族塞人傳入〔註 31〕。

　　直到 90 年代以後，兩種觀點的爭論仍然存在。如學者蕭明華在分析了滇文化青銅扣飾的類型、紋飾內容和製作工藝後較為系統地比較了滇與北方草原文化扣飾，指出南北兩地的飾件是各有其源頭和分布範圍，各有特定的創造和使用的民族，各有其特定的用途、獨特的風格以及產生、發展和消失的過程，因此看不出它們之間有什麼繼承、交流和發展的關係。〔註 32〕而另一位學者楊勇在更為廣泛的資料搜集基礎上對扣飾作系統的類型分析和年代分期後卻得出了相反的結論：有不少表現動物搏鬥、掠食等場景的扣飾在紋飾內容和圖案構思方面確與北方草原的一些動物紋銅牌飾非常相近，這類扣飾的年代以西漢為主，相對較晚，考慮到當時歐亞大陸各地之間交往漸趨頻繁的背景，其受到影響的可能性是非常大的〔註 33〕。學者邱茲惠則從青銅器騎士俑及紋飾出發探討滇文化中的馬匹問題，再次指出滇文化的形成不斷受到外來因素影響，其中就包括來自草原的游牧文化〔註 34〕。

　　90 年代在滇池區域、滇西區域、滇北和滇南區域〔註 35〕相繼展開了更為廣泛的考古發掘和調查，為討論雲南青銅器動物紋與草原動物紋關係問題上

〔註 31〕張增祺：《滇國與滇文化》第 278 頁，雲南美術出版社，1998 年。

〔註 32〕蕭明華：《青銅時代滇人的青銅扣飾》，《考古學報》1999 年第 4 期。

〔註 33〕楊勇：《雲貴高原出土青銅扣飾研究》，《考古學報》2011 年第 3 期。

〔註 34〕Chiou-Peng, Tze-Huey, Horse men in the Dian Culture of Yunnan, Gender and Chinese Archaeology. Ed. Katheryn M. Linduff and Yan Sun. (Walnut Creek,CA: AltaMira Press 2004), pp.289~313.

〔註 35〕張增祺：《雲南青銅文化的類型與族屬問題》，《慶祝蘇秉琦考古五十五年論文集》，北京，文物出版社，1989 年。

積累了更多物質證據。隨著雲南青銅文化類型的大致確定〔註36〕，文化多元化和文化傳播理論越來越受到重視，更多的學者傾向於雲南青銅文化動物紋的某些風格要素確與草原世界有關聯。例如有學者就指出：中國西南地區出現豐富的所謂「動物紋飾」不能簡單地視之為草原世界與滇文化的施受關係，而應該視為一個興盛於畜牧經濟已發達的社會背景中的「區域性現象」，「動物紋飾」的出現應該是滇社會中精英階層有意識的選擇〔註37〕。

學者也開始審思過去的一些研究方法和結論，國內一些學者開始嘗試將西方藝術史研究的方法和理論引入對雲南青銅器動物紋的研究中，例如學者侯波在其碩士論文中明確提出將圖像學與風格分析的方法引入對雲南青銅器動物裝飾的分析當中。〔註38〕圖像學一詞由希臘語圖像演化成的圖像志發展而來，主要研究繪畫主題的傳統、意義及與其他文化發展的聯繫。圖像學最早由19世紀下半葉法國學者E.馬萊提出。除了通過圖像志鑒定藝術品中的母題和圖像，要求有關於文化及其圖像製作過程的廣博知識外，還試圖從圖像的更廣泛的文化背景來解釋這樣的形象是如何且為何會被選用的〔註39〕。

藝術分析中的象徵與符號理論也被引入對雲南動物紋性質和內涵的研究中，例如學者胡俊就指出雲南動物紋常見的蛇的「咬尾」圖式非自然界動物搏鬥的常態，「可能是具有同樣生殖崇拜意義的文化符號」，他進一步提出騎士獵鹿甚至有可能是血祭儀式的反映〔註40〕。這一附帶研究對於把握對象的內涵非常重要。而學者黃美椿則認為蛇並不是圖騰，也不完全象徵土地，而應該是水神〔註41〕。

有的文章則主要從藝術形式和藝術表現上對雲南青銅器進行分析，如學

〔註36〕雖然各學者在文化類型的區域劃分細度和命名上有所不同，但在滇池區域、滇西區域等其他類型文化特徵上達成了一定的共識。詳見彭長林：《雲貴高原的青銅時代》第11頁，廣西科學技術出版社，2008年。

〔註37〕羅伯特‧強南、墨哥里勞‧奧里柯利：《中國西南游牧考古芻議》，盧智基譯，《南方民族考古》第七輯，北京，科學出版社，2011年。原文發表於1994年。

〔註38〕侯波：《滇文化青銅器動物裝飾淵源探討》第4頁，四川大學碩士學位論文，2003年。

〔註39〕有關圖像志和圖像學的理論方法參考〔美〕安‧達勒瓦：《藝術史方法與理論》第21～22頁，鳳凰出版傳媒集團，江蘇美術出版社，2009年。

〔註40〕胡俊：《古滇文物中「蛇」、「咬尾」、「搏鬥」、「狩獵」──裝飾紋樣的文化符號意義》，《新美術》2006年第6期。

〔註41〕黃美椿：《晉寧石寨山出土青銅器上蛇圖像試釋》第148～164頁，《雲南青銅文化論集》，雲南人民出版社，1991年。

者徐拓《雲南滇族青銅扣飾雕塑對於生命力的表現》〔註42〕，劉利、黃雋《青銅器間的審美比較——以西漢滇池和商周中原地區青銅器為例》〔註43〕。研究的內容也不再局限於蛇紋，對動物紋中出現的諸如龍、牛、虎等形象也有專門研究，如樊海濤《試論滇國出土文物紋中的怪獸形象》〔註44〕，葛紹彤《淺述滇文化中的龍形象》〔註45〕等。

　　對動物紋性質和內涵的研究也不再只從圖騰說這一角度進行分析，對於研究對象也不再僅僅局限於狹義的動物紋，與動物、自然有關的活動也被正式納入研究討論的對象中。例如學者佟偉華在《石寨山文化青銅器狩獵紋與雕像考》一文中就指出了滇人從事狩獵還有一個重要目的就是用於祭祀和戰爭〔註46〕；易學鍾則認為具有具象裝飾的青銅器正是雲南青銅文化未能利用文字記錄的前文字時代所採用的表達方式，是考察雲南地區古代宗教祭祀性質和禮儀制度的重要資料〔註47〕；樊海濤《滇青銅器中「鬥牛扣飾」、「縛牛扣飾」及相關問題考釋》〔註48〕、《晉寧石寨山 M1：57A 貯貝器神話背景試析》〔註49〕等文也結合有關宗教祭祀、神話傳說對相關材料進行分析；易學鍾《初涉「雉」的文化史——石寨山「刻紋銅片」圖釋》〔註50〕考釋刻紋銅器中的圖畫文字意義；黃德榮在《蛇在滇國青銅器中的作用》中則從實用功能的角度對蛇紋的性質做了另一番推測〔註51〕。

〔註42〕徐拓：《雲南滇族青銅扣飾雕塑對於生命力的表現》，《新視覺藝術》2009 年第 1 期。

〔註43〕劉利、黃雋《青銅器間的審美比較——以西漢滇池和商周中原地區青銅器為例》，《美術大觀》2011 年第 2 期。

〔註44〕樊海濤：《試論滇國出土文物紋中的怪獸形象》，《四川文物》2010 年第 4 期。

〔註45〕葛紹彤：《淺述滇文化中的龍形象》，《雲南文物》2002 年第 2 期。

〔註46〕佟偉華：《石寨山文化青銅器狩獵紋與雕像考》，中國國家博物館、雲南省文化廳編：《雲南文明之光——滇王國文物精品集》第 16～21 頁，中國社會科學出版社，2004 年。

〔註47〕易學鍾：《滇青銅器三題》，《雲南文物》2003 年第 3 期。

〔註48〕樊海濤：《滇青銅器中「鬥牛扣飾」、「縛牛扣飾」及相關問題考釋》，《雲南文物》2007 年第 1 期。

〔註49〕樊海濤：《晉寧石寨山 M1：57A 貯貝器神話背景試析》，《雲南文物》2002 年第 2 期。

〔註50〕易學鍾：《初涉「雉」的文化史——石寨山「刻紋銅片」圖釋》，《雲南文物》2002 年第 2 期。

〔註51〕黃德榮：《蛇在滇國青銅器中的作用》，中國國家博物館、雲南省文化廳編：《雲南文明之光——滇王國文物精品集》第 41～43 頁，中國社會科學出版社，2004 年。

　　有些學者進一步將動物紋的分析融入當地的生態環境和社會經濟背景中去討論某些動物角色，如張興永、蕭明華等學者就再次將青銅器上的牛、馬、羊、豬等動物銅器與當時的農牧業發展狀況結合在一起進行了更深層次的分析〔註52〕。社會分析的方法被引入對雲南青銅器動物紋的研究中後，對於量化分析的要求也逐漸提高，例如吳敬在《以滇文化塑牛青銅器看滇國社會的發展與演進》一文中就非常細緻地對有鑄造或浮雕牛造型的青銅器進行了數量統計，並依據量化分析結果對以往學者所提出但未加縝密深入分析的結論進行了總結和歸納，認為塑牛青銅器的種類和功能的變化恰恰反映了滇文化和漢文化勢力強弱的對比以及由此所產生的思想觀念方面的變化〔註53〕。

　　綜上所述可以看出，雖然從解放前的零星銅鼓研究到解放後逐漸蓬勃興盛的雲南青銅器動物紋研究當中，其分析的材料或探討內涵的對象，尤其是在討論草原文化與雲南青銅文化的交流中，狹義的動物搏噬主題都獲得了較為重要的關注；但對於雲南地方特有的諸如蛇獸搏噬、人與動物搏噬的題材，卻是較晚才逐漸開始討論的對象。一直以來，學者關注於狹義動物搏噬主題亦即猛獸搏噬這一題材與草原文化的相似性，但卻忽視了它與本地特有的搏噬題材之間的聯繫以及其他文化的交流。並且到目前為止研究者還沒有真正對其進行深入廣泛的專門研究，尤其缺乏人與動物關係的梳理和探討。除此之外，研究對象的材料範圍也集中在滇文化青銅器上，對於雲南其他青銅文化和其他載體的材料沒有經過整理和分析。隨著材料的豐富和多學科理論方法的引進，有必要將互有關係的幾類主題納入一個系統進行深入考察和研究。本書將《雲南青銅時代動物搏噬主題研究》作為選題，並擴大了其研究對象的內涵，正是出於整體性研究的考慮。

第四節　主要研究思路

　　青銅時代的雲南地區，經歷著社會的劇變和技術的變革，雲南古代民族留下的青銅器，是中國古代青銅器的重要組成部分，對於研究邊疆民族構成、社會形態、信仰崇拜、禮儀制度等文化特徵有非常重要的意義。本書專注於對雲南青銅器紋飾的一個小專題的研究，希冀以小博大，為深入廣泛地擴展研究整

〔註52〕蕭明華：《青銅時代滇人的農牧業》，《農業考古》1997 年第 1 期。
〔註53〕吳敬：《以滇文化塑牛青銅器看滇國社會的發展與演進》，《邊疆考古研究》第
　　　　10 輯，第 254～266 頁，科學出版社，2011 年。

個西南乃至中國同類題材的分布和類型奠定基礎。

　　本書研究重點在於通過特定個案的分析來探索雲南青銅文化交流及其內涵。要解決的問題分為兩個層面。一是描述性研究，對動物搏噬主題分類時物種和場景內容進行比較細緻的觀察和描述，對於圖像的分析儘量客觀準確。以往研究多偏重於整體風格的把握，對於動物形態和搏噬構圖等則淺嘗輒止。本書除了描述搏噬場景之外，亦要學習林巳奈夫先生研究商周青銅器之方法，即將青銅器之動物紋與現實動物原型結合分析〔註 54〕，儘量客觀準確地描述動物角色。二是解釋性研究，梳理雲南青銅時代動物搏噬主題分期特徵，以及具體的區域分布等特點，由表象挖掘其內涵，搜索其內容所表達出的有關雲南古代民族信仰崇拜、社會結構、禮儀制度等文化信息；同時對各類型主題的構圖和動物人物形象進行深入分析，將之與雲南外類似題材作比較，探討共性與差異，考察與地區外有無交流和互動，這是本書的核心部分。

　　巫鴻先生在《「開」與「合」馳騁》中用「開」、「合」兩個詞，對不同時期中外藝術的關係與藝術史寫作的原則，做了扼要的歸納：「合」的意思是要把中國美術史看成一個基本獨立的體系，美術史家的任務是追溯這個體系或稱「傳統」的起源、沿革以及與中國內部政治、宗教、文化等體系的關係，而這種敘事是時間性的；「開」則是對這種線性系統的打破〔註 55〕。雲南的歷史記載和考古發掘也表明，古代雲南並非一個封閉的孤立的地理單元，從石器時代就與周邊地區有所交流互動，是個多民族雜糅的地區，其文化同樣具備複雜的多樣性。這就確定了對雲南青銅時代動物搏噬主題的分析應該秉承「開」的原則。

　　本書所採用的具體方法，一以類型學為基礎對其圖像的發展演變等進行研究，同時運用文化人類學和藝術人類學的理論方法對其性質和文化內涵進行分析。二是充分借鑑和利用多學科的研究方法與成果，如動物學、生態人類學、歷史地理、冶金技術等學科的相關理論和方法。三是多方面瞭解和掌握國外美術史研究方法尤其是圖像學和風格分析的研究方法，選擇性地借鑑。例如巫鴻先生在《武梁祠》中所運用的考據學、圖像學和原境分析〔contextual analysis〕等相結合的研究方法，以及在《禮儀中的美術》、《中國古代藝術與建

〔註54〕〔日〕林巳奈夫：《神與獸的紋樣學——中國古代諸神》，常耀華、王平、劉曉燕、李環譯，生活・讀書・新知三聯書店，2009 年。

〔註55〕巫鴻：《美術史十議》第 65～73 頁，生活・讀書・新知三聯書店，2008 年。

築中的「紀念碑性」》中所提到的「將藝術與政治和社會生活緊緊聯繫在一起」的「紀念碑性」研究。

（一）系統地界定和梳理資料

從解放前開始，雲南青銅時代的遺物已有出土，但解放前的資料大多流失海外，如大英博物館就收藏有一批傳出自晉寧梁王山的青銅器資料〔註56〕。解放後隨著科學發掘和伴隨生產生活的大量發現，遺物數量也不斷增加。但限於資料的不完全開放和地方研究的局限，很多資料為數年乃至十數年才公開發表，而一些發表的資料由於排版和早期報告編纂體例的不規範性，對於其準確的出土情況和來源比較含糊。過往學者在研究過程中對其準確的出土信息有所忽略，在轉載的過程中甚至出現錯誤。本書擬將有詳細描述來源較為確切可靠的動物搏噬主題材料進行梳理，並儘量找到其圖像資料，對其進行類型劃分和數據統計，通過較準確的數據探討各類型的數量、分布和具體使用情況。同時對整個半月形文化傳播帶上的相似材料（早於或與雲南動物搏噬主題出現及流行同時，有可能產生交流或傳播影響的材料）乃至域外（包括中亞、西亞、南亞和東南亞等地區）早期的相似材料進行搜集，個別材料還要超出青銅器的範疇，而比對的圖像也有可能超出動物搏噬主題的範疇。

（二）深入研究文化內涵及交流問題

在早期發掘報告中，編撰者已經注意到雲南青銅器上出現的形象生動的人物、動物形象。在器物介紹中對這些形象也進行了詳細的描述。並且著重指出了牛、蛇兩類重要的動物形象與當時滇池區域的經濟生活和信仰之間的關係〔註57〕。本書亦力圖在圖像分類的基礎上，對動物搏噬主題中所反映出的原始崇拜、社會狀況、儀式典禮及當時雲南古代先民的宗教觀念等作出一定解釋；同時通過與境外同類題材的比較，分析動物搏噬主題中反映出來的文化交流問題，並進一步對交流途徑進行探討。

（三）多學科研究結合

學者盧智基曾對近年國外滇文化研究的狀況和趨勢做了如下總結：以往學者專家只注重於文化交流的宏觀考古學，現今從宏觀的角度考究社會問題，

〔註56〕黃德榮：《大英博物館收藏的雲南晉寧梁王山出土的青銅器》，《雲南文物》1996年第1期。

〔註57〕《雲南晉寧石寨山古墓群發掘報告》第136頁。

轉以微觀探究史前社會文化生活，將滇文化的內涵更立體化。西方考古學的新
發展，理論架構的設立，與其他學科的合併發展，聚落考古、性別考古、科技
考古、環境考古學等，都是嶄新的考古學科；而將相關的理論應用於中國考古，
例如慕容傑的青銅器科學分析、李潤權的社會結構研究、邱茲惠及 PennyRode
的兩性研究，對滇文化的研究範疇勢必帶來衝擊。〔註 58〕本書將遵從這一指
導，嘗試從社會結構、等級差異、宗教觀念和風俗儀式等多方面對動物搏噬主
題進行較為全面的考察，並通過與地區外的相似材料作對比，討論思想意識方
面的一些差異和共性。

〔註 58〕盧智基：《近年國外滇文化研究新趨勢》，《四川文物》2007 年第 4 期。

第一章　雲南青銅時代概述

第一節　雲南青銅時代自然地理概述 〔註1〕

　　本書所探討的青銅時代的雲南地區，大體包括了今行政轄區的雲南省怒江和雲嶺以東的昭通市、曲靖市、文山州、昆明市、玉溪市、紅河州、楚雄州、大理州、麗江市以及四川省西南的涼山州、攀枝花市和宜賓市、瀘州市金沙江以南區域，其地形以山地、高原為主。

　　雲南地形以哀牢山東側的元江為界，大體可分為滇東和滇西兩大部分。元江以東為雲南高原，是雲貴高原的一部分，海拔大體為 1000～4000 米，高原原面海拔平均在 2000 米左右，基本上屬於中亞熱帶的高原乾性常綠闊葉林紅色土壤。主要位於雲、貴兩省的烏蒙山是高原面上最大的山脈。高原中部地區，表現為起伏和緩的低山和丘陵；高原邊緣地形受到金沙江、元江、紅水河及其支流的切割受到破壞。高原以北部分為高山深谷，屬於南亞熱帶的乾熱河谷稀樹草原紅褐色土壤。雲南高原北部為橫斷山脈的南端，有南北走向的小相嶺、魯連山、三台山，南部邊緣有西北—東南走向的哀牢山和六詔山。地貌複雜多樣，有山地、高原、丘陵、盆地（壩子）、平原（河谷沖積平原）等類型。元江以西為橫斷山脈區，其北部山脈與怒江、瀾滄江、金沙江上游河谷，自青藏

〔註1〕　對於古代雲南地區自然地理情況的概述，主要參考下列論著中有關描述：任美鍔：《中國自然地理綱要》，商務印書館，1999 年；王聲躍主編：《雲南地理・昆明》，雲南民族出版社，2002 年；彭長林：《雲貴高原的青銅時代》，廣西科學技術出版社，2008 年。

高原平行南下，形成著名的高山峽谷區，峽谷底僅有狹窄的平壩和階地，僅適合發展畜牧業。南部地勢向南緩降，山脈河谷逐漸寬廣成為起伏較為和緩的中山、低山地形。

　　雲南地區湖泊河流系統發達，大理—楚雄—昆明—沾益一線屬長江水系，主要河流有金沙江、雅礱江、安寧河等河流及其支流，以南為元江水系和珠江水系的南盤江、北盤江、都柳江及其支流。在高原處還有不少湖泊如滇池、洱海、撫仙湖等。這些河流湖泊是雲南農業主要水源，對古代雲南各遺址的農業發展水平有明顯的影響；而山地沿河谷地是古代雲南的主要交通線路，河流之間的崇山峻嶺造成同一水系古代文化往來頻繁，成為連接雲貴高原與西北、嶺南、東南亞等地區的古代民族走廊地帶。

　　本地區總體上屬於亞熱帶濕潤季風氣候類型，但由於太陽輻射、大氣環流、地形地勢等的綜合影響使得雲南的氣候類型十分複雜。地形複雜和立體氣候明顯的特點使得古代雲南自然資源豐富、生物種類繁多。雲南自古以來就是天然的動植物王國，有著茂密廣闊的亞熱帶、熱帶森林分布，動植物種類更難以勝數，這些為古代雲南居民的生存發展提供了豐富可靠的物質資源。再加上青銅時代的地理環境和氣候的變化不及現代劇烈頻繁，因此當時人們生存的氣候條件要比今天溫暖濕潤。這一地區森林茂密，河流眾多，盛產靈長類、犀、象、孔雀等亞熱帶、熱帶野生動物，直到漢晉時期的歷史文獻中都還記載了不少當時存在的樹種。新石器、青銅文化遺址中發現的大量動物骨骼、植物遺存，為數眾多的貝丘遺址以及考古遺存中發現的動物圖像與塑像等，說明了當時的經濟活動除農業以外，還有畜牧、狩獵、採集、捕撈等多種形式。其中農業主要集中在湖盆壩子，山地為畜牧業發達地區。但由於雲南地形複雜和地貌類型多樣，氣候隨海拔高度不同變化較大，因此在同一區域的不同氣候帶也會形成不同的經濟類型，使得各地經濟形態大多是混合型的經濟類型。

　　古代雲南是溝通亞洲腹地和中南半島以及連接中國內地和印度等地的樞紐。歷史上雲南地區維持與內地交流的孔道主要在滇東。一條是從四川成都向西南，經過邛崍、清溪、越巂、瀘津諸關的川滇西道，集結在雲南中部的姚安、祥雲；另一條是從成都南下犍為、戎州（宜賓），經石門關（今雲南鹽津縣境）、昭通的川滇東道，集結於滇池盆地。兩線的終點都是在滇東地區。因而在其東北方不僅是發現了古代的巴蜀文化遺存，而且也同時證明了內地中原文化因素也是通過這些孔道影響滲透到雲南腹地的。滇西洱海地區地近青藏高原，北

上可上藏區，向南通過保山、騰沖可達緬甸，具有獨自完善所需物質對外交流的條件，是一個相對封閉和獨立的地緣政治單元。因此在青銅時代，這裡是氐羌系與濮越系的族群鬥爭融合交匯地，也是經南北兩途入居滇西的域外族群的滲透區。由於中原王朝控制的交通線在滇東，因此秦漢文明的影響南漸是自東而西，直至東漢時期，整個雲南地區才最終納入中華文明多元一體的歷史發展格局。

第二節　雲南青銅時代分期及區系文化類型

「壩子」是西南地區對山間盆地的俗稱，四周被山地、丘陵包圍，中有較平坦的地面，有較厚土層，多數都有河流通過，有良好的灌溉系統，利於農耕。雲南的壩子自古以來就是人類的主要居住區，雲南青銅時代最發達的文化也集中於這些地區，以昆明、曲靖、陸良、蒙自、玉溪、大理、保山等地的壩子最為著名。滇西山地多，壩子少，面積不大；滇東高原上壩子數量多，面積較大，壩子內年溫差小，降水量適中。壩子海拔差別較大，之間還有高山峻嶺相阻隔；在當時交通不便的情況下，使得各地青銅文化之間缺乏同一性和向心力，難以形成較大規模的統一文明；但同時壩子內也保持了相對穩定的人群，並逐漸形成各自獨特的經濟類型和文化特色，從而出現了許多分布地域不大的文化類型。

一、雲南青銅時代分期

一般認為在春秋中晚期之時，雲南已存在具有獨特風格的青銅文化；到公元前 2 世紀末，即漢武帝時，這種青銅文化在高原區的滇池一帶發展到頂峰，並同時開始向鐵器時代過渡；到東漢時期，雲南青銅文化的地方特徵逐漸消失，鐵器最終取代青銅器。對於雲南青銅文化的年代與分期。學術界始終存在一定分歧。雲南青銅文化的下限，學者基本肯定在西漢中晚期，但就雲南青銅文化的上限卻存在較大分歧。由於本書所涉及動物搏噬主題材料，主要為戰國晚期到漢代，因此對於雲南青銅文化的上限，大體遵循大多學者的觀點，即商末周初。〔註2〕

〔註2〕 本節對於雲南青銅時代分期參考以下著作：范勇：《雲南青銅文化的年代與分期》，《四川文物》2007 年的第 4 期；彭長林：《雲貴高原的青銅時代》，廣西科學技術出版社，2008 年。

（一）青銅時代初期（春秋到戰國早期）

　　雲南青銅時代究竟肇始於何時，目前還沒有極為準確的判斷。1957 年在滇西地區劍川縣發現的海門口遺址是目前年代最早的雲南青銅時代初期代表，該遺址經 1957、1978 和 2007 年三次發掘，出土干欄式建築和碳化稻穀等遺存，還有 14 件銅器以及 2 件用片麻岩製作的石範〔註3〕，經北京鋼鐵學院冶金史編寫組所作的化學成份檢測，其中 10 件為含錫量在 5%到 10%的青銅，還有紅銅和鉛青銅〔註4〕，由於其與大量石器同出，因此被學者視作雲南最早的青銅器的代表。年代經放射性碳素三次測定，距今約 3100 年〔註5〕。中國科技大學對安陽殷墟婦好墓的青銅器進行現代科學技術分析後發現，婦好墓部分青銅器的礦料不是產自中原，而是來自雲南某地〔註6〕。表明雲南銅料的開採和利用，要遠遠早於春秋時期。因此目前學者傾向於將雲南青銅文化初期的年代上限定在商末〔註7〕。有學者甚至進一步指出，整個滇桂、越北的上古青銅文化，都應該是在商周文明、南亞哈拉巴文化、泰國班清文化的多重作用影響下起源和緩慢發展起來的區域性文明。它們與周邊早期青銅文化的共性表現在產生了一批石鑄範和小件青銅器，且有輸入殷周式青銅器的跡象，時代約在距今 3000 年左右〔註8〕。

　　除劍川海門口遺址出土銅鉞範外，在距離劍川海門口的龍陵大花石遺址出土與劍川海門口年代接近的銅斧石範〔註9〕；1977 年在昆明市的王家墩發

〔註3〕雲南省博物館籌備處：《劍川海門口古文化遺址清理簡報》，《考古通訊》1958 年第 6 期；雲南省博物館：《雲南劍川海門口青銅時代早期遺址》，《考古》1995 年第 9 期；雲南省文物考古研究所、大理州文物管理所、劍川縣文物管理所：《雲南劍川縣海門口遺址第三次發掘》，《考古》2009 年第 8 期。

〔註4〕參考北京鋼鐵學院冶金史組：《這個早期銅器的初步研究》，《考古學報》1981 年第 3 期；崔劍鋒、吳小紅：《鉛同位素考古研究——以中國雲南和越南出土青銅器為例》，文物出版社，2008 年。

〔註5〕中國社會科學院考古研究所實驗室：《放射性碳素測定年代報告（2）》，《考古》1972 年第 1 期；中國社會科學院考古研究所實驗室：《放射性碳素測定年代報告（12）》，《考古》1984 年第 7 期；中國社會科學院考古研究所實驗室：《放射性碳素測定年代報告（17）》，《考古》1990 年第 7 期。

〔註6〕中國科技大學科研處編：《科研情況簡報》6 期，1983 年 5 月 14 日。

〔註7〕范勇：《雲南青銅文化的年代與分期》，《四川文物》2007 年的第 4 期。

〔註8〕謝崇安：《滇桂地區與越南北部上古青銅文化及其族群研究》第 2～3 頁，民族出版社，2010 年。

〔註9〕王大道：《雲南出土青銅時代鑄範及其鑄造技術初論》，《四川大學考古專業創建三十五男週年紀念文集》，四川大學出版社，1988 年。

現了時代早於晉寧石寨青銅器，與大量石器同出的兩件銅器和銅渣、鉛塊等物〔註10〕。這些早期銅範、銅渣和鉛塊的發現，說明了雲南青銅時代初期已有當地自己鑄造青銅器的可能，其技術分析也表現出與青銅時代中期一脈相承的特點。

　　這一時期較早階段即商末到春秋早期的青銅器種類少，器型單調，主要是鑄造簡單的青銅斧、鉞，顯示出本地區早期青銅文化發展遲滯的特點；到春秋中晚期（公元前600年）後，墓葬發掘材料有所增多，並出現了青銅兵器、銅鼓等器物，出土青銅器的類型與數量有所增多，鑄造技術開始發展，為戰國中期青銅文化高峰的出現奠定了基礎。

（二）青銅時代中期（戰國中期—西漢早期）

　　約從公元前400年開始，雲南土著青銅文化進入了鼎盛時期，這一時期的考古遺物，主要出土於雲南滇池周邊地區。無論是青銅器的數量還是種類都得到了較多的增加，使用青銅器的地域，也得到拓展，在滇南的紅河流域也有了一些青銅器陸續出土〔註11〕。這一時期的青銅器的發現主要是出於墓葬中，許多墓葬都表現為聚族而居的形式。滇王墓葬的發現表明此時期雲南社會有了明顯的階級分化，可能具有了酋邦社會的一些特徵〔註12〕。戰國晚期秦滅巴蜀以後，雲貴高原逐漸為中原王朝的統治者所關注，成為漢帝國拓展疆域的重要活動方向，在其考古遺存中逐漸開始出現一些漢式器物如半兩、銅鏡，並開始出現銅鐵合製器物及鐵器，預示著雲南青銅文化開始向鐵器文明的轉變。

（三）青銅時代晚期（西漢中期—東漢初期）

　　公元前135～前109年漢武帝開西南夷，在原夜郎、徙、邛都、冉駹、白馬氐、滇、昆明等部族地分別置犍為、牂柯、越、沈黎、汶山、武都、益州7郡，除了武都郡在今陝甘2省的嘉陵江上游外，其餘6郡在今雲貴和川邊地區。西南界達到了今四川邛崍山和雲南高黎貢山和哀牢山一帶。雲南因此由之前的「徼外蠻夷」之地演變為中央王朝的地方政區。隨著中原王朝勢力在雲南

〔註10〕　李永衡、王涵：《昆明市西山區王家墩發現青銅器》，《考古》1983年第5期。
　　　　　傅憲國：《泰國早期青銅器文化的發現與研究》，《華夏考古》1996年第4期。
〔註11〕　師培硯、尹天鈺：《紅河流域青銅文化初探》，《雲南文物》1985年總第18期。
〔註12〕　參考謝崇安：《從環滇池墓區看上古滇族的聚落形態及其社會性質——以昆明羊甫頭滇文化墓地為中心》，《四川文物》2009年第4期；童恩正：《中國西南地區古代的酋邦制度——雲南滇文化中所見的實例》，《中華文化論壇》1994年第1期。

的增長，漢文化對雲南地方文化影響的加大，漢式器物較前期大增而雲南土著文化特徵驟然減少，並最終在東漢初年消失。這一時期屬於本地特色的器物主要是保留了中期特徵和器型的一些青銅兵器，而這些青銅兵器在製作工藝和實用性方面有了明顯進步，明顯與當時以滇池為中心區域的滇國受到來自中原王朝的強大壓力有關。雲南境內此時只有在滇南一帶的元江、紅河上游流域仍保留了較多土著文化特徵，部分族群沿紅河遷徙，將雲南青銅文化傳播到了越南北部〔註13〕。

二、雲南青銅文化區系類型

　　青銅時代的雲南，多山多河流是其典型的地貌特徵，一方面交通不便阻礙了古代民族之間的交流與融合，同時山地也將雲南分成一個個相對封閉的地理單元和文化單元。這種地理特徵造成本地區居民的經濟文化類型的多樣性，因而也容易形成多種民族集團混居的現象，形成豐富多樣的人文地理景觀〔註14〕。雲南青銅文化呈現出各個不同的地方類型，其分布格局即是這種地緣關係的產物，這些青銅文化類型既與上古的族群集團分布有著極為密切的對應關係，同時也強烈反映著各地不同的地形地貌、氣候特徵以及由此誕生的自然生態。

　　關於雲南青銅文化的區系類型，不同的研究階段，在不同的材料下，不同的學者均有著各自不同的看法。最早童恩正先生在研究西南地區青銅劍、戈時就按滇池和洱海地區進行了劃分〔註15〕，隨後在對戰國秦漢時期西南地區的考古發現和研究進行綜述時，又劃分出滇池、洱海、滇西北等區域分別展開論述〔註16〕。隨著考古材料的進一步積累，90年代學者們針對文化分區及類型的探討也越來越多。如張增祺先生在《雲南青銅文化的類型與族屬問題》中將雲南青銅文化劃分為滇池區域、滇西地區、滇西北和滇南地區四種類型〔註17〕；學者王大道將雲南青銅文化以洱海、墨江——李仙江一線為界

〔註13〕范勇：《再論不對稱形銅鉞》，《文物》1992年第6期。

〔註14〕李孝聰：《中國區域歷史地理》第86～88頁，北京大學出版社，2004年。

〔註15〕童恩正：《我國西南地區青銅劍的研究》，《考古學報》1977年第2期；《我國西南地區青銅戈的研究》，《考古學報》1979年第4期。

〔註16〕童恩正：《近年來中國西南民族地區戰國秦漢時代的考古發現和研究》，《考古學報》1980年第4期。

〔註17〕張增祺：《雲南青銅文化的類型與族屬問題》第220～243頁，《雲南青銅文化論集》，昆明，雲南人民出版社，1991年。

劃分為東西兩區，東區（金沙江以南）為滇池、洱海、紅河流域三個區域類型，西區為怒江、瀾滄江、金沙江上游和瀾滄江中、下游兩個類型〔註18〕；羅二虎將雲南高原上的青銅文化大致分為滇池和洱海兩大類型〔註19〕；楊帆將雲南地區的青銅文化大致劃分為滇西北及川西南區、川滇黔交界區、滇池及滇東南區三個大區〔註20〕；范勇則劃分出洱海周圍區域、沿滇池區域、滇西邊地區域、滇南紅河區域四個區系，在此基礎上提出洱海、滇池、滇邊、紅河四類型說〔註21〕；彭長林則根據文化特徵的差異將雲南高原的青銅文化分為滇池區、滇南和滇東南區、滇西區、滇西北區、滇東北區幾個區域〔註22〕；楊勇在研究整個雲南高原青銅文化時將之劃分為滇池地區、滇東高原、滇西高原、滇西橫斷山區和滇東南區幾大區域〔註23〕。

　　從上述對雲南青銅文化的區系類型劃分可知，研究者在對雲南青銅文化進行區系劃分的時候，有兩個比較一致的參考要素，一是水系和山脈走向，二是主要居住集團。在進行動物搏噬主題研究時，這兩大要素也具有較突出的特徵，因此本書在對相關問題作區系研究時，同樣會參考上述學者的研究成果。鑒於動物搏噬主題的考古材料在眾多雲南青銅時代遺物總量中所佔比例較少，且出土地點和製作年代皆較為集中，因此本書在出土材料分布的基礎上，結合地理結構、族群分布、文化特徵等因素，主要針對滇池區、滇西高原、滇西橫斷山區和滇南四大區域的文化類型進行介紹（主要遺址參考圖 1-1）。

（一）滇池地區

　　這一地區包括了以昆明壩、玉溪壩所在的滇中斷陷湖區以及滇池以東到貴州之間的滇東高原區域，東至曲靖、西至安寧、北至富民、南至江川。這一區域內的葬制和遺物等文化面貌反映出本地區青銅文化屬於「西南夷」中以「滇」為代表的古族，習慣上將其稱為「滇文化」。近年來隨著考古發掘和研

〔註18〕王大道：《雲南青銅文化的五個類型及其與班清、東山文化的關係》，《雲南文物》第 24 期，1988 年；王大道：《雲南青銅文化及其與越南東山文化、泰國班清文化的關係》，《考古》1990 年第 6 期。

〔註19〕羅二虎：《秦漢時期的中國西南》第 16 頁，天地出版社，2000 年。

〔註20〕楊帆：《試論雲南及周邊相關青銅文化的區系類型》，《雲南文物》2002 年第 1 期。

〔註21〕范勇：《雲南青銅文化的區系類型研究》，《四川文物》2007 年第 2 期。

〔註22〕彭長林：《雲貴高原的青銅時代》第 20 頁，廣西科學技術出版社，2008 年。

〔註23〕楊勇：《戰國秦漢時期雲貴高原考古學文化研究》第 23～24 頁，科學出版社，2011 年。

究的進展，一些學者開始認為滇池地區內的文化還可分出不同的類型〔註24〕。

滇中湖區由滇池、星雲湖、撫仙湖等大小湖泊構成，大致包括昆明地區南部和玉溪地區東部一帶，亦即古代文獻中的滇池範圍。這一地區的湖盆周邊多為土壤肥沃的湖岸平原，易於農耕，氣候宜人，環境舒適，再加上天然資源豐富，自古以來就有許多人類在此地繁衍生息。環繞湖泊地區分布有眾多青銅時代的墓葬群，根據《史記·西南夷列傳》的記載，滇池區域有聚邑、耕田，滇人死後聚族而葬，大量金屬農具的出土反映出滇人生活的穩定和農業生產的普遍性，在大墓中出土的貯貝器上還有很多直接反映與農業生產有關的圖像資料，如「播種」、「上倉」、「祈年」等場景〔註25〕。《華陽國志·南中志》「晉寧郡，本滇國也……韓說初開，得牛、馬、羊屬三十萬」的記載反映出滇人從事畜牧業的規模，墓葬中隨葬大量銅牛頭、牛角或以牛等遺物反映出這種經濟方式在雲南社會中的重要性。這一區域主要墓葬有晉寧石寨山墓群、江川李家山墓群、昆明呈貢天子廟墓群、昆明羊甫頭墓群、安寧太極山墓群以及多處零星發現〔註26〕，在滇池附近十餘縣即安寧、呈貢、江川等地還有約 30 餘處青銅文化遺址。本地區文化類型可分為滇文化中的滇池類型，墓葬全部為豎穴土坑墓，大墓中一般有棺槨，其代表性器物有尖葉形和闊葉形銅钁、長條形銅鋤、半月形穿孔爪鐮、蛇頭形莖首無格青銅短劍、一字格青銅短劍、動物紋牌飾、寬邊銅鐲等器物以及滇王、邑君等級墓葬中隨葬的枕、案、傘、俑及表現複雜場景的貯貝器和石寨山型銅鼓等其他重器。常見鎏金、鍍錫器物，鑄造水平較高，器物往往都有精美的紋飾或附加雕塑，失蠟法大量應用於各類扣飾上。其表現出來的生產技術水平和社會等級結構等均明顯高於其他地區，在其他地區同時期的墓葬中均發現了這一文化類型的典型器物。

滇東高原主要是滇池以東到貴州之間的區域，即南盤江上游和金沙江南側一些支流流經的區域，大致包括曲靖地區、昆明地區的北部以及紅河哈尼族彝族自治州的北部。本地區東接黔西，北與滇東北及川西南相通，南望滇東南

〔註24〕 蔣志龍：《試論石寨山文化的兩個類型——石寨山類型和八塔臺類型》，《雲南文物》2000 年第 2 期。

〔註25〕 馮漢驥：《雲南晉寧石寨山出土銅器研究——若干主要人物活動圖像試釋》，《考古》1963 年第 6 期。

〔註26〕 參考張增祺：《從出土文物看戰國至西漢時期雲南和中原地區的密切聯繫》，《文物》1978 年第 10 期；童恩正：《近年來中國西南民族地區戰國秦漢時代的考古發現及其研究》，《考古學報》1980 年第 4 期。

地區。從本地區考古遺存的文化面貌和內涵上來看，靠近滇池區域的曲靖盆地的青銅文化反映出與滇池地區較為密切的聯繫，過往被認為同屬於一隻文化類型。隨著曲靖八塔臺、橫大路、平坡墓地的發掘和科學研究的開展，越來越多的學者認為這一地區的文化有著自身獨特的一些面貌，可稱為「八塔臺——橫大路類型」〔註27〕。這一類型在墓葬堆積及形成方式、隨葬品組合及青銅紋飾圖案等方面與滇中湖區有著明顯的區別。

（二）滇西高原

主要指龍川江上游至洱海周圍，大致包括楚雄彝族自治州的中、西部和大理白族自治州的中、東部。處於金沙江以南、橫斷山脈以東、禮社江以北。其範圍西至劍川，東至楚雄，南至巍山，北至永勝。該地區東臨滇池地區，西接橫斷山區，北連川西南，南通滇東南，其考古遺存表現出顯著的區域特徵。在傳統研究中，通常將龍川江上游的楚雄萬家壩墓地與洱海地區的祥雲大波那墓地、祥雲檢村和紅土坡石棺墓地等作為一隻文化類型即洱海類型進行討論。不過近年來亦有學者認為本地區內部土著青銅文化面貌相對複雜，或可進一步劃分出不同的文化〔註28〕。本地區三大考古遺址是劍川海門口遺址，祥雲大波那木槨銅棺墓、楚雄萬家壩墓群，此外還有大理縣金梭島、大墓坪、鹿鵝山、劍川沙溪、西湖，賓川縣石榴村，姚安羊派水庫，大姚白鶴水庫，永勝金宮龍潭等遺址〔註29〕。這一地區出土青銅器地點不少，但正式發表材料不多。在西漢中期以前這一地區屬於西南夷之靡莫之屬居住的地方，西漢中期武帝設置益州郡，洱海以東、楚雄以西的區域大致分屬於楪榆（今大理）、弄棟（今姚安）、雲南（今祥雲）等縣。一般認為是昆明、嶲為主體的民族在這一地區創造了燦爛的青銅文化，本地區既有豎穴土坑墓，也有少量大石和石板砌成的墓葬，代表性器物有心形銅鐲、凹形銅鐲、凹鍪長條形銅鋤、三叉格青銅短劍、曲刃無胡銅戈、窄邊銅鐲等，少數大墓中出土萬家壩型銅鼓等，花紋形制均較簡單。本地區雖然有萬家壩木槨墓出土銅棺體量大，製作精美，為整個雲南所罕見，但器物整體鑄造水平不如滇池地區，

〔註27〕戴宗品：《論滇文化「八塔臺——橫大路類型」》，《雲南文物》2003 年第 3 期。

〔註28〕參考楊勇：《戰國秦漢時期雲貴高原考古學文化研究》第 254～257 頁，北京，科學出版社，2011 年。

〔註29〕大理縣文化館：《雲南大理收集到一批漢代銅器》，《考古》1966 年第 4 期。

含銅量高，也少見「失蠟法」鑄件。

（三）滇西橫斷山區

　　大致相當於瀾滄江中游地區，包括保山地區、臨滄地區北部以及大理白族自治州西部一帶。橫斷山脈起自西藏東部和四川西部，本地區為其南段，東與滇西高原相接。本地區為山脈縱谷區，高山深谷海拔落差較大，氣候類型和自然生態垂直變化明顯，多數地區受西南季風影響而氣候溫潤潮濕。本地區青銅器出土數量和種類較少，基本不見青銅戈，專用的農業生產工具罕見，迄今還沒有發現大型青銅器，裝飾也較為簡單，不見失蠟法的應用，更不見鎏金、鍍錫工藝的使用，出土石範表明本地區一直沿用比較原始的鑄造工藝。這一地區的文化類型較為複雜，其墓葬多集中埋葬，形成公共墓地，均土坑墓，規模小。從出土物來看，石棺葬較多，隨葬品中青銅器較少，發現青銅器中以兵器和裝飾品最多，常見柳葉形矛、螺旋莖三叉格銅短劍、施雙圓圈或雙同心圓紋的有肩斧和半圓形弧刃斧、靴形鉞（不對稱形銅鉞）等，既有受滇西高原土著文化影響，也有來自川西高原的影響，施雙圓圈或雙同心圓紋的有肩斧和半圓形弧刃斧等又具有一定地方特色。本地區是古代「西南絲綢之路」的重要組成部分，是半月形文化傳播帶的南端，出土物中的雙環首青銅劍、曲柄劍、弧背銅刀、帶柄銅鏡（一說為飾牌）和馬飾等具有較為典型的草原文化特徵，是研究古代西南民族遷徙和文化傳播的重要資料。

（四）滇南地區

　　主要分布於通海以南，墨江——李仙江以東，越南以北，包括雲南玉溪地區南部、思茅地區東部個別縣和紅河州（除瀘西縣）文山州內的其他文化，處於元江——紅河水系。這一地區的青銅文化遺址包括文山以西，建水、石屏、保山以南，德宏州以東的器物〔註30〕。這一地區考古發現的遺址和遺存數量較少，僅小部分進行了小規模發掘，代表性器物有靴形銅鉞（不對稱形銅鉞）、尖葉形銅鐲、一字格銅劍、扁平長銎銅斧及銅鼓等，紋飾除銅鼓有些紋飾與石寨山類型銅鼓類似外，其餘器物均有本地區文化特色。這一地區的文化可劃為紅河流域類型，其古代主要居民為漢代西南少數民族中的一個較大集團——句町。

〔註30〕 參考楊勇：《戰國秦漢時期雲貴高原考古學文化研究》，科學出版社，2011 年；彭長林：《雲貴高原的青銅時代》，廣西科學技術出版社，2008 年。

第三節　動物搏噬主題材料的主要考古發現

　　雖然早期文獻對雲南青銅文化有一定記載並為後人勾勒了基本的輪廓與框架，但由於雲貴高原所處地理位置的獨特性和族群的特殊性，這些記載往往是不全面並且帶有相當的局限性。由於當時的雲南少數民族未有文字，這些早期文獻記載也多出自傳聞和轉錄，從而影響了歷史上對雲南青銅文化的認識。因此對雲南青銅文化的科學認識仍然要以考古實物資料為基礎，考據只能作為手段之一。

　　解放前雲南青銅文化物質遺存並沒有引起太多關注，在清代金石學繁榮時期，部分書籍顯示已有雲南文物的實物材料，主要是人類生活勞動中掘出的銅鼓。但當時並未有人對其進行解讀，同時有相當部分銅鼓材料開始流失海外。20 世紀 40 年代末英國倫敦大英博物館收集到 70 餘件雲南青銅器，成為解放前最集中和數量最大的一次雲南青銅器的實物搜集。〔註31〕解放後隨著晉寧石寨山古墓群科學發掘的開始，經過 50 餘年田野工作的積澱，豐富的出土實物成為研究雲南青銅文化的主要資料。隨著考古資料的積累和研究論述的增多，有關動物搏噬主題材料的相關描述和圖像資料也越來越詳細豐富。在全面搜集整理各類簡報、報告、圖錄等原始資料後，下面將按照較為集中的出土地點進行劃分，分別將有動物搏噬主題的遺物進行簡要列舉，各遺址出土材料情況詳見附表1《動物搏噬主題器物登記表》〔註32〕。

一、晉寧石寨山墓群

　　石寨山位於晉寧縣城西五公里，西距滇池半公里。從 1955 年開始石寨山前後經歷了五次發掘，是雲南地區最早大規模發掘的一處古墓群。1955～1960年雲南省博物館對其進行了四次發掘，共清理 51 座墓葬，其中第二次發掘有

〔註31〕黃德榮：《大英博物館收藏的雲南晉寧梁王山出土的青銅器》，《雲南文物》1996年第 1 期。

〔註32〕需要說明的是由於一些材料發表年代較早，在報告編撰出版還不太規範的情況下出現了一些有號無圖、有圖無號甚至一號多器的現象。對於有號無圖的材料，只能依據較為詳細的描述來確定紋飾圖像的內容；對於有圖無號的材料，則儘量對照原始報告中的器物登記表等詳細記錄，對器物號作出準確判斷；一號多器如為相同器物和紋飾圖像，則在器物編號後標注數量，若為不同器物則單獨列舉。另外晉寧石寨山、江川李家山和昆明羊甫頭墓地出土器物較多，因此將其出土地點以石、李、羊縮寫代替，以免贅述。

多座高規格大墓，出土較多精美隨葬品〔註33〕。1996 年雲南省文物考古研究所等單位進行了第五次搶救性發掘，又清理出 36 座墓葬〔註34〕。石寨山墓群墓坑多為山上岩石之間開掘，出土器物以青銅器為主，有兵器、容器、樂器、裝飾品和生產工具等器物，大多造型精美、種類繁多；除此之外還出土有部分金銀器、玉器、鐵器和海貝等器物。其中 M6 出土「滇王金印」，印證了《史記·西南夷列傳》中「元封二年，天子發巴蜀兵擊滅勞浸、靡莫，以兵臨滇，滇王始首善，以故弗誅。滇王離難西南夷，舉國降，請置吏入朝，於是以為益州郡，賜滇王王印，復長其民」的記載〔註35〕，從而確定了眾多大型墓葬的王族地位，同時也為斷代提供了依據。其中有動物搏噬主題的器物主要出於第二次發掘的 M3、M6、M7、M12、M13 以及第五次發掘的 M71 這幾座規模大品級高的墓葬，其年代均在戰國晚期到西漢之間。

二、江川李家山墓群

李家山墓群位於江川縣境內多依山的分支，位於星雲湖的西北，西北距晉寧石寨山約 50 公里，北距昆明市 80 公里。解放前即在此地有零星的青銅器和玉飾出土。1966 年因生產活動部分墓葬被揭示。1972 年雲南省博物館等單位開始正式發掘，共發掘 27 座墓葬，出土一千多件遺物〔註36〕。1991～1992 年雲南省文物考古研究所等單位進行第二次發掘，加上 1994 年和 1997 年分別發掘的兩座，共清理 60 座墓葬，出土三千餘件遺物〔註37〕，均為豎穴土坑墓。李家山墓群墓葬形制等級明顯，極少數墓葬設有二層臺，出土大量青銅器及部分金器、鐵器、玉器等製作精美的隨葬品，其造型、種類、紋飾和風格等均與

〔註33〕A.雲南省博物館考古發掘工作組：《雲南晉寧石寨山古墓群發掘報告》，《考古學報》1956 年第 1 期。
B.雲南省博物館：《雲南晉寧石寨山古墓群發掘報告》，文物出版社，1959 年；《雲南晉寧石寨山第三次發掘簡報》，《考古》1959 年第 9 期；《雲南晉寧石寨山古墓第四次發掘簡報》，《考古》1963 年第 9 期；《雲南晉寧石寨山古墓群出土銅鐵器補遺》，《文物》1964 年第 12 期。
〔註34〕雲南省文物考古研究所、昆明市博物館、晉寧縣文物管理所：《晉寧石寨山第五次發掘報告》，文物出版社，2009 年。
〔註35〕《史記》卷一一六，中華書局，1959 年。
〔註36〕雲南省博物館：《雲南江川李家山古墓群發掘報告》，《考古學報》1975 年第 2 期。
〔註37〕雲南省文物考古研究所，玉溪市文物管理所，江川縣文化局：《江川李家山第二次發掘報告》，文物出版社，2007 年。

石寨山墓群所出極為相似。其中第一次發掘的 M13、M17、M18、M20、M21、M24 和第二次發掘的 M47、M51、M57、M68、M69 等墓葬出動物搏噬主題器物，其年代部分早到戰國末西漢早期，多為西漢中晚期。

三、昆明羊甫頭墓群

羊甫頭墓群位於昆明市官渡區，北距昆明城區 4 公里，西臨滇池 4 公里。1998-1999 年度、2000 年度和 2001 年度雲南省考古研究所共進行了三次發掘，共發掘各時期墓葬 846 座，其中滇文化墓葬 810 座，時代從戰國中期到西漢末，是目前發掘的規模最大的一處滇文化墓地。原報告推測羊甫頭可能是滇文化早期的政治中心。此地墓葬規格較為明確，按墓口面積大小可分為大型墓葬 6 座、中型墓葬 27 座和小型墓葬七百多座。從墓葬殘存痕跡可判斷大中型墓葬多為一棺一槨；近半數墓葬有腰坑或二層臺。大型墓葬破壞嚴重，僅 M19 和 M113 保存較完整，其中 M113 保存了大量涉及動物搏噬主題的青銅器。值得注意的是在羊甫頭墓地中，保留了大量漆木器，其中包括少量表現動物搏噬場景的器物。根據這些出土器物表明在雲南青銅時代鼎盛時期，動物搏噬主題在當時的使用範圍比過去認識的要廣泛，這些特殊的情況對於研究雲南動物搏噬主題的地方特點具有重要的意義〔註38〕。

四、曲靖八塔臺墓群

曲靖盆地位於雲南省東部，素有「滇喉鎖鑰」之稱，是中原與雲南聯繫的主要孔道。八塔臺墓群位於曲靖市麒麟區珠街鄉，處於盆地東緣，1977-1982 年先後對其進行了 7 次發掘，部分墓葬出土零星獸鬥題材的青銅器〔註39〕。雖然八塔臺墓群被學者判斷其典型文化面貌與晉寧石寨山、江川李家山等滇文化遺址相近，但其人工堆土為墓地聚族而葬的形式、獸面紋圓形扣飾有著其自己的特徵。

五、呈貢天子廟墓群

天子廟墓群北距昆明市 15 公里，南至呈貢縣城 3 公里，西臨滇池 2 公里。1975 年和 1979-1980 年兩次發掘滇文化墓葬 50 餘座，從已發掘墓葬來看，均

〔註38〕雲南省文物考古研究所、昆明市博物館、官渡區博物館：《昆明羊甫頭墓地》，科學出版社，2005 年。

〔註39〕雲南省文物考古研究所：《曲靖八塔臺與橫大路》，科學出版社，2003 年。

為長方形豎穴土坑墓，部分墓葬有腰坑或二層臺，還出現了膏泥填塞的現象。大中型墓葬有棺槨，出土器物多與羊甫頭等墓群相似。其中 M41 規模最大，出土有相當數量動物紋青銅器，其中涉及本書所討論動物搏噬主題有 4 件，其時代大致為戰國中期以後〔註40〕。

圖 1-1　出土圖像遺存遺址分布示意圖〔註43〕

〔註40〕昆明市文物管理委員會：《呈貢天子廟滇墓》，《考古學報》1985 年第 4 期。
〔註43〕地圖根據出土材料，以雲南省地圖及《雲南文明之光·滇文化遺址分布示意圖》為基礎整理補充而成。

六、其他地區

　　除上述幾處大型墓地較為集中地出土動物紋器物外，其他地點有零星的出土，其中不乏有一些動物搏噬主題的材料，其時代皆不出戰國到西漢。其中祥雲大波那出土銅棺棺壁板紋飾，以及祥雲檢村石棺葬、昌寧縣漭山打掛墳山、巍山馬鞍鄉母古魯村出土銅編鍾之動物搏噬主題，具有較為明顯的共性，其風格和紋飾構圖有別於其他地區的青銅文化，且配合這些地區的其他發現來看其分布具有一定特點，對於判斷動物搏噬主題某些主題的流傳範圍和源流有著明顯的價值，因此雖數量較少但仍需統計分析〔註41〕。

　　此外1989年昌寧縣農民在城關鎮右文辦事處大理寨天生橋山南開闢茶園時偶然掘獲了一件銅鼓。出土時鼓面向下置於距地表約90釐米的土中，鼓面中央飾太陽紋，有光體而無光芒，周邊有四組立體雕塑，一組為獵犬搏鹿，另三組殘缺不全，其中二組似持弩跪射之人，一組似擊鼓之人〔註42〕。昌寧地區位於橫斷山脈縱谷南段，瀾滄江中游地區，建國以來在當地一直有零星的發現，此鼓鼓面立體雕塑在本地出土物中極為罕見，對研究動物搏噬主題在本地區傳播有重要的價值。

〔註41〕雲南省文物工作隊：《雲南祥雲大波那木槨銅棺墓清理報告》，《考古》1964年第12期。

　　　　劉喜樹、范斌：《巍山發現一批古代青銅器》，《雲南文物》2007年第1期。

　　　　張紹全：《昌寧縣第三次出土古代編鍾》，《雲南文物》1993年第12期。

〔註42〕耿德銘、張紹全：《雲南昌寧青銅器綜說》，《考古》1992年第5期。

第二章　動物搏噬主題類型研究

　　在前文中已經闡明，本書所指的動物搏噬主題，是一個廣泛的概念，是含有動物與動物以及動物與人搏噬場景的圖像。從材料的搜集來看，雲南動物搏噬主題是相當豐富的，然而這裡面受到時代、器型、功能、使用者、地區物種等多種因素的影響，其出現的動物搏噬主題在表現內容和構圖上卻又可以劃分出一些不同的主題類型出來，而這些類型有的又反映出人類在動物紋創作上一些共同性的母題，其反映出的古人的思想觀是我們研究古代雲南社會文化以及對外交流的直接證據。因此，雖然動物搏噬主題的流行，就整個雲南青銅時代來講，較為集中並流行時間相對較短，但針對後續對動物搏噬主題的功能與內涵，源流演變等問題，對其進行分類仍是一項重要並基礎的工作。

　　本書對於動物搏噬主題的劃分主要基於視覺圖像的自然意義，首先依據以下兩點標準進行第一層次的分類：

　　第一，動物搏噬主題的動物關係。動物關係主要是指在界定為動物搏噬主題的平面圖像或立體雕塑的場景中動物之間具體表現的行為態勢，有強弱力量對比懸殊下的撲襲噬咬，也有力量均衡下的對峙，有搏噬過程的直接再現，也有搏噬前後的場景延續（如虎背鹿）。

　　第二，動物搏噬主題的動物種類。動物種類具體指的是在搏噬場景中參與的主要動物。動物種類對於我們判斷動物搏噬主題的形式來源、分布特點和內涵性質都有較為重要的價值，並且對於研究古代雲南動物與人之間的關係有著重要的作用。

　　依據這兩大標準，我們對於出土的雲南青銅時代動物搏噬主題資料進行進一步的篩選分析，結合簡報或報告中的詳細描述，以及直接的圖片資料，並結合前言中對動物搏噬主題材料範疇的界定，可大致將其分為三大類主題：猛獸搏噬、蛇獸搏噬及人獸搏噬〔註1〕。

第一節　猛獸搏噬

　　猛獸搏噬主要指平面圖像或立體雕塑中有以虎、豹之類猛獸為主要角色的搏噬場景，出土標本數量較多，又可按照搏噬動物種類和搏噬關係具體表現為四型。

一、A 型——猛獸襲咬搏噬

　　此類場景一般表現為猛獸圍擊噬咬草食動物或猛獸之間噬咬搏鬥，是雲南青銅時代最為流行的猛獸搏噬，虎豹為兩種最為常見的猛獸，牛、鹿則為最常見的草食動物。這類主題又可劃分為 a、b、c 三亞型。

（一）A-a 型

　　這類場景通常表現為一猛獸從後方撲噬一草食動物或一猛獸噬咬一小動物，被撲噬對象往往表現為逃跑狀或站立狀，猛獸一般尾部下垂，個別有掙扎反抗但雙方力量較為懸殊。此類場景於扣飾浮雕和器物附加焊鑄中多有表現。

　　典型標本李 M24：17 銅狼牙棒頂端焊鑄立體雕塑、李 M24：13a 銅啄鍪部焊鑄立體雕塑、李 M24：5 銅案和石 M3：67 透空浮雕扣飾構圖較為相似，皆為一虎從後方撲噬一立牛，牛基本呈站立狀（圖 2-1，1、2、6、8）〔註2〕，唯石 M3：67 扣飾下方有一大一小兩蛇纏繞，小蛇纏繞牛腿，大蛇纏繞虎腿。標本羊 M746：4 透空浮雕扣飾殘損，一虎從後方撲噬一鹿，而鹿呈逃跑掙扎

〔註1〕需要說明的是由於有些搏噬紋由於構成複雜，參與主體較多，在劃分主題類別時主要依據圖像或立體場景中最突出的搏噬內容和對象進行分析歸類。在對材料命名的時候，為了避免產生歧義和混亂，儘量沿用了原始資料對器物圖像的命名。

〔註2〕參考《中國青銅器全集‧滇‧昆明》第 79 頁，圖八九繪製；參考《中國青銅器全集‧滇‧昆明》第 101 頁，圖一一三繪製；參考《雲南晉寧石寨山古墓群出土銅鐵器補遺》圖版拾肆，3 繪製；《中國青銅器全集‧滇‧昆明》第 124 頁，圖一四四。

狀（圖2-1，3）〔註3〕。標本石 M3：67 透空浮雕扣飾之鹿作奔逃狀，其後一虎撲噬鹿之後跨，張大口欲噬，其下有一蛇殘，隱約可見蛇頭咬噬虎尾（圖2-1，10）〔註4〕。標本石 M7：31 浮雕扣飾較為特殊，整器為平板狀，一虎從後方撲噬一奔逃狀的野豬。與常見此類猛獸咬噬草食動物背臀部的場景有所不同的是，此虎體型較大，從後上方撲下咬噬野豬的頸肩處，虎尾上卷於背，野豬尾較長亦上卷於背部，細節刻畫較為簡單粗略，扣飾下方亦無常見蛇地（圖2-1，11）〔註5〕。

標本李 M17：12 立牛銅枕底部高浮雕三組虎噬牛場景，為一虎從後方撲噬牛或野豬，由於虎體型較小，整個虎匍匐在牛背上，抱住牛身並噬咬牛頭部（圖2-2，4）〔註6〕。標本李 M20：29 虎噬野豬透空浮雕扣飾構圖和其較為相似，整個虎從野豬臀後方撲噬，虎匍匐在野豬背上並噬咬野豬頸部，下方有一蛇（圖2-1，5）〔註7〕。標本石 M17：9 銅直管葫蘆笙頂端焊鑄一虎撲噬一奔牛場景，牛已被巨虎從後方撲倒，掙扎不起，虎則作張口欲噬咬狀（圖2-1，7）〔註8〕

數量較少的幾件標本是表現猛獸咬噬其他動物的場景，如標本李 M13：4 銅臂甲刻紋中有一組為一豹噬咬住雄雞頸部，雄雞體型較大（圖2-1，12）〔註9〕。標本石 M3：86 管銎戈銎背上焊鑄豹噬鼠場景（圖2-1，13）〔註10〕和學者朱丹收藏的一件管銎戈銎背上的虎噬雞的構圖極為相似〔註11〕。此外昆明羊甫頭墓地 M113 出土一漆箭箙裝飾銅片上一組刻紋為虎噬一龍形怪獸的圖像，龍身布滿鱗片，張口掙扎，虎於背後咬噬其頸部（圖2-2，8）〔註12〕。標本石 M71：142③層刻紋場景中有一組為一虎追逐一逃跑的兔，虎作張口欲噬狀（圖2-2，14）〔註13〕。

〔註3〕《昆明羊甫頭》第 454 頁圖三八二，4。
〔註4〕《中國青銅器全集・滇・昆明》第 128 頁圖一五一。
〔註5〕參考《雲南晉寧石寨山古墓群出土銅鐵器補遺》圖版四，4 繪製。
〔註6〕《雲南江川李家山古墓群發掘報告》第 131 頁圖三六。
〔註7〕參考《中國青銅器全集・滇・昆明》第 122 頁圖一四一繪製。
〔註8〕《中國青銅器全集・滇・昆明》第 178 頁圖二一五。
〔註9〕《雲南江川李家山古墓群發掘報告》第 121 頁圖二五。
〔註10〕參考《中國青銅器全集・滇・昆明》第 87 頁圖九八繪製。
〔註11〕朱丹：《青銅兵器》第 112 頁圖 97，雲南人民出版社，2005 年。
〔註12〕《昆明羊甫頭》第 240 頁圖二一○，2。
〔註13〕《晉寧石寨山第五次發掘報告》第 72 頁圖四三 C。

圖 2-1　猛獸搏噬 A-a 型

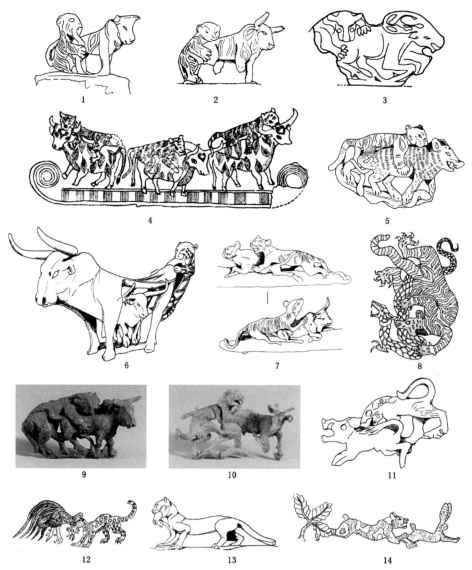

1.李 M24：17 銅狼牙棒頂端虎噬牛場景　2.李 M24：13a 銅啄鑾部虎噬牛場景
3.羊 M746：4 虎噬牛扣飾　4.李 M17：12 立牛銅枕底部虎噬牛浮雕圖像　5.李 M20：
29 虎噬野豬扣飾　6.李 M24：5 虎噬牛銅案　7.石 M17：9 銅直管葫蘆笙頂端虎噬牛
場景　8.羊 M113：366-2 漆箭箙銅片刻紋虎噬怪獸圖像　9.石 M3：67 虎噬牛扣飾
10.石 M3：71 虎噬鹿扣飾　11.石 M7：31 虎噬野豬扣飾　12.李 M13：4 銅臂甲刻紋之
豹噬雉雞圖像　13.石 M3：86 管鑾戈鑾上豹噬鼠場景　14.石 M71：142 疊鼓形貯貝器
③層刻紋之豹襲兔場景

（二）A-b 型

此類場景主要表現為群獸圍攻襲咬草食動物，通常為兩隻或兩隻以上猛獸前後圍攻噬咬一體型較大草食動物，一般表現為一獸於後方撲噬草食動物，其餘猛獸則從前方或下方噬咬此草食動物，構圖多複雜，動物身體細節大多表現細緻，並裝飾有複雜的紋飾。此類場景多見於透空浮雕扣飾。

標本李 M68X1：51-6 和晉寧石寨山墓葬採集的一件透空浮雕扣飾構圖相似，分別為兩虎一前一後撲噬一鹿或一牛的場景，虎豹等居於上方，鹿、牛下方皆有一蛇為地（圖2-2，1、3）〔註14〕。這類標本中的被獵噬動物一般體型較為巨大，被猛獸獵噬的對象若為牛則在生死存亡的關頭表現出頑強的生存意志，對虎豹之類猛獸還以猛烈的反抗，甚至對猛獸造成傷害。

構圖較為複雜的是兩隻以上同種猛獸圍攻噬咬草食動物的場景。標本李 M68 X1：16 四虎噬牛場景中一虎從後方撲噬牛肩背，其尾上爬一小虎，牛前一虎腹被牛角挑刺洞穿倒懸，仍抓住牛頸不放，垂首咬住牛左前足，一小虎自牛後鑽牛身下，側身噬牛右前足，抓牛腹及尾根後股，牛立虎間，雙前足被虎咬住，仍拼命反抗搏鬥，地面一蛇殘，口咬倒懸虎腹。標本羊 M104：38 透空浮雕扣飾四虎噬牛與其較為相似，一較小的虎抱持牛頭，兩虎對向撲於牛背上，牛腹下一小虎撲噬牛後腿，下端一大蛇，蛇頭穿入牛頭前欲噬前虎，尾纏牛尾（圖2-2，2、4）〔註15〕。另一件標本羊 M113：365 銅箭箙②層陰刻有二虎噬牛的場景，牛立於畫面表層，兩虎位於畫面底層，一虎抱住牛背臀部，另一虎在牛頭前方被牛頂翻（圖2-3，9）〔註16〕。呈貢天子廟 M41：53 透空浮雕扣飾稍殘，以蛇為地，三豹與一牛相搏，一豹爬在牛身，咬住牛頸，一豹咬牛尾不放，另一豹被踏在牛前蹄下仍然頑強撕打，特殊的是一隻小猴在牛身上觀戰〔註17〕。

標本石 M6：107 透空浮雕扣飾則為兩狼噬鬥一體型較大的鹿，鹿角殘損，其上身抬起，前蹄踢打身前一狼，奮力掙扎；前狼俯身於鹿腹下，雙爪抱住鹿下半身，張口咬噬鹿後腿根；一狼從後方躍上鹿背，抱持鹿身，張口咬噬鹿耳；

〔註14〕《江川李家山第二次發掘報告》第 112 頁圖七二，2；參考《雲南晉寧石寨山古墓群出土銅鐵器補遺》圖版四，3 繪製。

〔註15〕《江川李家山第二次發掘報告》第 112 頁圖七二，4；《昆明羊甫頭》第 354 頁圖二九九，4。

〔註16〕《昆明羊甫頭》第 197 頁圖一七四。

〔註17〕昆明市文物管理委員會：《呈貢天子廟滇墓》，《考古學報》1985 年第 4 期。圖未發表。

底部一蛇穿繞其中，尾纏前狼後足，口噬鹿尾（圖 2-2，6）〔註18〕。較為罕見
的是標本李 M 採：347 透空浮雕扣飾，為三狼噬一巨型岩羊場景，羊角長而
盤曲，被撲倒在地，一狼從後方撲噬羊的後臀，一狼從羊頭前方撲噬羊頸背處，
另一狼似被撞倒作仰臥狀，但仍緊緊抱住羊身，下方一蛇口咬一狼耳朵，尾纏
一狼背部（圖 2-2，5）〔註19〕

圖 2-2　猛獸搏噬 A-b 型

1.李 M68X1：51-6 二虎噬鹿扣飾　2.李 M68X1：16 四虎噬牛扣飾　3.石 M 二虎噬牛
扣飾　4.羊 M104：38 四虎噬牛扣飾　5.李 M 採：347 三狼噬羊扣飾　6.石 M6：107
二狼噬鹿扣飾　7.李 M68X1：27-1 二虎一豹噬牛扣飾　8.李 M68X1：43 二虎一豹噬
鹿透空浮雕扣飾　9.羊 M113：365 銅箭箙②層二虎噬牛圖像

　　江川李家山墓地 68 號墓出土三件透空浮雕扣飾皆為虎豹這兩種不同猛獸
圍攻噬咬草食動物，猛獸之間沒有明顯的競爭關係，場景構圖亦較為相似。標
本李 M68X1：27-1 為二虎一豹圍噬一直立的牛，一虎躍踞牛背撲噬牛頭頸，
抓住牛頸背，豹立牛後虎尾下，前足抓胯，噬牛尾根後股，一虎自牛前鑽牛腹
下，噬牛下腹，地面一蛇咬牛身下虎尾；標本李 M68X1：43 為二虎一豹噬鹿，
一虎撲噬鹿後背，前爪抓鹿腹，一虎起身立於鹿前噬其頸部，腹下立一豹體型

〔註18〕《晉寧石寨山》第 85 頁圖 60。
〔註19〕《雲南江川李家山古墓群發掘報告》第 149 頁圖五二，10。

較小，噬鹿右前足，鹿欲奮力前沖，張口伸舌喘息，地面一蛇咬前虎尾，蛇尾穿後面一虎襠部纏住虎尾（圖 2-2，7、8）[註20]。

（三）A-c 型

具體表現為力量相當的猛獸之間搏鬥噬咬場景，或在猛獸圍擊獵噬大型動物的過程中，被襲咬動物奮力反抗並對猛獸造成傷害甚至致命的情景。

標本數量較多的是虎豹與野豬互相搏噬的場景，搏噬雙方身體常有扭曲翻騰，臥倒反轉，長尾上揚，形成強烈的動態效果。

典型標本有李 M13：4 銅臂甲刻紋，其中一組為一虎一野豬相互搏噬，虎回首噬野豬背臀處，而野豬噬咬虎尾（圖 2-3，1）[註21]。標本石 M3：67、標本石 M71：90②以及標本石 M10：4 三件透空浮雕扣飾的構圖場景較為相似，皆為兩虎或兩豹與野豬搏噬，一獸從後方猛撲於奔逃狀的野豬肩背部，兩前爪緊抓野豬；野豬體型巨大，奮力掙扎，撞倒前方另一猛獸，使其翻倒在地，底部有一蛇盤繞，蛇頭噬咬一獸腿或尾。標本石 M3：67 和石 M71：90②構圖中的野豬甚至咬住前方一獸的腿或尾，對其造成傷害（圖 2-3，2、3、4）[註22]。

虎豹與熊搏噬的場景稍少，標本石 M71：142 疊鼓形貯貝器⑤層陰線刻紋紋飾中有一組表現為一虎一熊之間搏鬥噬咬的場景，虎被熊撲倒在地，奮力掙扎，熊張口欲噬咬虎臀，虎口咬噬熊臀，旁邊一大樹後有一立牛，似在躲避兩獸，天空中一鳥飛過（圖 2-3，7）[註23]。較為特殊的是標本石 M13：281 管銎戈銎背上除焊鑄虎熊相抱搏鬥的主要場景外，其一側還焊鑄有一猴朝一蛇張口齜牙欲鬥的場景（圖 2-3，10）[註24]。

較為特殊的是猛獸與大型草食動物的搏鬥，標本石 M10：5 透空浮雕扣飾，為一虎與一巨型的牛作生死搏鬥，牛將虎撞倒在地並以角抵挑穿虎腹，使得虎腸曝露腹外，牛前蹄踐踏虎身；虎掙扎咬牛一前腿，虎前後肢掙扎不定，虎尾上卷於牛角處，整個虎身作翻倒仰臥狀，身下一蛇尾纏虎之後爪，口咬牛腿（圖 2-3，5）[註25]。標本石 M71 出土的一件貯貝器，其上焊鑄兩牛一虎

[註20]　《江川李家山第二次發掘報告》第 112 頁圖七二，1、3、5。
[註21]　《雲南江川李家山古墓群發掘報告》第 121 頁圖二五。
[註22]　《晉寧石寨山第五次發掘報告》第 83 頁圖五一，2；《雲南文明之光》第 44 頁插圖；《晉寧石寨山》第 84 頁圖 59。
[註23]　《晉寧石寨山第五次發掘報告》第 72 頁圖四三 D，2。
[註24]　參考《中國青銅器全集・滇・昆明》第 89 頁圖一〇〇手繪。
[註25]　《晉寧石寨山》第 84 頁圖 59。

繞樹搏鬥狀場景，原本作為獵食者的虎一隻後腿已被一牛角挑穿，後身反轉騰躍，仍張口朝牛咆哮，而兩牛步態沉穩，繞樹緩行，對虎形成了壓倒性的優勢；樹頂兩猴似在觀戰（圖 2-3，7）〔註 26〕。

圖 2-3　猛獸搏噬 A-c 型

1.李 M13：4 銅臂甲刻紋之虎野豬相鬥圖像　2.石 M3：67 二虎噬豬扣飾　3 石 M71：90 ②二豹噬豬鎏金扣飾　4.石 M10：4 二豹噬豬扣飾　5.石 M10：5 虎牛搏鬥扣飾　6.石 M71：142 疊鼓形貯貝器⑤層紋飾之虎熊搏鬥圖像　7.石 M71：133 桶形貯貝器蓋頂虎二牛搏鬥場景　8.石 M13：219 曲刃短劍莖上刻紋之猴逐豹圖像　9.石 M3：65 狼豹爭鹿扣飾　10.石 M13：281 管銎戈莖上虎熊猴蛇搏鬥場景　11.祥雲大波那雙獸搏鬥杖形飾

〔註 26〕《晉寧石寨山第五次發掘報告》第 72 頁圖四四。

　　構圖比較少見的一是標本石 M3：65 透空浮雕扣飾，一豹一狼爭奪一小鹿，鹿仰臥掙扎，被二猛獸踏於足下，鹿的腹部已為抓傷，腸子曝露腹外，而豹與狼為爭奪此鹿互相搏噬，豹口噬住狼頸，前爪緊抱狼身，狼噬咬豹的右後腿，左前爪抓住豹的腹部，以右後爪撥豹頭，右前爪及左後爪則踐住小鹿不放，最下端有一蛇，被踐於豹足下，蛇口咬住豹尾（圖 2-3，9）〔註 27〕。其次祥雲大波那銅棺出土一杖形飾頂端則鑄有相同兩獸相向對抱搏噬場景，由於銹蝕較為嚴重難以判斷具體為哪種猛獸，不過從墓葬中出土銅棺壁板紋飾來看兩獸為虎紋的可能性更大（圖 2-3，11）〔註 28〕。較為特殊的是標本石 M13：219 曲刃銅短劍刃上所刻猴與金錢豹搏鬥的圖像，猴抓住豹尾，張口齜牙，而豹側身正欲回首（圖 2-3，8）〔註 29〕。

二、B 型——猛獸對峙

　　此類場景中通常為猛獸與猛獸之間或猛獸與獵捕對象之間並未直接近身搏噬，而是相對而立形成一種對峙局面，多表現為不同動物之間的對峙。

　　較為典型的標本有石 M12：11，為兩件管銎戈〔註 30〕，其銎背分別鑄有對峙的一虎一牛和一虎一野豬。虎皆作蓄勢狀，牛作側首防守狀，而野豬則昂首作咆哮狀，二者身下皆有一蛇蜿蜒匍匐，蛇頭咬噬一獸（圖 2-4，1、2）〔註 31〕。

　　標本石 M71：173 銅啄銎背焊鑄一虎一熊相向對峙欲博場景，虎俯身向前，虎尾上揚反卷，朝熊張口咆哮，熊身略向後拱起，亦張口作咆哮狀，右前爪作勢欲撲打。虎身下有一蛇纏繞（圖 2-4，3）〔註 32〕。標本石 M71：168 銅啄銎背焊鑄雙虎對峙狀場景，兩虎對向側身，張口咆哮，上身匍匐下壓，虎尾上揚反卷，虎身下有一蛇（圖 2-4，4）〔註 33〕。

〔註 27〕描述見《雲南晉寧石寨山古墓群發掘報告》第 88 頁圖片見《晉寧石寨山》第 85 頁圖 60。
〔註 28〕朱鳳瀚：《中國青銅器綜述》第 2336 頁圖一四·一三一，18，上海古籍出版社，2009 年。
〔註 29〕《雲南晉寧石寨山古墓群發掘報告》第 44 頁插圖九，10、11。
〔註 30〕參考原報告尺寸確定器物號。
〔註 31〕參考《雲南文明之光》第 322 頁彩圖繪製；參考《中國青銅器全集·滇·昆明》第 90 頁，圖一〇一繪製。
〔註 32〕《晉寧石寨山第五次發掘報告》第 63 頁，圖三七，1。
〔註 33〕《晉寧石寨山第五次發掘報告》第 62 頁，圖三六，3。

圖 2-4　猛獸搏噬 B、C 型

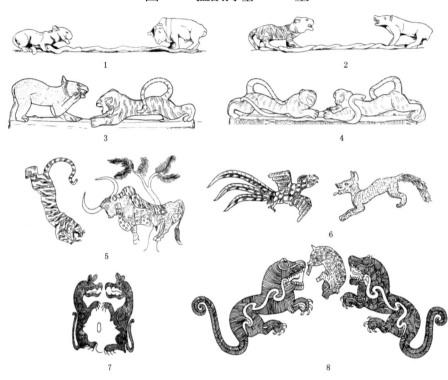

1.石 M12：11 管銎戈銎上虎牛對峙搏鬥場景　2.石 M12：11 管銎戈銎上虎野豬對峙搏鬥場景　3.石 M71：173 銅啄銎上虎熊對峙搏鬥場景　4.石 M71：168 銅啄銎上二虎對峙搏鬥場景　5.石 M71：142 疊鼓形貯貝器⑤層紋飾之虎牛對峙搏鬥圖像　6.石 M71：142 疊鼓形貯貝器③層紋飾之豺鬥雉雞圖像　7.祥雲檢村石棺墓地 M1：52 銅編鍾二虎對峙圖像　8.祥雲大波那木槨銅棺壁板雙虎對撲野豬圖像

　　標本石 M71：142 疊鼓形貯貝器⑤層陰線刻紋中有一組為虎牛對峙圖像，虎作躍下狀，虎尾上揚，張口咆哮，一巨型峰牛立於虎前方，狀甚沉穩，牛頭作抵制狀，身上的紋飾較為特別，牛身後一樹似在表明野外環境（圖 2-4，5）〔註 34〕。

　　猛獸與禽鳥類對峙則較為罕見，目前明確可見的材料僅標本石 M71：142 疊鼓形貯貝器③陰線刻紋中一組豺與雉雞對峙的圖像（圖 2-4，6）〔註 35〕。

三、C 型——對獸

　　此類甚為特殊，目前發現較少。以祥雲檢村編鍾對虎圖像為例，兩虎對稱

〔註 34〕《晉寧石寨山第五次發掘報告》第 72 頁，圖四三 D，2。
〔註 35〕《晉寧石寨山第五次發掘報告》第 72 頁，圖四三 C。

相向作撲噬狀，虎較抽象，虎身滿布鑄紋（圖2-4，7）〔註36〕。巍山縣馬鞍山鄉母古魯村所出 2 件和保山昌寧漭水鄉打掛紋山出土 2 件形制相同的編鍾上也有相似圖像〔註37〕。更為特殊的是祥雲大波那木槨銅棺壁板上群獸紋場景中出現的對虎圖像，左右兩虎形態相同，對稱相向，唯虎身鑄紋有所不同，兩虎之間鑄有一野豬圖像，兩虎作欲撲噬野豬狀（圖2-4，8）〔註38〕。

四、D 型——猛獸搏噬前伏擊追逐以及搏噬後背負獵物

此類猛獸搏噬場景雖未直接表現兇猛激烈的搏鬥對峙場面，但將搏噬前動物潛伏襲擊、追逐撲噬或搏噬後獲獵物喜歸的場面表現的生動盎然，與前兩類搏噬場景有著極為密切的聯繫，並能激發觀看者對於動物搏噬時的想像，形成一組完整的生態活動序列。在傳統草原動物搏鬥紋的研究中，許多學者也將之作為重要的研究材料。

圖 2-5　猛獸搏噬 D 型

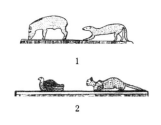

1.羊 M113：181-3 銅啄鍪上猛獸襲野豬場景　2.羊 M113：302 銅啄鍪上豹襲鳥場景
3.石 M12：38 虎背牛扣飾　4.石 M13：252 虎背牛扣飾

典型的標本羊 M113：181-3 銅啄鍪背上一野豬似低頭覓食，其尾後一似豹的貓科動物尾隨，蓄勢欲偷襲；標本羊 M113：302 銅啄，其鍪背為一豹欲撲噬禽鳥場景，一禽鳥蜷踞於豹前方，豹匍匐潛行，欲起勢躍起捕食禽鳥（圖2-5，2、3）〔註39〕。

背負獵物的標本主要有石 M13：252 一虎背負一被咬斃的牛，牛仰天頭後

〔註36〕大理州文物管理所、祥雲縣文化館：《雲南祥雲檢村石槨墓》，《文物》 1983 年第 5 期。

〔註37〕劉喜樹、范斌：《巍山發現一批古代青銅器》，《雲南文物》2007 年第 1 期；張紹全：《昌寧縣第三次出土古代編鍾》，《雲南文物》1993 年第 12 期。

〔註38〕《雲南祥雲大波那木槨銅棺墓清理報告》第 609 頁，圖五。

〔註39〕《昆明羊甫頭》第 186 頁圖一六五，2；第 187 頁圖一六六，1。

尾前倒臥於虎背上，虎負重而行，後腿略彎曲，下有一蛇咬噬虎前腿（圖2-5，5）〔註40〕。標本石 M6：15 為一虎背鹿透空浮雕扣飾〔註41〕。標本石 M12：38 浮雕扣飾較為複雜，為一大虎背負一被咬斃倒臥的牛，兩隻小虎前後隨行於大虎身側，仰頭翹尾作嬉鬧狀，下有一蛇（圖2-5，4）〔註42〕。背負牛的大虎通常用爪反抱住背上的牛。

第二節　蛇獸搏噬

　　此處所指蛇獸搏噬，主要是指搏噬場景中有一方主體為蛇，蛇在搏噬場景中有突出且相當重要的意義〔註43〕。根據搏噬另一方主體的變化和力量對比關係的改變可劃分為五個主題類型。

一、A 型——蛇與動物搏噬

　　此類主題通常為蛇與猛獸如虎豹或大型草食動物之間的搏噬關係，通常表現為蛇纏繞噬咬另一動物，被噬咬動物呈奔跑狀，或負痛低頭反噬蛇身。場景中多無其他動物參與。典型標本主要是江川李家山 M47、M51、M57 出土多件透空浮雕扣飾，其構圖形式較為固定，地上雙蛇背向彎曲纏繞，其上分別為虎、豹、熊等大型動物，一蛇咬噬獸尾或後腿，一蛇咬噬獸前足或頭頸，獸多長尾上揚反向於前，個別猛獸會反噬前一蛇（圖2-6，1～7）〔註44〕。

　　標本呈貢天子廟 M41：49 房屋扣飾則為一猴在屋頂戲鬥一蛇（圖2-6，8）〔註45〕。晉寧石寨山出土兩件銅鉞銎背上則焊鑄相似的猴蛇搏鬥場景，猴皆噬咬蛇身（圖2-8，1）〔註46〕。較為特殊的安寧太極山出土立猴母子豹扣飾，其構圖複雜特殊，地面一蛇身較平直，蛇口咬噬大豹身下小豹尾，大豹咬

〔註40〕《中國青銅器全集·滇·昆明》第 126 頁圖一四七。
〔註41〕《雲南晉寧石寨山古墓群發掘報告》第 91 頁登記表。
〔註42〕《中國青銅器全集·滇·昆明卷》第 123 頁圖一四三。
〔註43〕 在雲南青銅時代的動物紋中，以蛇為地蛇噬動物是一個很常見的母題，但這一母題作為單一的主題表現往往較少，更多見於各類複雜場景中，且多出現於扣飾中，廣泛地作為邊緣紋飾出現。因此本書在統計蛇獸博噬的材料時，對蛇噬並非場景主要表現對象的材料不予統計。但在後文討論動物博噬淵源及內涵的時候，會結合此類材料進行母題的分析。
〔註44〕《江川李家山第二次發掘報告》第 109 頁圖七〇，1～5。
〔註45〕《雲南江川李家山古墓群發掘報告》第 149 頁圖五二，7。
〔註46〕 參考《雲南文明之光》第 297 頁彩圖繪製。

噬此蛇頸；大豹右後腿被另一蛇咬住，蛇頸與前蛇尾交纏，雖有所殘損但可見其身反向上，豹身上三猴俯身排列緊抓豹身，後一猴身殘損，三猴似在觀戰（圖2-7，2）〔註47〕。

圖 2-6　蛇獸搏噬紋 A 型

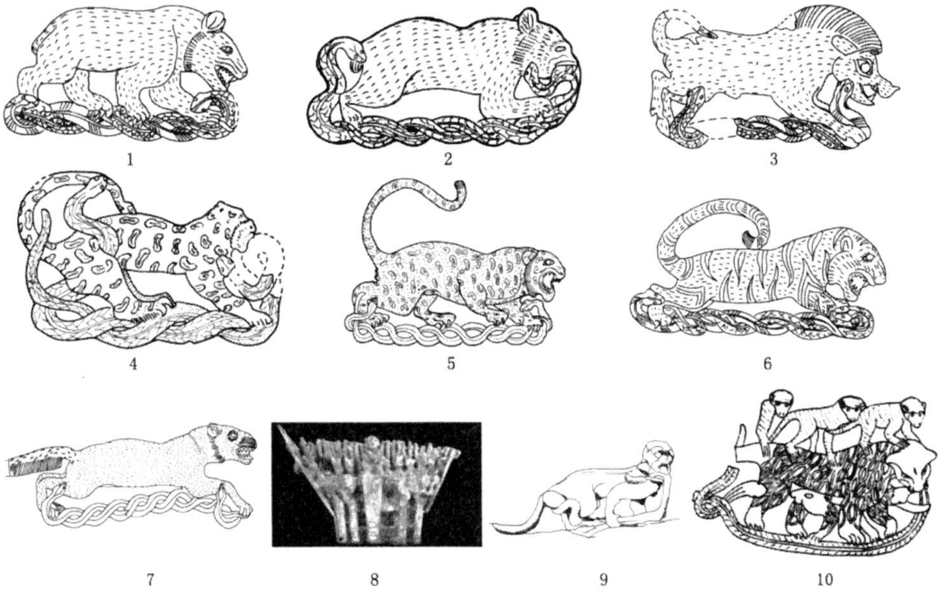

1.李 M57：24 蛇噬熊扣飾　2.李 M47：142 蛇熊搏噬扣飾　3.李 M57：23 蛇噬野豬扣飾　4.李 M47：112 蛇噬豹扣飾　5.李 M51：276 蛇噬豹扣飾　6.李 M57：9 蛇噬虎扣飾　7.李 M51：242 蛇噬虎扣飾　8.呈貢天子廟 M41：49 房屋扣飾屋頂猴鬥蛇場景　9.石 M12：128 銅鉞銎上猴蛇搏噬場景　10.安寧太極山採：019 豹蛇搏噬扣飾

二、B 型——蛇噬蛙

　　此類主題場景中以蛇噬蛙為主要表現對象，標本較少。如羊 M113：353-2 線刻四體纏繞龍紋的卷刃器，其木柄雕刻成蛇吞蛙狀（圖2-7，1）〔註48〕。標本李 M57：195 銅矛骹部頂端鑄有一匍匐蛙紋，蛙首朝向矛尖，其下身纏繞一蛇（圖2-7，3）〔註49〕。標本呈貢天子廟 M41：5 蛙形扣飾極為特殊，整器鑄成鏤空殼狀，蛙身下有二蛇沿蛙身邊緣盤繞，於蛙身後分別咬住一隻蛙後足，蛙背鑲嵌綠松石（圖2-7，2）〔註50〕。

〔註47〕《雲南安寧太極山古墓葬清理報告》第 454 頁圖六，3。
〔註48〕《昆明羊甫頭》第 214 頁圖一九○，2。
〔註49〕《江川李家山第二次發掘報告》第 57 頁圖三四，3。
〔註50〕《呈貢天子廟滇墓》第 526 頁圖一九，1。

三、C型──蛇魚搏噬

蛇噬魚的紋飾圖像在雲南乃至四川鹽源一帶的青銅器中都有反映，然而此處所指蛇魚搏噬的主題非常特殊，主要是指在杖形飾頂端所鑄小蛇噬魚下頜、魚噬蛇身的圓雕，這類主題構圖較為固定，內容變化不大，所鑄魚形分雌雄（圖2-7，4、5）〔註51〕。

圖2-7　蛇獸搏噬 B、C 型

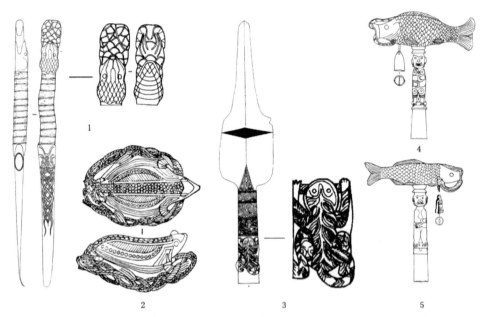

1.羊 M113：353-2 銅卷刃器蛇噬蛙木柄　2.呈貢天子廟 M41：51 雙蛇噬蛙鑲綠松石扣飾　3.羊 M57：195 銅矛骹部蛇噬蛙圖像　4.李 M51：338-1 銅杖頭飾頂端蛇噬（雌）魚頜圓雕　5.李 M51：338-2 銅杖頭飾頂端蛇噬（雄）魚頜圓雕

四、D型──巨蛇與動物相搏噬

此類主題中主體為一巨蛇，形似蟒，細節刻畫甚為清晰，身體多作蜿蜒屈曲狀，在場景中非常突出。與其他動物多形成一長型構圖，數量較少。標本石 M71：142③層刻紋場景中一組為一巨蛇口噬飛鳥，一奔跑狀虎形猛獸與巨蛇對峙，另一組為巨蛇噬咬一種巨大的蜈蚣狀動物，此動物反首欲咬噬蛇身，蛇的形狀與前述巨蛇相同，另一蜈蚣狀動物則咬噬蛇身中部（圖2-8，1、2）〔註52〕。標本羊 M113：83 和羊 M113：87 兩件儀仗器漆木柲上則兩

〔註51〕《江川李家山第二次發掘報告》第137頁圖九三，1。
〔註52〕《晉寧石寨山第五次發掘報告》第72頁圖四三C。

面漆繪巨蛇與猴纏鬥場景，蛇纏繞木柲蜿蜒屈曲而上，一器為猴於蛇後抓扯蛇尾，另一器為蛇尾絞纏猴身，蛇吐長信，較為特殊（圖 2-8，3、4）〔註 53〕。此外標本李 M51：122-2 銅劍鞘表面浮雕正面中間為纏繞的三巨蛇，其中二蛇口銜魚，另一蛇似與之爭奪，蛇身分別鑄以不同紋飾以示區別，蛇頭兩側劍鞘上端伸出部分為相對的兩虎，下端為兩人接遞一壺〔註 54〕。李 M51：156-2 人攫雙蛇銅劍鞘正面下端有一淺浮雕男子，箕踞而坐，雙手上舉，中間為二蛇纏繞，上端為一展翅鴟鴞，圓面尖喙，雙眼圓大，雙爪抓抱蛇身，上端兩側為其雙翅（圖 2-8，5）〔註 55〕。

圖 2-8　蛇獸搏噬 D 型

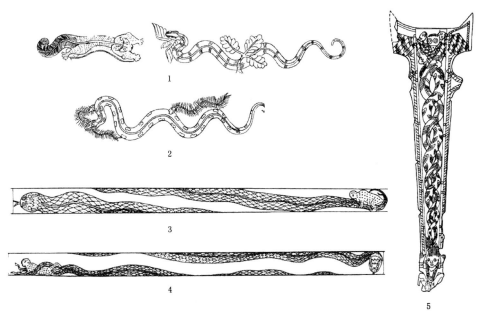

1.石 M71：142 疊鼓形貯貝器③層紋飾之蛇噬鳥虎撲蛇圖像　2.石 M71：142 疊鼓形貯貝器③層紋飾之蛇蜈蚣搏噬圖像　3.羊 M113：87 矛形儀仗器猴逐蛇漆木柲　4.羊 M113：83 叉形儀仗器猴逐蛇漆木柲　5.李 M51：156-2 銅劍鞘飾一鴟鴞攫雙蛇紋

五、E 型——蛇鳥搏噬

　　此類主題非常具有雲南地方特色，主要表現為鳥銜蛇或蛇噬鳥的場景，鳥多為雲南地方常見的孔雀或水鳥形象，如標本李 M22：21 貯貝器腹部所刻一

〔註 53〕《昆明羊甫頭》第 202 頁圖一七九，1、2。
〔註 54〕《江川李家山第二次發掘報告》第 82 頁圖五一，2。
〔註 55〕《江川李家山第二次發掘報告》第 82 頁圖五一，3。

圈孔雀銜蛇紋和李 M18：7 貯貝器蓋頂所鑄三組孔雀銜蛇淺浮雕圖像（圖 2-8，1、2）〔註56〕。標本李 M24：43-4 銅錐上刻孔雀銜蛇陰線紋飾，孔雀呈匍匐狀，雙爪抓蛇，喙銜蛇身，蛇反噬孔雀身軀，刻紋精細（圖 2-8，3）〔註57〕。立體雕塑的鳥蛇搏噬較少，標本李 M69：160 杖形飾頂端錾上端作銅鼓形，鼓面立一鳥，長頸尖喙，身軀肥碩，鳥啄住一蛇，蛇則纏噬鳥頸（圖 2-9，5）〔註58〕。石 M19：4 杖形飾與之極為相似，唯蛇從鳥之右翅後下朝前穿出噬咬鳥的左翅，而鳥啄蛇尾〔註59〕。曲靖八塔臺 M100：17 較少見，為相向二鳥銜尾部相纏兩蛇，兩蛇分別咬噬鳥尾（圖 2-9，4）〔註60〕。

圖 2-9　蛇獸搏噬 E 型

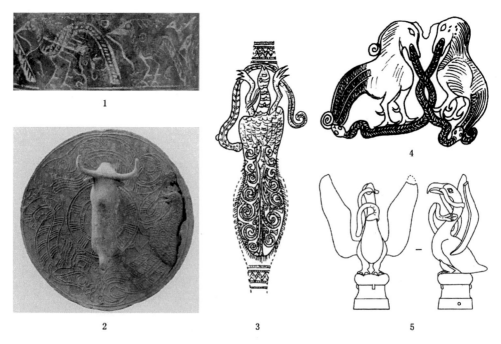

1.李 M22：21 虎牛鹿貯貝器腹部鳥銜蛇刻紋　2.李 M18：7 立牛貯貝器蓋頂孔雀銜蛇圖像　3.李 M24：43-4 銅錐孔雀噬蛇刻紋圖像　4.曲靖八塔臺 M100：1 鳥蛇搏噬扣飾　5.李 M69：160 杖頭飾鳥蛇搏噬雕塑

〔註56〕《雲南文明之光》第 253、88 頁。
〔註57〕《雲南江川李家山古墓群發掘報告》第 128 頁圖三三，3。
〔註58〕《江川李家山第二次發掘報告》第 139 頁圖九四，7。
〔註59〕參考《中國青銅器全集‧滇‧昆明》第 146 頁圖一七七。
〔註60〕雲南省文物考古研究所：《曲靖八塔臺與橫大路》第 95 頁圖七八，3，科學出版社，2003 年。

第三節　人獸搏噬

在傳統的動物搏鬥紋研究中，對於表現人與動物相互搏鬥、追擊或動物吞噬人類等場景的圖像或雕塑的材料並沒有予以太多關注。對這類材料的研究，通常是從內容本身所反映的社會活動性質出發，作為兩種母題——「狩獵」與「祭祀」進行一些專題討論。但雲南青銅時代出土的大量材料表明，本地區出土的人獸搏噬材料數量較多，自成一系；與地區外出土材料相比，近身搏擊是其最明顯的特徵，人取代原來動物搏噬中的一方，或為猛獸所吞噬，或搏擊殺死猛獸，形成力量關係的強弱對比，與本地區猛獸搏噬、蛇獸搏噬有著較為相似的構圖和場景表現，反映出人與自然關係的密切，並具有極其複雜的性質和內涵，圖像構成和風格要素也與動物之間的搏噬存在很強的關係，並不能單純以「狩獵」或「祭祀」來解釋。本書探討的一個重要問題就是青銅時代人與自然環境的關係以及這其中所表現出來的人類社會的一些重要變化，因此將人獸搏噬單獨作為一節討論很有必要。按照參與搏噬動物之種類的變化和搏噬關係的對比，這一類又可分為以下類型。

一、A 型——人與猛獸搏噬

人與猛獸搏噬實際上是古代較為常見的一種圖像主題，通常表現為人與虎、豹之類的猛獸進行近身搏噬的場景。在雲南青銅時代的遺物中，這類主題有著非常特殊的意義，且與其他地區的同類題材形成鮮明的對比，具有較為明確的地方特色。本類型按照參與雙方力量關係的變化又細分為 a、b 兩亞型。

（一）A-a 型

多人圍鬥猛獸，通常表現為多人同向抱住一猛獸身軀，猛獸撲噬前方一人，此人多已死亡，二犬或一犬穿梭其中咬噬獸足，地面多為一軀體較平直的蛇，蛇頭向前，人物多挽高髮髻，戴大耳環寬手鐲，著對襟短衣，跣足，鑄造精美，人物衣紋刻畫精細，構圖極為相似。

典型標本李 M 採：515 扣飾為四人獵虎，四人抱住虎身，一人被虎噬倒，一犬咬虎後胯，一犬咬虎前腿（圖 2-10，1）[註61]；標本 LM68X1：35-1 扣飾為三人獵虎，三人中立一巨虎，虎噬前一人持匕的右臂肘，右腿被虎左前爪

[註61] 《雲南江川李家山古墓群發掘報告》第 149 頁圖五二，9。

抓握住，身下一犬，中間一人右手持劍刺虎，虎尾後立一人，左手抓虎尾，右手持長劍，橫劍欲刺，三人髻頂垂一束髻繩帶，地面一蛇，頭於犬頸下（圖2-10，2）〔註62〕。標本李 M68X1：18 扣飾為三人獵豹，豹極高大，雙前爪抱一人噬其肩，此人髻散髮垂，右手劍似刺入豹腹，一人爬伏在豹背上，劍入豹腹，一人於後雙手抱豹尾，豹身下二犬，一犬咬豹腹，一犬咬豹左後足而背被豹右後足踐踏，後二人皆披帶尾獸皮，豹身有圓圈斑紋（圖2-10，3）〔註63〕；標本李 M13：8 扣飾為二人獵野豬，一人於後持劍刺豬後臀，野豬咬噬前方一人的腰部，其前一犬驚懼奔跑，另一犬咬噬豬腹（圖2-10，6）〔註64〕；標本李 M68X1：51-3 扣飾則為七人獵豹，豹身高大強壯，右前爪抱一人褳部，噬住其右肩頸，此人懸身仍劍刺豹肩沒刃，足下一犬，豹身下一人側倒抱豹右前足，豹背後立有四人，一人雙手扼抱豹頭，二人劍刺豹身沒刃，一人抱豹胯，豹後立一人執豹尾，身後覆帶尾獸皮，豹褳下一犬，轉頭咬豹後股，地面一蛇，浮雕場景複雜精細（圖2-10，4）〔註65〕。

　　晉寧石寨山所出一件八人二犬獵虎扣飾較為少見，其中六人持長矛刺虎，虎被刺倒在地，兩矛刺穿虎身，一人被此虎噬倒，仍以短劍刺入虎頸部，場景右邊緣有一人似持弓近射，二犬在其中分別撲噬虎頸和虎背。八人衣著與尋常略有不同，上身著對襟短袖衣，由於銹蝕較重，隱約可見中間幾人身披帶尾獸皮或腰覆帶尾獸皮，頭部裝飾有長翎（圖2-10，8）〔註66〕。

　　兵器上多人圍鬥猛獸較少見，如標本李 M24：43-3 銅矛骹部頂端則表現為四人獵虎，頂端鋬管內為一人持劍刺虎，其下三人以繩捕另一虎，虎已被繩索套住頸部；近刃處所鑄兩虎兩人近身搏噬圖像，兩虎分列一正面一人兩側，虎頭朝向刃部並同時咬噬身前一人，此人仰面倒地似已死亡（圖2-10，9）〔註67〕。李 M24：75 銅矛浮雕紋飾與之相同，僅鋒略殘。

　　除了直接表現獵鬥的場景外，個別材料表現為獵鬥前後的活動場景，如標本李 M57：181 銅戈骹背中部鑄有一立體圓雕的巨虎，尾向上捲曲於背，呈緩慢行走之態。援後部和骹兩面鑄有浮雕人物形象。骹部七人呈三四相對，皆上

〔註62〕《江川李家山第二次發掘報告》第114頁圖七四，1。
〔註63〕《江川李家山第二次發掘報告》第114頁圖七四，2。
〔註64〕《中國青銅器全集‧滇‧昆明》第112頁圖一二八。
〔註65〕《江川李家山第二次發掘報告》第114頁圖七四，3。
〔註66〕《晉寧石寨山》第86頁圖61。
〔註67〕《雲南江川李家山古墓群發掘報告》第110頁圖三三，3。

身赤裸，仰面監視鍪背的立虎，兩端二人身材高大，頭部伸出鍪背，呈兩面相同的浮雕，一人持曲柄斧，一人持戈；中間五人較小，其中四人持矛，一人持劍，似在等待機會襲擊猛虎。（圖2-10，7）〔註68〕。而標本李M68X1：51-2扣飾則為獵虎以後準備以虎祭祀的場景：虎身下六人，其中五人持長刀，高抬獵獲之虎，虎仍在咆哮；一人在隊伍中敲鼓，腿間二獵犬穿行，前方另二人抱雞攜酒似乎迎接抬虎之人；八人皆垂一束髻繩帶，迎接的二人腰股覆虎豹皮，內有獸尾垂地（圖2-10，5）〔註69〕。

圖2-10　人獸搏噬 A-a 類

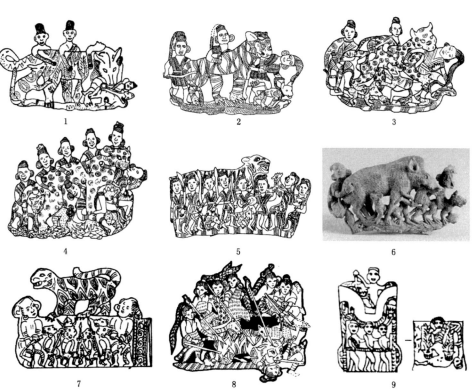

1.李 M 採：515 四人二犬獵虎透空浮雕扣飾　2.李 M68X1：35-1 三人一犬獵虎透空浮雕扣飾　3.李 M68X1：18 三人獵豹　4.李 M68X1：51-3 七人獵豹透空浮雕扣飾透空浮雕扣飾　5 李 M68X1：51-2 八人二犬獵虎歸透空浮雕扣飾　6.李 M13：8 二人獵野豬透空浮雕扣飾　7.李 M57：181 管鍪戈鍪上多人獵虎場景　8.石 M17：14 八人二犬獵虎透空浮雕扣飾　9.李 M24：43-3 銅矛骹部頂端多人獵虎場景和近刃部二人博虎場景

〔註68〕《江川李家山第二次發掘報告》第 52 頁圖三一，7。
〔註69〕《江川李家山第二次發掘報告》第 114 頁圖七四，4。

（二）A-b 型

此類場景中多表現為單人與猛獸近身相搏，多為猛獸所噬。

標本羊 M113：267 長方形浮雕扣飾左右兩邊分別鑄人虎搏噬圖像，左面人物側身側面朝向扣飾中央，頭部似有長飄帶，一虎側身噬咬人腰部；另一邊為一正面披髮人形，一虎咬噬此人頸部，虎尾後有一匍匐蛙紋（圖 2-10，1）〔註70〕。標本羊 M113：235 銅鉞鋬部焊鑄人虎搏噬場景，虎前爪抱持一人，虎口咬住人身，人抓住虎頭，足蹬虎身，似拼命掙扎。虎身型較大，人物上半身赤裸，頭挽高髮髻（圖 2-10，2）〔註71〕。

晉寧石寨山所出兩件曲刃有格銅短劍所刻畫人虎猴搏鬥的陰線細紋構圖和內容極為相似，標本石 M13：172 為一人持短劍與虎抱持纏鬥，虎噬人物頸肩，人物挽高髮髻戴大耳環，上身赤裸，短褲跣足，一猴在後面拉扯虎尾；標本石 M6：21 與之略同，唯虎噬人腰部，人物戴寬手鐲，與虎搏鬥（圖 2-11，3、4）〔註72〕。

二、B 型——獵獸

這一主題較為特殊，圖像主要選取人類狩獵活動中追逐或獵殺動物瞬間的搏鬥場景，〔註73〕動物為奮力逃跑掙扎的圖像或立體雕塑，追獵對象多為鹿。按照參與人物主體的變化可分為 a、b 兩亞型：

（一）B-a 型

主要是武士獵鹿，皆表現為一武士持短劍近身獵鬥大鹿，標本石 M3：69 透空浮雕扣飾為一人攜三犬獵鹿，人在鹿身後，一手抓住鹿後腿，一手持劍欲刺，劍已殘，三犬分別咬噬鹿背、鹿頸和鹿腹，一蛇在下方蜿蜒屈曲，蛇口咬噬鹿前足。人物衣著較為特殊，為右衽緣邊短衣，衣袖較長，挽於上臂，下著短褲，足部殘損，腰間飾圓形扣飾，與 M13：46 鎏金五人鬥牛扣飾人物衣著相似（圖 2-11，5）〔註74〕。標本石 M7：30 扣飾為扁平狀，淺浮雕武士持短

〔註70〕《昆明羊甫頭墓地》第 228 頁圖二○一，1。
〔註71〕《昆明羊甫頭墓地》第 192 頁圖一七○，5。
〔註72〕《雲南晉寧石寨山古墓群發掘報告》第 44 頁插圖九，8、9；第 45 頁插圖九，15、16。
〔註73〕需要說明的是一類型主題尤其騎馬獵獸雖多無明顯搏噬關係，但考察完整搏噬過程及其可能的圖像形式來源非常重要，故單列一類進行全面的分析說明。
〔註74〕《晉寧石寨山》第 87 頁圖 62。

劍獵鹿，左右抓鹿頸，右手持短劍欲刺鹿頸；鹿作後蹲狀，兩前蹄掙扎騰起，
張口嘶叫；人物著條紋衣（圖 2-11，6）〔註 75〕

圖 2-11　人獸搏噬 A-b 型、B-a 型

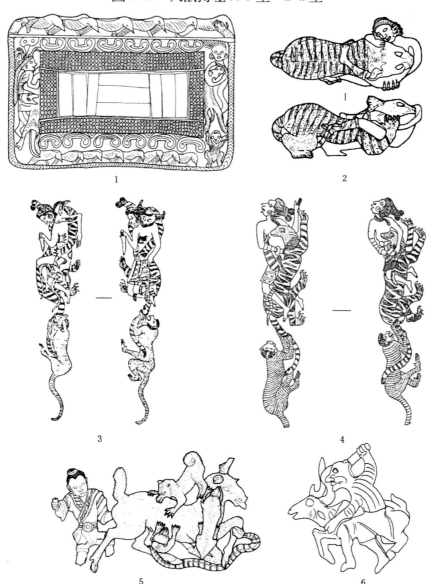

1.羊 M113：267 長方形浮雕扣飾虎噬人圖像　2.羊 M113：235 銅鉞鋬上虎噬人場景
3.石 M13：172 曲刃有格劍上人虎猴搏鬥圖像　4.石 M6：21 曲刃有格劍人虎猴搏鬥圖像
5.石 M3：69 一人三犬獵鹿透空浮雕扣飾　8.石 M7：30 武士獵鹿扣飾

〔註 75〕《中國青銅器全集‧滇‧昆明》第 121 頁圖一三九。

（二）B-b 型

主要表現為騎士單騎持長矛獵鹿場景，多見於扣飾，一般表現為一騎士縱馬於後方疾馳追逐一奔逃大鹿，馬前足已踩至鹿後胯，騎士左手控轡，右手持長矛欲刺，騎士多著無領對襟條紋短衣，及脛短褲，腰間束帶並佩短劍，纏頭帕，跣足，個別右手戴大圓環。馬備鞍無蹬，長尾卷揚，鞍有祥胸和肚帶，下方一蛇或二蛇，構圖極為相似（圖 2-12，3～7）〔註 76〕。僅石 M13：191 扣飾為騎士持矛驅馬攜犬獵豬場景〔註 77〕，李 M13：7 扣飾為二騎士攜犬持矛追擊二鹿，騎士頭插二長翎，一鹿有角一鹿無角，似分雌雄（圖 2-12，8）〔註 78〕

石 M71：142 疊鼓形貯貝器蓋頂焊鑄多位騎士持矛獵鹿立體場景，器身②層也陰刻多人獵鹿場景：蓋頂場景可分為兩組獵鹿活動，一組為一騎士和武士攜犬共同追殺一鹿，另一組為一騎士攜犬追殺另一鹿；鹿在前方奔逃，馬步態甚緩；騎士馬下分別焊鑄一兔和一狐，似在表現野外環境；騎士與步行武士裝束相同，唯騎士表面鎏金，與步行武士合作的騎士右手戴大圓環，頭飾特殊，似地位較高；人物手中矛皆缺失（圖 2-12，1）〔註 79〕。器身②層陰刻一系列獵鹿場景，可分為三組，一組為武士持矛獵鹿，鹿於前方奔馳而人在後面持矛追刺，旁有一樹；一組為鹿被殺死後被武士背負而歸；另一組構圖較為複雜，雖然中間以裝飾紋樣隔開，但實際為兩騎士前後對向持矛刺殺一奔鹿，一騎士在奔鹿前方等待，另一騎士於後方躍馬追刺，二人持矛右手皆戴大圓環，後方騎士上衣似綴流蘇，與一般條紋衣不同，似身份較高（圖 2-12，2）〔註 80〕。

三、C 型──鬥牛

此類主題是雲南人獸搏噬中非常特殊的類型，根據場景內容的不同可分為 a、b 亞型。

〔註 76〕《江川李家山第二次發掘報告》第 113 頁圖七三，1、2；《晉寧石寨山》第 86 頁圖 61；《中國青銅器全集・滇・昆明》第 119 頁圖一三五、一三六。

〔註 77〕圖片參考《雲南晉寧石寨山古墓群發掘報告》圖版柒玖，1，詳細描述見報告第 88 頁。

〔註 78〕《雲南江川李家山古墓群發掘報告》第 128 頁圖三三，6。

〔註 79〕《晉寧石寨山第五次發掘報告》第 68～69 頁圖四三 A。

〔註 80〕《晉寧石寨山第五次發掘報告》第 70～71 頁圖四三 B，2。

圖 2-12　人獸搏噬 B-b 型

1.石 M71：142 疊鼓形貯貝器蓋二騎士一武士獵鹿場景　2.石 M71：142 疊鼓形貯貝器②層刻紋騎士獵鹿圖像　3.李 M57：10 騎士獵鹿扣飾　4.石 M13：162 騎士獵鹿鎏金扣飾　5.李 M51：272 騎士獵鹿鍍錫扣飾　6.石 M13：163 騎士獵鹿鎏金扣飾　7.石 M6：14 騎士獵鹿鎏金扣飾　8.李 M13：7 二騎士獵鹿扣飾

（一）C-a 型

　　主要是在縛牛或剽牛祭柱類扣飾中時常出現的人與牛搏鬥的場景。多表現為多人於前後左右以繩綁縛一巨牛，有人扳牛角，有人推拉牛身，有人抱牛腿；而巨牛往往撞倒或角挑前方一人，右側一般有一祭祀銅柱，人物多著對襟短衣，跣足，腰部覆帶尾獸皮或披獸皮，人物密集，構圖飽滿充盈，布局極為緊湊，往往底部邊緣的構圖與常見彎曲的蛇紋地大不同，非常簡化，僅餘似蛇

身的裝飾紋樣，略似竹節紋（圖2-13，3、4）〔註81〕。比較特殊的是李 M24：90 扣飾人物上身赤裸，下方盤繞雙蛇並噬咬一蛙（圖2-13，2）〔註82〕。另標本石 M13：46 鎏金扣飾雖有所殘損，但眾人在縛牛過程中與牛搏鬥的激烈程度亦比較少見：一人僅存上半身，一人抱牛身，一人雙手扳牛雙角，一人於後一手拉扯牛尾，一手按住牛臀，一人在前方被牛撞翻，頭下足上；牛拼命掙扎，四足用力前後蹬；底部有屈曲的一條大蛇；殘餘四人皆盤髻，上身赤裸，短褲，跣足，束腰帶，腹前有明顯圓形扣飾（圖2-13，1）〔註83〕。

圖 2-13　人獸搏噬紋 C 型

1.石 M13：46 鎏金五人縛牛鎏金扣飾　2.李 M24：90 五人縛牛扣飾　3.李 M68X1：51-5 十一人縛牛祭柱透扣飾　4.呈貢天子廟 M41：47 七人縛牛扣飾　5.石 M7：33 鬥牛入場長方形扣飾　6.石 M6：41 鬥牛入場長方形扣飾

〔註81〕《江川李家山第二次發掘報告》第 114 頁圖七四，6；《中國青銅器全集·滇·昆明》第 109 頁圖一二三。

〔註82〕《雲南江川李家山古墓群發掘報告》第 128 頁圖三三，1。

〔註83〕《雲南晉寧石寨山古墓群出土銅鐵器補遺》第 47 頁圖五。

（二）C-b 型

鬥牛入場扣飾，較為特殊，卻是反映鬥牛活動存在的直接證據。目前僅見石 M6：41、石 M7：33 和石 M3：140 三件長方形浮雕扣飾。主要表現為鬥牛或剽牛祭祀之前放牛入場的場景。M3 和 M6 所出甚同，畫面都作三層，上面兩層為看臺，看臺上跪坐多人，下層中為一雙扇門，第二層看臺中間一人彎腰開門，一牛正從門外沖進場內，牛後方扣飾背後一人作趕牛狀，下層左右兩側各有四五人抱膝而坐似在等牛入場；M7 則僅有兩層看臺，門兩側為等待鬥牛的人物，人物皆挽髻插長翎（圖 2-13，5、6）〔註 84〕。

圖 2-14　人獸搏噬 D 型

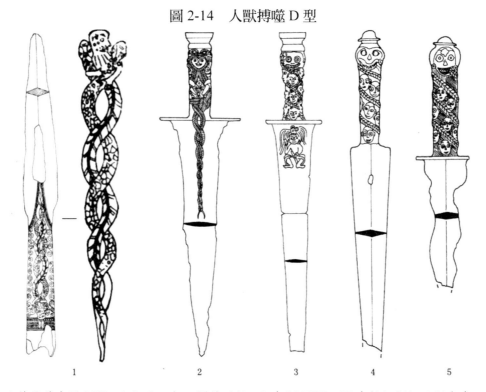

1.楚雄萬家壩 M72：1 銅矛刃部人攫雙蛇紋　2.李 M68X2：17 有格銅劍柄至劍脊處人攫雙蛇紋　3.李 M57：35 有格銅劍劍柄人噬蛇蛇纏人紋　4.李 M68X2：26-1 有格銅劍劍柄人噬蛇蛇纏人　5.李 M68X2：13-1 有格銅劍劍柄人噬蛇蛇纏人

四、D 型──人蛇搏噬

人蛇搏噬主題是指圖像或立體雕塑中有人與蛇纏鬥的場景，數量很少，目

〔註 84〕《晉寧石寨山》第 83 頁圖 58；《中國青銅器全集·滇·昆明》第 130 頁圖一五五。

前僅見於劍、矛上。代表性器物為楚雄萬家壩 M72：1 人攫雙蛇銅矛（圖 2-14，1）〔註85〕。江川李家山出土一件銅劍與之類似，莖兩面相同，為一箕踞而坐之人，腹前佩圓形扣飾，雙手曲肘垂襠，渾身纏蛇，足下相互纏繞的兩蛇身經劍格延至臘後段中線，似為專門弄蛇之人（圖 2-14，2）〔註86〕；另三件銅劍相似，皆為莖兩面相同，為環莖盤旋排列的人面，以蛇身盤繞其間相隔，分作四行，人面圓目，戴耳環，首端人面較大，雙目突出，口極寬闊，齜牙咧嘴，咬住蛇頸似與蛇纏鬥（圖 2-14，3～5）〔註87〕。

〔註85〕《楚雄萬家壩古墓群發掘報告》第 362 頁圖二四，1。
〔註86〕《江川李家山第二次發掘報告》第 76 頁圖四八，1。
〔註87〕《江川李家山第二次發掘報告》第 76 頁圖四八，3；第 69 頁圖四二，5、6。

第三章　動物搏噬主題分期研究

　　動物搏噬主題從目前來看其分布具有較為明顯的地區特點，以滇池為中心的滇文化是其流行的主要區域；動物搏噬主題的使用雖然集中在戰國晚期到西漢時期，但由於這一階段是雲南社會變遷和民族融合遷徙劇烈的時期，在不同的發展階段有其一定的特徵，這些特徵對於討論動物搏噬主題與雲南社會的關係、動物搏噬主題源流等問題都有極為重要的意義。因此對動物搏噬主題進行進一步的文化分析之前，有必要對其形式內容的分期情況進行初步探討。

第一節　出土材料的年代判斷

　　分期是建立在對材料較為準確的斷代基礎上的。由於雲南動物搏噬主題的主要載體鮮少見於生產工具和實用性器物當中，大多是彰顯身份地位等級的青銅兵器和扣飾，少量見於用於禮儀祭祀的容器和樂器上，且多出土於大中型墓葬中；同時大量動物搏噬主題器物製作極為精細複雜，還具有極高的觀賞價值，器物造型和紋飾殊異，不存在批量生產的現象。因此這些器物的製作年代，大致可依據墓葬年代進行推定。不過由於各個學者對 C-14 測年數據的準確性認識不同，對作為斷代標尺的一些典型器物型式演變的推理不同，因此對一些墓葬尤其是早期墓葬的年代上限存在一定爭議。這直接影響到對主題類型演變的分析。出土動物搏噬主題的大墓本身也存在一些年代早晚關係，因此需要特別對此進行一些分析，以便更好地認識動物搏噬主題的發展演變規律。

一、晉寧石寨山墓群和江川李家山墓群

　　滇池區域的晉寧石寨山李家山墓葬群，發掘時間早，聚族而葬，排列有序，墓葬規模和隨葬品的等級規格明顯，出土青銅器數量很大，對於構築滇文化標尺性器物體系具有極其重要的作用；由於滇文化發展水平高於雲南其他地區，因此在戰國到漢代雲南各地的青銅文化中，都大量出現了滇文化的因素，只是由於地域遠近和族群親疏等關係的影響而表現程度不同。因此對於青銅時代雲南各地墓葬年代的分析，通常都會依據晉寧石寨山、江川李家山這兩大滇文化墓地的分期斷代的結果進行判斷。目前所發現的典型動物搏噬主題材料集中在晉寧石寨山、江川李家山大型墓葬中，這些墓應該屬於滇王、王后以及個別極為重要的王族近臣墓葬，對於這一點在後文中還要詳細分析。對於這兩大墓地群，下限一般比較統一，一般認為是在西漢末東漢初；但對於上限的判斷差異較大，學者依賴 C-14 測年數據早的認為在春秋早期〔註 1〕，晚的認為在西漢早期〔註 2〕。上述年代較早的墓葬，其斷代多是通過與其他墓葬的比較來進行的，且相互間常出現循環推論的情況，直接依據僅有江川李家山 M21 和曲靖橫大路 M108 等少數墓葬提供的個別 C-14 測年數據，而這些數據因不足量等原因，並無十分的可靠性。且隨著滇文化墓葬發掘的增多和標尺性器物梳理的益發完善，越來越多的學者開始傾向於將兩地滇文化墓葬的年代上限提到戰國末，至多不超過戰國晚期〔註 3〕。

　　根據 C-14 年代測定、出土銅錢和與年代有關的標尺性器物，目前年代相對最為明確的是第二次發掘的石 M6，根據墓中出土「滇王之印」可斷，此墓應是西漢武帝元封二年（公元前 109 年）冊封滇王以後的墓葬。M6 不僅映證了《漢書》、《後漢書》中有關漢武帝封滇王的記載〔註 4〕，下葬年代應至少在武帝元封二年之後；由於此墓未被擾亂，出土隨葬品組合完整，反映了滇王級別的墓葬應有的規格，其他出土相似隨葬品尤其青銅重器的大型墓葬就可依

〔註 1〕 參考蔣志龍：《再論石寨山文化》，《文物》1998 年第 6 期；王大道：《滇池區域的青銅文化》，《雲南青銅器論叢》，文物出版社，1981 年。

〔註 2〕 徐學書：《關於滇文化和滇西青銅文化年代的再探討》，《考古》1999 年第 5 期。

〔註 3〕 參考米歇爾‧皮拉左里著、吳臻臻譯：《滇文化的年代問題》，《考古》1990 年第 1 期；楊勇：《雲貴高原出土青銅扣飾研究》，《考古學報》2011 年第 3 期。

〔註 4〕 參考蔡葵：《論雲南晉寧石寨山第 6 號墓的史料價值》，《南方民族考古》第一輯，四川大學出版社，1987 年。

據石 M6 進行判斷。

　　第二次發掘的石 M13 未被擾亂，出土物豐富不亞於石 M6，出土有 2 件銅鼓、趕集場景疊鼓形貯貝器、持傘男俑、各種立牛蓋貯貝器等青銅重器和大量兵器，根據墓葬中出土四銖半兩等標尺性器物判斷年代約為西漢文帝至武帝元狩五年〔註 5〕。第二次發掘的石 M12 未被擾亂，亦出鼓形貯貝器 2 件、殺人祭銅柱蓋貯貝器和銅女俑以及大量兵器；第五次發掘的石 M71 出疊鼓形貯貝器、持傘持杖銅俑等青銅器。銅鼓一般被學者認為是滇文化乃至整個雲南青銅文化中的禮儀重器之一，其通常由部落或氏族頭領掌握，是權力和身份的象徵〔註 6〕。早期的滇國墓葬中，我們明顯可以發現銅鼓、桶形貯貝器和銅俑為「重器組合」。隨著滇國統治階級的需要，大墓中開始出現銅鼓形貯貝器；而學者已經認定貯貝器的興盛衰落和滇王的政治命運是密切聯繫在一起的〔註 7〕；貯貝器不僅貯藏貨幣，也是展示身份地位、象徵權威的器皿〔註 8〕；疊鼓形貯貝器可能表示墓主的等級更高〔註 9〕，根據石 M13、石 M71、石 M6 同樣出土鼓形或疊鼓形貯貝器、銅俑；石 M12 出土殺人祭銅柱貯貝器乃反映古代滇國社會重要活動「詛盟」，即滇王與部族首領間的結盟儀式〔註 10〕，而其出土女俑與石 M13 的女俑為一範所鑄，因此三墓應同屬滇王一級的大墓；三墓中不見石 M6 墓葬中出土的漢式器物如銅薰爐、烹爐、銅鐘、鐵戟等器物，故年代在石 M6 墓主之前即元封二年以前的可能性更大。考慮到一任滇王可能的在位時間長短，不排除墓葬中個別器物的製作甚至有可能早到西漢初年即漢高祖呂后期間。而石 M3 與石 M6 所出男俑亦為一範所鑄，出土鬥牛入場場景扣飾也非常相似，但石 M3 中隨葬品數量與貯貝器等級不如石 M6，且僅隨葬一俑，因此等級應不如前述諸墓，原報告判斷其年代在西漢中期偏早階段即武帝元封二年之前應該是比較準確的。

〔註 5〕雲南省博物館：《雲南晉寧石寨山古墓群發掘報告》第 133～134 頁，文物出版社，1959 年。

〔註 6〕中國古代銅鼓研究會：《中國古代銅鼓》，文物出版社，1988 年。

〔註 7〕李偉卿：《貯貝器及其裝飾藝術研究》，《雲南青銅文化論集》第 508 頁，雲南人民出版社，1991 年。

〔註 8〕〔日〕梶山勝：《貯貝器考》，蔡葵譯，《雲南文物》1983 年第 3 期。

〔註 9〕雲南省文物考古研究所、昆明市博物館、晉寧縣文物管理所：《晉寧石寨山第五次發掘報告》第 155 頁，文物出版社，2009 年。

〔註 10〕馮漢驥：《雲南晉寧石寨山出土銅器研究——若干主要人物活動圖像試釋》，《考古》1963 年第 6 期。

　　文化面貌、出土器物與晉寧石寨山相似的江川李家山墓群，其年代大體相仿，但判斷不如石寨山墓群複雜。其早晚期墓葬變化明顯，特別是在隨葬品方面體現為滇文化器物由多變少，中原漢式器物由少到多，兩次發掘建立的早晚序列應該是比較準確的〔註11〕。這其中第二次發掘的李 M69 因出鐵鉞、鐵矛及典型漢式器物被判斷為西漢晚期到東漢初，這一點應該是比較準確的；李 M51 青銅重器組合和大量青銅器器型和石 M6 近似，且同出一組六件銅編鍾以及盤、鏡、帶鉤之類漢式器物；而李 M47、M57 出土物又與李 M51 接近，且同出貯貝器、持傘俑、銅鼓等青銅重器，亦為當地部族首領之大墓，此三墓年代當與石 M6 相近，西漢中期後段即武帝元封二年以後到西漢晚期的可能性更大〔註12〕；李 M68 雖同出大量青銅器和鼓形貯貝器、銅鼓、銅傘蓋等物，但卻不見這三墓中的銅鏡、帶鉤等漢式器物，其年代應稍早於前三墓。

　　本書材料所涉及李家山第一次發掘的早期墓葬 M17、M18、M21、M22、M24 被判斷為武帝以前，上限到戰國末〔註13〕，時代跨度較大，對墓葬絕對年代的劃分可能還要依據晉寧石寨山大墓年代進行一個比較。不過這幾座墓葬中均不見或少見漢式器物，鐵器基本不見，僅李 M21 有一件螺旋紋實心莖銅柄鐵劍，被認為是西南地區三叉格銅柄鐵劍中較早的類型，此種劍在四川茂縣牟托一號石棺葬中出有兩件，其年代大抵應在戰國晚期至西漢前期〔註14〕。考慮到此類銅劍的傳播路徑和時代早晚，結合該墓自身特點來看其屬於西漢武帝元封二年之前，上限到西漢早期的可能性更大；而未出鐵器和銅鐵合製品的 M24 一些器物的造型和紋飾風格都帶有一些早期特徵，如縛牛扣飾中拴牛的方法、動物造型的青銅俎案等器物帶有濃厚的原始色彩，以葫蘆笙隨葬的現象表明其應與晉寧石寨山 I 類墓尤其是 M17 年代相近，下限在西漢初年文帝以前的可能性更高，因此墓葬上限也相應可到戰國末年秦滅巴蜀以後甚至戰國晚期。李 M17、李 M18 雖與李 M24 有性別方面的差異，但其隨葬銅枕所鑄虎噬牛高浮雕場景與李 M24 虎噬牛銅案在構圖、表現內容及風格上基本一致，

〔註11〕雲南省文物考古研究所，玉溪市文物管理所，江川縣文化局：《江川李家山第二次發掘報告》第 231 頁，文物出版社，2007 年。

〔註12〕參考彭長林：《雲貴高原的青銅時代》第 56～63 頁，廣西科學技術出版社，2008 年。

〔註13〕雲南省博物館：《雲南江川李家山古墓群發掘報告》第 151 頁，《考古學報》1975 年第 2 期。

〔註14〕霍巍：《關於岷江上游牟托石棺墓幾個問題的探討》，《四川文物》1997 年第 5 期。

出土銅壺形制與壺蓋立牛也與李 M24 相同，因此二墓與李 M24 年代也應基本
一致；李 M22 所出貯貝器較為特殊，在石寨山早期墓葬中和本地區其他早期
墓葬中皆未發現，早期貯備器蓋頂多作立牛，其數量不等，器身或光素無紋，
或鑄雙旋紋、菱形紋，器足多作瓦形；而此器蓋頂作虎鹿繞牛轉行之狀，布局
緊密，與西漢時期石寨山 M71 所出虎牛搏鬥貯貝器相似；但器身無後期常見
動物形器耳，足作身著對襟長衣的托舉人形，也與其他貯貝器殊異，因此其年
代在西漢早期偏早階段比較準確。

二、其他年代爭議較大的墓葬群

　　滇池以外的動物搏噬主題在墓葬中發現的情況較少，因此僅對文章中所
涉及的爭議墓葬年代進行一些簡單探討。其中之一為呈貢天子廟 M41，經 C-
14 測年和樹輪年代校正得知其年代約為公元前 346 年，即約當於戰國中期
〔註 15〕，而有些學者認為標本本身有污染，C-14 測年本身又存在較大誤差，
因此認為此墓年代應為戰國末到西漢早期〔註 16〕。但此墓中無金銀器出土，
僅有一件鐵削置於銅筩內，顯示此物較為珍貴，外部傳入的可能性更大。根
據周邊滇文化墓葬隨葬品發展序列來看，斷為戰國末年到西漢初年即文帝之
前比較恰當。

　　根據測年數據的結果楚雄萬家壩墓地 I 類墓墓葬年代報告定為西周到春
秋早期，II 類墓定為春秋中晚期到戰國〔註 17〕，一些學者認為報告所定年代偏
早，從器物比較來看應屬於西漢時期〔註 18〕。不過這一時期還有紅銅工具，其
製作仍屬於青銅製作的初期階段；銅鼓形制和紋飾仍較為簡單，因此萬家壩原
報告確定的 II 類墓年代應該大體不出戰國末年到西漢早期。

　　祥雲大波那銅棺墓最初報告定為西漢中晚期到東漢初〔註 19〕，這一結論

〔註 15〕 昆明市文物管理委員會：《呈貢天子廟滇墓》，《考古學報》1985 年 4 期。

〔註 16〕 楊勇：《戰國秦漢時期雲貴高原考古學文化研究》第 118 頁，科學出版社，2011
年。

〔註 17〕 北京大學歷史系考古專業碳十四實驗室：《碳十四年代報告》（續一），《文物》
1978 年第 5 期。雲南省文物工作隊：《楚雄萬家壩古墓群發掘報告》，《考古學
報》1983 年第 3 期。

〔註 18〕 徐學書：《關於滇文化和滇西青銅文化年代的再探討》，《考古》1999 年第 5 期。
李龍章：《楚雄萬家壩墓群及萬家壩型銅鼓的年代探討》，《文物》2003 年第 12
期。

〔註 19〕 大理州文管所、祥雲縣文化館：《雲南祥雲大波那木槨墓》，《文物》1986 年第
7 期。

多依據滇文化墓葬中相似器型進行推定，例如根據墓葬中出土扁圓筒形編鍾的形制分析，其與晉寧石寨山 M6、江川李家山 M51、鹽源老龍頭 M4 出土銅編鍾相似，因此其年代也大體相近。後中國科學院考古研究所實驗室所做此墓木槨殘片 C-14 測年數據發表後〔註20〕，一些學者據此將其年代提早到戰國早中期。但其墓葬中未見鐵器或銅鐵合製器，銅棺體量較大製作耗時，紋飾有自身特色為其他地區所不同，其虎紋更接近巴蜀類似鑄紋銅器的製作風格和特點，且編鍾紋飾與石寨山所出之龍形怪獸紋飾和李家山所出之蛇形勾連紋具有明顯差異，整個墓葬隨葬品及葬俗有著極為明顯的土著特點，屬於這一地區部族早期首領的可能性更大，因此本書傾向於定其為戰國晚期到西漢初年。

三、零散出土物的年代問題

有關動物紋的材料還有相當部分為各地採集於地層、探方或擾亂坑中，因此一般對其年代的判斷比較粗疏，大體按照戰國晚期到西漢這一籠統範圍來劃分。關於動物搏噬主題的零散出土物，大部分的器物可以根據同一地區墓葬群的主要年代進行推定，且其跨度較大，對於分期的意義不大。這其中僅有兩組值得關注，一組是天生橋銅鼓。對於天生橋銅鼓的年代目前有幾種說法，一種意見是西漢初、中期〔註21〕；第二種意見認為「天生橋鼓年代可能晚至兩漢之際」，即西漢晚、東漢初〔註22〕；而第三種意見認為昌寧過去只發現萬家壩型銅鼓昌寧縣八甲大山鼓，此鼓形制與萬家壩鼓有諸多相似之處，因此天生橋鼓的年代應是萬家壩型銅鼓中比較晚的，推測為戰國晚期至西漢初〔註23〕。筆者認為此鼓雖然鼓身具備萬家壩型鼓的特點，與萬家壩型式鼓相似，但鼓面雕塑場景卻反映出滇池區域貯貝器蓋上立體雕塑的風格，此材料屬於地層中零星出土，沒有其他相關材料佐證，因此此器年代不宜定得太早，而傾向於將之作為受滇文化影響下出現的一種特殊型式。出土有各種動態組合場景的貯貝器材料最早不出西漢早期，而弓獵僅在石 M17 的八人獵虎扣飾上出現過，擂鼓助擊又帶有原始儀式的特點，因此結合此器形制和紋飾特點，定在西漢早期

〔註20〕中國科學院考古研究所實驗室：《放射性碳素測定年代報告（四）》，《考古》1977 年第 3 期。
〔註21〕張增祺：《「萬家壩型」銅鼓與「石寨山型」銅鼓的關係》，《銅鼓和青銅文化的新探索》，廣西民族出版社，1993 年。
〔註22〕邱茲惠：《試論東南亞所見之萬家壩式銅鼓》，《銅鼓和青銅文化的再探索》，《民族藝術》1997 年增刊。
〔註23〕李昆聲、黃德榮：《再論萬家壩型銅鼓》，《考古學報》2007 年第 2 期。

到西漢中期偏早階段（公元前 109 年以前）或許更為恰當。

巍山馬鞍鄉母古魯村所出屬於窖藏，沒有較為明確的年代判斷依據。但結合祥雲檢村出土類似編鍾和祥雲大波那出土銅棺兩端壁板紋飾來看，其與檢村、大波那出土物應屬於同一系統；同時其還出土了螺旋紋柄三叉格劍、銅牛模型、女性人物杖頭等器物，與祥雲大波那所出在文化面貌上極為相似，在區域分布上又有明顯的聯繫，因此在年代的判斷上應可依據這兩處墓地來進行判斷。而昌寧縣濟山打掛墳山出土的對虎紋銅編鍾出土之時位置特殊，出於山上且成組出土，不能排除為某種祭祀埋入的，可能為部族內傳承使用過的重要禮器，編鍾形制與紋飾風格與巍山、祥雲檢村所出相似，這一帶地理位置亦接近巍山，因此其年代也應不會晚於西漢中期。

第二節　動物搏噬主題分期

目前動物搏噬主題的載體，主要以扣飾為主，其次為兵器，青銅容器、樂器和其他器物都較為少見。一方面固然是由於新中國成立以前，雲南墓葬和遺址已屢遭盜掘，新中國成立後又由於生產勞作產生的破壞導致大量文物散佚、流失、破壞；另一方面，當地的社會生產技術水平、動物搏噬主題的內涵和意義等都對其使用載體產生了較為明顯的影響。由於目前所見動物搏噬主題器物鑄造工藝都較為複雜，需要耗費大量時間製作，且製作精美細緻並非單純為隨葬所製作的冥器，一些器物如透空浮雕扣飾以及鑄有大型場景的貯貝器等極可能是在墓主生前積累的代表身份等級的禮儀器，其製作年代應在墓主下葬之前；同時考慮到製作此類器物的工匠集團應該是技術穩定、專為上層貴族服務的人群，因此某些造型特點和藝術風格有可能延續到較晚一個時期；另有一些特殊的主題類型或構圖形式還有外部傳入或影響的可能，因此在分期的時候要綜合多種因素考慮（詳見附表 2 出土器物圖像主題及分期登記表）。

一、第一期──戰國晚期到西漢初年

目前出土動物搏噬主題器物的遺跡年代，上限可到戰國晚期，鑒於其出現之時已經表現出的構圖成熟、動物形態寫實和複雜的工藝程度，我們可以推斷，在此之前的一段時間，某些動物搏噬主題或許就已經出現了。目前所見這一階段的動物搏噬主題類型已有猛獸搏噬 A-a、A-b、C 型；蛇獸搏噬 A、B、

D、E 型；人獸搏噬 A-a、C-a 型這幾種類型。類型不少，但數量極其有限。

猛獸搏噬 A-a 型是較早出現的一型，虎多從後方撲噬牛後臀位置，甚至躍到牛背進行咬噬，牛則多呈站立狀，構圖形式都比較穩定，鑄造工藝成熟，在特殊的青銅枕、銅案、銅葫蘆笙及少量兵器上都有所表現，尤其是浮雕虎噬牛圖像的銅枕和虎噬牛造型的銅案，器形較大、紋飾複雜、形制奇特，所需鑄造的時間應較一般小型器物較長，在鑄造此種器物之前，工匠應該做過反覆的設計和試煉，非一次可以成功，可以判斷其實際出現的時間可能還要略早於戰國晚期。同時狼牙棒和銅啄上鑄猛獸搏噬的現象也為第二階段出現在兵器上的動物搏噬主題奠定了基礎。

猛獸搏噬 A-b 型僅見兩件材料著錄，其中呈貢天子廟 M41：53 雖然未見圖片發表，但報告中對其描述是比較詳細的。此兩件器物就目前來講或許是年代最早的群獸圍攻噬咬草食動物的扣飾。羊 M104：38 四虎噬牛構圖複雜，其猛獸噬牛的動作姿態同後來大量出現的同類器物很相似，但一般扣飾上常見的大蛇在此鑄造的卻較為立體，上身豎立較高，並參與到搏噬圖像場景中去，蛇頭大張欲咬噬虎頭的做法以及虎尾、蛇尾、牛尾交纏形成圓滿的邊緣，與常見的蛇噬腿尾、蜿蜒於地面的做法有所不同，或許反映了一些地方特徵或早期特點。

從事物發展演變規律來看，只有建立在對簡單結構的熟練認識和技術操作基礎上，多獸穿梭搏噬的結構設計才有可能比較成熟的出現，因此工匠設計製作猛獸搏噬 A-b 型的時間應是晚於猛獸搏噬 A-a 型。而猛獸搏噬 A-c 型目前僅有祥雲大波那銅棺墓出一件雙獸搏鬥飾件，較為特殊，與後來大量出現的此類型似乎沒有直接的發展關係，卻與滇西、滇西橫斷山區一帶墓葬中發掘的有雙立獸圓形牌飾的風格和造型更接近。

祥雲大波那銅棺兩端壁板鑄造的淺浮雕圖像是 C 型的代表，這類紋飾風格極為特別，對獸的構圖形式，虎身鑄造的抽象紋飾都同其他類型的猛獸搏噬有很大區別，更接近巴蜀地區青銅器尤其兵器所鑄虎紋形象，其動物造型尤其是圍繞中心構圖的禽鳥種類、形態又與草原文化中所見鳥紋形態極為相似，不能排除其受外來影響的可能。

蛇獸搏噬 A 型目前僅見呈貢天子廟 M41：49 房屋模型上三猴博蛇的場景。猴蛇搏噬的構圖是雲南地方特有的一種，雲南之外暫時沒有發現。B 型亦僅見呈貢天子廟 M41：51 蛙形扣飾，形制奇特，蛙身作殼狀，背上鑲嵌綠松

石，兩蛇相互纏繞，繞蛙身一周後回到蛙尾處噬住腿根，這種蛙形與銅鼓鼓面裝飾的立體蛙形有一定相似之處，但構圖形式卻暫不見於雲南其他地區乃至於整個南方地區，反而在北方草原文化早期器物中卻找到一些相似之處，也有受到外來文化因素影響的可能。

蛇獸搏噬 C 型的蛇魚搏噬目前僅見於杖頭飾中，蛇噬魚的圖像在雲南乃至四川鹽源一帶的青銅器中都有發現，但此種蛇魚搏噬較為特別，不僅構圖形式穩定，器型也基本一致，魚的種類也多分雌雄，目前來看一直到第三期都存在於江川李家山大墓之中，可能與當地特殊的禮儀要求也有一定的關係。蛇獸搏噬 E 型亦是非常具有雲南地方特色的一類紋飾，早期的鳥銜蛇形態並不固定，表現目前也僅有孔雀銜蛇，現有材料雖少，但鑒於孔雀是雲南地方相當常見的動物，這一類型的動物搏噬主題出現時間可能會早於戰國晚期。

人獸搏噬 A-a 和 C-a 型具有明顯的記事特點。人獸搏噬 A-a 型最早見於石 M17 的一件透空浮雕扣飾和李 M24 的兩件銅矛上。石 M17 所出為八人獵虎，但與李家山所出不同的是，多人持長矛將豹刺殺於地面，人物衣著複雜，腰間飾圓扣的特徵明顯，頭部飾雉尾，身披獸皮，一矛已穿透虎腿，虎匍匐於地面仍咬噬犧牲者，而畫面右邊一人搭弓擊射的設計較為特殊，整個畫面重心略向右偏，地面無蛇紋地裝飾。李 M24 所出兩件人物裝束與鑄造都較石 M17 簡單，人皆上身赤裸，三人同向以繩捕一虎，一獵手持短劍刺虎，而近刃處還有兩人與虎搏鬥的場景。人獸搏噬 C-a 型中李 M24：90 縛牛祭柱扣飾的人物與前述李 M24 銅矛人物形象相同，銅柱結構較為簡單，柱頭沒有動物圖騰，而牛的反抗兇猛，一人掛牛角上又一人被牛撞倒，縛牛方法為栓束牛頸，與呈貢天子廟所出有很大不同；而邊緣雙蛇纏繞並於左端咬噬一蛙的做法又明顯不同於其他以蛇為地的扣飾，具有特殊的意義，又與呈貢天子廟所出雙蛇噬蛙的扣飾在構圖方面有一些相似之處。呈貢天子廟所出縛牛祭柱扣飾人物衣著與後來習見的縛牛扣飾人物衣飾更一致，整個畫面構圖偏向右側。

二、第二期──西漢早期到西漢中期武帝元封二年以前

這一時期各類搏噬主題都大量出現，尤其猛獸搏噬和人獸搏噬，不僅數量多，還出現了一些新的類型。各類搏噬多見於扣飾，兵器上有所增加，個別出現在貯貝器上，部分漆木器上也出現了這種圖像。

猛獸搏噬 A 型明顯增多，但隨著枕、案器物的消失，開始出現在新的器

型上並獲得了更大的發展空間，不僅參與搏噬的動物種類有所增加，搏噬的構圖形式也有所變化。除繼承虎噬牛的早期類型外，A-a 型中新出現了虎噬鹿、虎噬野豬、虎噬雞、豹噬鼠等新的內容；A-b 型的數量大量增加；A-c 型猛獸相搏類最為突出，以虎熊相搏、二豹與野豬相搏、狼豹相搏為主要表現對象，動物身體多翻騰婉轉，表現出強烈的動態效果，與早期多數器物相比有極為明顯的變化，翻轉身軀的圖式與北方草原地區某些動物紋有著相似之處，不能排除受其影響的可能；一些圖式如二豹與野豬相搏的場景非常相似，反映出製作傳統的一致性。除此之外，猛獸搏噬新出 B 和 D 型也非常具有特色，尤其 D型中表現虎背牛或虎背鹿的場景最為特殊，虎爪模仿人手的形狀和動作，反手扶住背上已被咬斃的獵物，動作奇怪而扭曲，但又不乏寫實性的特點在裏面。值得注意的是管銎類兵器銎背上焊鑄猛獸搏噬有較為明顯的發展，且這種焊鑄往往以蛇為地，甚至個別搏噬場景中還出現了猴蛇參與的部分，顯得較為特殊。

　　蛇獸搏噬變化不大，A 型中出現了在銅鉞一側鑄猴蛇搏鬥的現象。B 型則僅見羊甫頭 M113 所出蛇吞蛙柄的卷刃器，而 C 型變化不大較為穩定。新出 D型比較特別，長蛇單獨與其他動物進行搏噬情況少見，長蛇噬獸的構圖一般多見於邊緣紋飾的製作，如第一期李 M24：90 的蛇地即為兩條大蛇。但在 D 型中卻是一條長蛇與其他動物構成對峙或追逐的長型構圖，其使用十分有限，數量極少。E 型孔雀銜蛇的變化不大，並開始出現在箭箙飾和扣飾中，如曲靖八塔臺墓地中出土的雙蛇雙孔雀搏噬的扣飾，構圖較為對稱，十分特殊。

　　人獸搏噬總體數量有增加，新出 A-b 單人與猛獸近身搏噬的形式、B-a 型人攜犬獵鹿，B-b 型騎士獵鹿的場景都是這一時期發展最為突出的例子，尤其是騎士獵鹿，無論是在人物、動物動作姿態上，還是人物衣著裝扮上有一定程式化的趨勢，但又不盡相同。多數載體有鎏金情況，且目前來看僅出現於滇王一級大墓中，充分表現了其上層貴族活動的特殊性。更甚者如石 M71：142 蓋頂和器身鑄造的複雜場景中還分出多個組合，將追擊、獵殺、俘獲一系列場景都完整表現出來。僅李 M13：7 所出二騎士獵鹿的扣飾有較大不同，兩個騎士踞坐於馬背之上，所乘之馬僅有韁繩坐墊而無馬鞍，顯示當時馬具的不完善，其可能反映出與晉寧石寨山在騎行方面不太一樣的發展程度〔註24〕。C-a 型延

〔註24〕參考張增祺：《滇國的戰馬、馬具及馬鐙》第 66～67 頁，《雲南省博物館建館五十週年論文集》，雲南教育出版社，2001 年。

續了呈貢天子廟 41：47 的一些做法，變化不大，數量仍較少，但石 M3 所出 C-b 型鬥牛入場場景的扣飾反映出一些新的傾向。D 型僅見於萬家壩 M72 號墓中一件銅矛，表現為人雙手環抱兩蛇、與蛇纏鬥的圖像，其雙蛇纏繞的構圖極為特別，且較為寫實，與第一期李 M24：90 的雙蛇緣邊的構造似有一定聯繫。

　　第二期有幾個發展特點值得關注：一是猛獸搏噬 A-c 型中唯一一件猴拉扯豹尾與豹搏鬥的圖像、蛇獸搏噬 D 型中猴於蛇尾處與蛇博的圖像以及人獸搏噬 A-a 型中人虎搏鬥而猴拉扯虎尾參與搏鬥的構圖極為相似，這種圖式除了與載體形制有關外，可能與當時猴與人類的親近有一定關係；我們還可以注意到在其他一些猛獸搏噬中也有一些猴參與的情況出現，這表明在當時的雲南社會，猴有著較為特殊的地位。另一點值得注意的是，某些類型開始反映出地域的差異，如人獸搏噬中 B-a 型、猛獸搏噬中的 A-c、B 和 D 型僅在晉寧石寨山一帶多見；而人獸搏噬 A-a 型多人獵猛獸的場景，在晉寧石寨山中卻再不曾見到。

　　還有一點就是有的器物上出現了多種動物搏噬主題為一體的複雜場景，如石 M71：142 貯貝器圖像紋飾中，既有猛獸搏噬 A-c、B 型，又有蛇獸搏噬 D 型，還有人獸搏噬 B-b 型，同時還有一些其他非動物搏噬主題的圖像出現；李 M13：4 銅臂甲上的刻紋也包含了猛獸搏噬 A-b、A-a 型兩種類型以及雞啄食蜥蜴、鹿、魚蝦等動物形象。這兩件器物對於研究當時人對自然的認識、理解以及與自然環境之間的關係具有特殊且重要的意義。

三、第三期——西漢中期武帝元封二年以後至西漢末年

　　隨著漢武帝在西南地區開闢郡縣，漢式器物越來越多的流入雲南地區，一些動物搏噬主題類型開始減少並消失，同時器物數量也大幅減少，在管銎類兵器銎上焊鑄動物搏噬主題的現象已基本不見。至遲到西漢末年，隨著中原王朝在雲南的幾次戰爭，滇國政體分崩離析，漢文化和鐵器文明的衝擊，雲南本地已很少見此類紋飾，僅有個別類型或可能流傳到東漢，從四川地區東漢時期畫像石的一些題材內容來看，不排除一些動物搏噬主題的內容和構圖形式以一種新的方式傳播到了雲南之外。

　　猛獸搏噬中 A-a 型數量減少，同時還出現了石 M7：31 這樣鑄造簡單、無蛇邊的板狀扣飾；A-b 型還保留了一定數量，但亦不會超過西漢晚期的下限，

且其多見虎豹一起圍攻噬咬草食動物的內容，顯示出不一樣的思想意識和偏好；某些器物如石 M6：107 二狼噬鹿的扣飾明顯繼承了前期 A-c 型中動物身體側轉翻騰的某些構造。而第二期最為發達的 A-c、B、C 型已基本不見，D 型僅見兩件虎背鹿扣飾。

蛇獸搏噬在這一時期有所發展，出現了一些新的變化。A 型在銅鉞一側焊鑄猴蛇搏噬的情況已不見，但新出的扣飾突破以蛇為地的界限，大膽將猛獸與蛇結合起來，組合成前期不曾見的蛇與猛獸搏噬的場景，構圖較為穩定，多做雙蛇纏繞的邊地，猛獸於其上或負痛奔跑，或反噬蛇身，較為直觀。此外 B-a 型出現在了銅矛骹部，形式結構有所變化，蛙紋變化亦較為明顯。而 C 型較為穩定，但本時期墓葬所出一雄一雌的配比方式更為明顯地反映出等級儀制方面的規定。D 型變化明顯，結合這一時期出現在江川李家山 M51、M47 等大墓劍鞘裝飾的長蛇銜魚紋飾造型來看，長蛇纏繞應是此地一種常見構圖，而上方作展翅鷗鴉操控蛇身狀又明顯與前期萬家壩 M72 出土的銅矛有一定相似性，此外廣泛在劍鞘上作此類裝飾似乎與草原文化也有一定的關係。至於 E 型，開始出現其他鳥銜蛇的造型，並出現在了杖頭飾上，且構圖較為穩定；一、二期的孔雀銜蛇在此時基本不見。

人獸搏噬多見於江川李家山一帶的大墓中。A-a 型表現出異常的發達，不僅器物數量多，參與人物數量也由三人、四人發展到七人，還出現了獵虎歸祭這樣的後續場景，在管銎戈上也罕見地出現了集立體雕塑與浮雕紋飾於一身的多人獵虎場景。A-a 型、B-b 型變化不大，但 B-a 型中亦出現了鑄造簡單無蛇地的板狀扣飾；第二期出現的 C-b 型鬥牛入場的圖像在本期有所繼承；D 型出現新的構圖形式，於劍柄處形成蛇纏繞數層人面，柄端一巨大人頭齜牙作噬咬蛇身的複雜紋飾，具有強烈的原始崇拜色彩，為前期所不習見。

本時期有以下幾點值得關注：一是從墓葬出土情況來看，約在西漢晚期後段，動物搏噬主題就急劇減少，以西漢末年的李 M69 大墓為例，墓葬中僅出兩件鳥銜蛇的杖頭飾，除了與墓主為女性的性別特徵有關外，與本地土著文化因素的衰亡顯然有著更為直接的關係。二是猛獸搏噬明顯的衰落，而與之形成反差的是，西漢晚期之前人獸搏噬的主題突然表現出異乎尋常的活力，多人獵獸、多人鬥縛牛的場景中不僅人物數量多，構圖也出現一些模式化的傾向；第三是地區分布的差異性更加明顯，例如雙蛇為地的蛇與猛獸搏噬、蛇魚搏噬、雙蛇為地的騎士獵鹿以及人蛇搏噬的構圖僅見於江川李家山墓葬中，而晉寧

石寨山一帶的單人搏噬猛獸、單人獵鹿的場景卻又不見於江川李家山，這不僅有統治者偏好的原因，兩地信仰崇拜的差異或許也是造成這種不同的原因。

第三節　小結

由於動物搏噬主題材料皆出自大墓中，從目前來看亦僅出現並流行於戰國末年到西漢晚期，發展軌跡與整個雲南青銅文化鼎盛期的發展重合，結合本時期青銅文化其他方面的發展狀況來看，其出現與流行仍然是地區內的主動需求所導致〔註25〕。不過，雖然個別材料的上限，從製作工藝成熟度和風格來講或可以追溯到戰國中晚期，但就整個雲南青銅時代來講，漫長的青銅時代早期的器物上並無此種圖像的一些端倪出現。因此就動物搏噬主題在雲南出現及流行各時期特徵來看，除了社會發展水平的關鍵因素外，由於中原王朝對外的勢力擴張並由此導致的一系列民族遷徙也應考慮在內。

就各時期的發現來講，早期的出土物及圖像崇拜意味極為強烈，反映出原始信仰對圖像的選擇和設計有著決定性的影響力。由於是初始時期，在這一階段所能見到的動物種類在動物搏噬主題中不算太多，主要有虎、牛、蛇、猴，同時還保留了相對純樸原始的造型特點。僅祥雲大波那銅棺兩端壁板圖像在C型對虎撲噬野豬之外又鑄造了鷹、燕、鹿等形象，反映出比較直觀且完整的自然觀。

進入西漢早期以後整個動物搏噬主題發展迅猛，寫實和虛構（如虎背牛、虎噬怪獸）的特點並存，其分布亦開始出現一些明顯的差異，反映出部族傳統和首領個人品味在其中作用的加大，這一變化一直影響到晚期，並進一步造成了動物搏噬主題難以歸類的多樣性和複雜性。一些動物搏噬主題的構圖形式較為成熟並開始出現一些程式化的傾向，除了要考慮本地工藝技術水平的基本因素外，亦不能排除或許有來自地區外的工匠或紋樣傳統進入了此類紋飾設計製作的過程。

從目前來講，星雲湖與撫仙湖之間的江川李家山一帶發現的動物搏噬主

〔註25〕地區內的主動需求包括權威的彰顯、身份等級的需要、性別的認同以及宗教信仰對於形式的需要，這些需求應該是伴隨著「酋邦社會」的逐步形成而出現，表現在了雲南青銅文化尤其是滇文化的方方面面，並直接造成了動物搏噬主題地區分布的差異性以及類型形式的多樣性。有關動物搏噬主題被賦予的這些文化內涵將在第四章中詳細分析。

題受原始信仰影響的特點更為明顯，許多類型早晚期製作風格較為一致，如人獸搏噬 A-a 型的題材在此地有較為穩定的發展；而晉寧石寨山所在滇池一帶形式則較為靈活，猛獸搏噬的類型更多，並不時有一些形式構圖較為特殊的個體出現，手法亦明顯較李家山更為寫實，更接近地區外草原文化動物搏噬主題特徵，反映出這一地區受外部影響的可能性更大；而滇西、滇西橫斷山區以及滇南地區的分布明顯與來自南下民族遷徙的路線相符合，但由於數量較少，難以對分期情況進行進一步討論，不過由於其正處於民族交流與融匯的要道，對於某些動物搏噬主題構圖形式和表現意識的來源或可作為參考。

第四章　動物搏噬主題之文化內涵分析

　　圖像是人類通過視覺反映客觀世界的感知方式，伴隨著人類的社會活動而發生發展；史前岩畫、符號以及最早出現的象形文字等，也是一種圖像。對圖像的研究，即是從哲學、美學、文藝學等多方的角度去闡釋其本質、特徵、思維、發展規律及其與人類各種活動的關係，從而揭示其文化內涵與廣義的社會意義。圖像因而成為了研究無文字記載的原史時期人類社會狀況，包括社會發展水平、社會結構、等級制度、原始崇拜諸多方面的重要材料。自商末周初雲南青銅文化形成到西漢末年的衰落，其早期歷史鮮有文字材料和文獻資料記載佐證，考古遺存中大量出現的圖像資料無疑就成為了研究雲南社會狀況的直接證據。從上節對雲南青銅時代動物搏噬主題的分期中可以看出，動物搏噬主題的發展跟雲南社會的發展有一定關係，但又並非完全一致。首先，動物搏噬主題的繁榮和鼎盛，是在西漢早期到西漢中期，這一發展與雲南青銅文化自身發展分期是基本一致的；到了西漢晚期偏晚階段，動物搏噬主題急劇衰落，甚至消失，又與漢文化對本地土著文化的衝擊有一定關係。動物搏噬主題的使用分布，是以滇池區域的滇國為中心，並伴隨滇國的壯大而開始繁榮的，體現的是以滇人為主體的族群特殊的審美偏好和思想意識；動物搏噬主題的載體，主要是工藝精湛的透空浮雕扣飾與兵器，以及個別代表極高地位身份的貯貝器，伴隨著滇國社會階層的分化加劇而大量出現在滇國王族及近臣墓葬中的動物搏噬主題，是反映社會發展變化的有力證據。這些變化，不僅有社會結構方面的，亦有經濟生活、風俗習慣乃至信仰崇拜等方面的變化，同時伴隨著這些轉變，動物搏噬主題的功能也在發生著變化。

第一節　地區與部族差異

　　從商末周初雲南青銅時代肇始，到戰國中晚期進入繁榮鼎盛，伴隨著社會的發展變化，動物搏噬主題由無到有，由少及多，在男女墓葬中的使用差異以及不同等級墓葬中的出現情況等，多少反映出雲南地方社會尤其是以滇人為主體的滇國社會的結構以及族群之間的關係。雲南青銅時代各區的主要文化特徵表現在各種青銅兵器、工具、裝飾品、禮樂器等方面，各區域文化之間的交流也使得不少種類的青銅器在不少區域表現出一致性；在相鄰區域之間，這種相似性由於交流的頻繁而更強烈。不過彼此不同的文化背景和族屬也使得各區器物都有一些不同於其他區域的特點；即使有相同文化背景和族屬，由於自然環境的不同、社會發展水平的不同也會對器物的文化特徵產生一定影響。而器物上的紋飾和圖像，通常具有較強的文化特性，可以直接代表不同文化的特性。動物搏噬主題出土數量和類型的地區差異，也是反映不同族群和文化的重要標誌。

一、滇池區域

　　《史記·西南夷列傳》有載：「西南夷君長以什數，夜郎最大；其西靡莫之屬以什數，滇最大；自滇以北君長以什數，邛都最大；此皆魋結，耕田，有聚邑。其外西自同師以東，北至楪榆，名為巂、昆明，皆編髮，隨畜遷徙，毋常處，毋君長，地方可數千里。」〔註1〕青銅時代的雲南，呈現出多民族共存的複雜狀況。這裡所載的「滇」指的是夜郎以西中最大的族群，其族人椎髻，有耕田，與臨近的邛都等族群一樣過著農業定居生活。

　　《漢書·列傳·西南夷傳》載：「及元狩元年，博望侯張騫言，使大夏時，見蜀布、邛竹杖，問所從來？曰：從東南身毒國，可數千里，得蜀賈人市，或聞邛西可二千里，有身毒國。……天子廼令王然於、柏始昌、呂越等十餘輩間出西南夷，指求身毒國；至滇，滇王嘗羌廼留為求道，四歲餘皆閉昆明，莫能通。……使者還，因盛言：滇，大國，足事親附。」〔註2〕這時文獻中所載的「滇」已經是國家的指稱。同樣的記載在更早的《史記·大宛列傳》〔註3〕中也有，這至少證明，在漢武帝之前，「滇國」實際上就已經存在了。考古學上

〔註1〕《史記》卷一一六，中華書局，1959年。
〔註2〕《漢書》卷九十五，中華書局，1962年。
〔註3〕《史記》卷一二三，中華書局，1959年。

的滇文化以及文獻中所見的滇人史蹟顯示，西漢中期以前的滇國社會屬於一種介於一般部落社會和國家之間的社會組織形態。這一形態，有學者稱為酋邦制社會，而滇國實際上已經是初具規模的「方國」〔註4〕。

關於滇國主體民族滇的族屬，學者的意見甚不統一，有僰、羌、濮、百越等說法。如有不少學者曾對三大族群的文化特徵，如氐羌系的披髮編髮、火葬、羊圖騰，百濮系的衣飾尾、百越系的幾何印紋陶、紋身黑齒等進行了總結。而對於其中居干欄、跣足、習水操舟、騎馬射獵、崇虎等特徵爭議較大〔註5〕。但無論哪種觀點，就目前的考古遺存來看，滇族本身的構成是極為複雜的，再加上日本學者量博滿所認為的：「在石寨山文化出土文物中，根據文獻及考古資料考證人物形象，可以說滇王國是由多民族構成的。」〔註6〕滇國境內除滇族外還有眾多民族活動，因此漢代文獻記載中的滇，或只是對當時滇池區域生活族群的一種泛稱。

動物搏噬主題材料的發現即是集中在西漢時期以「滇」為主體民族的滇池區域，或可進一步明確為西漢中期設郡之前出現滇國的滇中湖區一帶。最早在滇文化墓葬中出現並流行的動物搏噬主題，無論是數量還是質量，在本區域內很大程度上保持著較為穩定的發展趨勢，這一點從第三章對動物搏噬主題的分期中即可看出。動物搏噬主題題材在本區域的大量出現，除了與地區內豐富的自然資源和舒適宜居的氣候、穩定的工藝技術及社會環境有關外，滇池區域以滇人為主體的部族之間所建立的「同姓相扶」的緊密而又強大的政治聯合體，也為此類紋飾穩定的使用和發展奠定了基礎。滇國上層階級，選擇寫實又複雜的動物搏噬主題來展示自己的權威，表達自己的偏好和文化認同，並通過保持此類材料數量質量的穩定來彰顯本部族乃至整個滇族在當時雲南社會中的特殊地位。同時本區域族屬複雜的文化背景、多樣化的經濟形態以及長久以來形成的多種崇拜形式也為各類動物搏噬主題的穩定發展奠定了基礎。

〔註4〕 謝崇安：《從環滇池墓區看上古滇族的聚落形態及其社會性質——以昆明羊甫頭滇文化墓地為中心》，《四川文物》2009年第4期。

〔註5〕 參考張增祺：《滇國與滇文化》，雲南美術出版社，1997年。李昆聲：《雲南原始文化族系試探》、《百越文化在雲南的考古發現》、《從雲南考古材料看氐羌文化》，《雲南考古學論集》，雲南人民出版社，1998年。汪寧生：《石寨山青銅器圖像所見古代民族考》，《民族考古學論集》，文物出版社，1998年。

〔註6〕 〔日〕量博滿：《滇王族的文化背景》，楊凌譯，《四川文物》1990年第2期。

二、滇池區域以外

滇池區域以外，動物搏噬主題的影響力驟減，僅餘數量很少且類型較為單一的零星發現。滇西地區僅祥雲大波那銅棺、祥雲檢村石棺 M1 和巍山出土有猛獸搏噬 C 型材料共 4 件，祥雲大波那銅棺出猛獸搏噬 A-c 型 1 件，楚雄萬家壩 II 類墓中出土有人獸搏噬 D 型 1 件；滇西橫斷山區僅見昌寧地區出土人獸搏噬 C 型材料 1 件、猛獸搏噬 C 型材料 2 件；而滇南地區目前還未見到明確的材料。

祥雲大波那木槨銅棺墓所出為大型銅棺和杖頭飾，同時此墓已被學者證實為當地部族首領的墓葬。能夠在大型銅棺上鑄造複雜精細的動物搏噬主題顯示當地族群有比較高的鑄造技術，這與當地穩定的農業定居生活和良好的自然環境是相符合的；動物搏噬主題目前僅在當地部族首領的墓葬中隨葬使用的現象，同時祥雲大波那銅棺兼具木槨，其規模在當地前後階段皆不曾出現，墓葬中還伴出編鍾、銅鼓、10 餘件動物及建築模型，與滇池地區滇王及其親族墓葬規格及隨葬品甚為接近，表明祥雲大波那的墓主身份，已經高於一般部族首領，有可能是當地部族聯盟的首領，其地位在當地應等同於王一級的身份。結合祥雲大波那銅棺墓隨葬器物特點、內涵以及文獻記載祥雲地區古代民族分布情況來看，祥雲大波那的部族是生活在洱海附近過農業定居生活的土著族群，可能是屬於與滇有關係的靡莫之屬〔註7〕，而這一族群與滇文化的關係，可能沒有我們想像的那麼疏遠，至少在社會等級分化和厚葬之風氣方面，二者顯得較為親近。銅棺兩端壁板所反映的以對虎撲噬野豬，環繞各種自然界動物的做法，與晉寧石寨山 M71：142 貯貝器多層紋飾和李 M13：4 銅臂甲刻紋多種組合圖像有一定相似之處，反映出兩地在思想意識方面的一致性。但虎紋的構圖與虎身鑄紋與滇池區域有明顯區別，帶有一些北方草原青銅器虎紋的特徵。

祥雲檢村 M1 石棺葬所出猛獸搏噬的銅編鍾為陪葬坑所出，石棺本身為 10 人共葬，屬於二次葬，分上下兩層，下層小室隨葬品較多，反映出墓主身份可能較高；但 10 人共葬一棺的做法又表明被葬者之間可能存在一定的家族血緣關係；結合同一地區的其他墓葬出土的情況來看，這一地區貧富分化還不是十分明顯，不過 M1 專門有隨葬坑並有玉石器、銅尊、銅編鍾等器物，下方三人特殊的身份地位顯示其更有可能是部族內一個擁有較高權威家族的墓葬，而鑄

〔註7〕童恩正：《略談雲南祥雲大波那木槨銅棺墓的族屬》，《考古》1966 年第 1 期。

有動物搏噬主題的銅編鍾等器物可能就屬於其中某個地位較高的家族成員。巍山母古魯村對虎編鍾與銅牛模型、女俑杖頭、銅杯等物一起窖藏，器物風格與祥雲大波那銅棺墓接近，其也應該屬於當地部族首領的私有物，由於某些特殊原因被窖藏；但其出土女俑杖頭女性為編髮，衣著與滇文化中所見女性形象有很大不同，為巂、昆明之屬的可能更大〔註8〕。昌寧地區發現的對虎紋銅編鍾較為特殊，此地區也有過多次於山坡地層中發現銅編鍾的情況〔註9〕，同時在滇西區域的牟定新甸〔註10〕、姚安縣新街辦事處〔註11〕亦出土過成組銅編鍾。此種現象證明從滇西到滇西橫斷山區一帶的許多部族除將銅鼓視作重要的禮神器之外，成組的編鍾也是部族重要的禮器，其擁有者仍是一方邑長。僅楚雄萬家壩人獸搏噬 D 型材料為小型墓葬 M72 出土，此類型在整個雲南地區的發現中都屬少見，目前僅在滇池區域的江川一帶西漢中晚期大型墓葬中還有少量發現；且萬家壩地區文化面貌也較為複雜，既有來自北方草原地區的影響，也有滇池區域滇文化的因素〔註12〕，因此此地小型墓葬中動物搏噬主題的使用可能僅是一種偶然現象，不排除其直接受外來影響出現的可能。

　　學者研究表明滇西族屬乃南下氐羌族群為主的西北地區民族與本地土著民族融合後形成〔註13〕。而滇西橫斷山區的族屬與之相近，並有部分來自滇南的哀牢夷〔註14〕。至於滇南地區，學者認為其有百濮和百越兩大族群，以百越為主〔註15〕。動物搏噬主題在這些地區不同的出土情況進一步表明，在滇池區域初步形成國家統一政體的同時，滇西地區、滇西橫斷山區、滇南地區多數可能還停留在若干系部族獨自為政的社會階段，並沒有形成強大的部落聯盟；而在這些地區內，似乎與滇國或滇族越親近，過較為穩定的定居生活，農業兼畜牧業發達的部族，上層之間的認同就更多，從而將使用動物搏噬主題作為特殊的圖像鑄造在一些特殊青銅重器之上；而族屬與滇越殊異，相距越遠，社會等級分化越不明顯，過游牧生活或漁獵生活，生產力水平較低的部族其使用動物搏噬主題的現象就越少。

〔註8〕　劉喜樹、范斌：《巍山發現一批古代青銅器》，《雲南文物》2007 年第 1 期。
〔註9〕　張紹全：《昌寧縣第三次出土古代編鍾》，《雲南文物》1993 年第 12 期。
〔註10〕　李朝真、段志剛：《彝州考古》第 101～102 頁，雲南人民出版社，2000 年。
〔註11〕　施文輝：《姚安發現一批青銅器》，《雲南文物》1995 年第 8 期。
〔註12〕　參考楊勇：《戰國秦漢時期雲貴高原考古學文化研究》，科學出版社，2011 年。
〔註13〕　彭長林：《雲貴高原的青銅時代》第 246 頁，廣西科學技術出版社，2008 年。
〔註14〕　參考楊勇：《戰國秦漢時期雲貴高原考古學文化研究》，科學出版社，2011 年。
〔註15〕　彭長林：《雲貴高原的青銅時代》第 244 頁，廣西科學技術出版社，2008 年。

《後漢書‧南蠻西南夷列傳》載：「滇王者，莊蹻之後也。元封二年，武帝平之，以其地為益州郡，割牂牁、越嶲各數縣配之；後數年，復並昆明地皆以屬之。」〔註16〕到漢武帝元封二年設益州郡開始，置24縣，滇文化的影響範圍逐漸擴大，最終其西邊越過了瀾滄江，達今邊境的保山、施甸，北邊達金沙江，南邊達越南北部，東邊包括原勞浸、靡莫地區，大體相當於今天雲南省的極大部分地區。然而動物搏噬主題在其他地區的發現並沒明顯地隨著滇文化影響的擴大而增多，這表明動物搏噬主題的使用始終是以滇國中上層貴族為中心，與其較高的技術水平、彰顯身份地位的需要及其族屬等有著更為密切的聯繫。

三、滇池區域內部族差異

在動物搏噬主題分布集中的滇池區域，各個地方部族對於此類題材紋飾的運用和流行程度，是有著明顯的差異。《華陽國志‧南中志‧晉寧郡》條載：「滇池縣，郡治，故滇國也。有澤水，周回二百里，所出深廣，下流淺窄，如倒流，故曰滇池。」〔註17〕根據古代文獻的記載滇國範圍，在西漢中期以前大致包含今滇池周圍的晉寧縣、安寧市、西山區、官渡區、呈貢縣、嵩明縣和撫仙湖、星雲湖、陽宗海周圍的玉溪市紅塔區、江川縣、通海縣、華寧縣、澄江縣和宜良縣等地。而《史記‧西南夷列傳》：「上使王然於以越破及誅南夷兵威，風喻滇王入朝，其眾數萬人，其旁東北有勞浸、靡莫，皆同姓相扶……」。通過當代考古研究可知，滇池以東的滇東高原，與滇「同姓相扶」的勞浸、靡莫之屬，的確是存在的，因此滇國實際的範圍應該要比文獻所載的範圍更廣。

滇國的範圍如此之大，但從動物搏噬主題的類型以及數量來看，僅在滇池東南岸的晉寧石寨山和星雲湖西北岸的江川李家山大型墓葬中使用最頻繁，主題類型也最豐富。但即使在這兩個地區，動物搏噬主題的類型及風格以及某些類型出現時間及具體的構圖上也有一定區別。

猛獸搏噬 A-a 型，最早在江川李家山和晉寧石寨山兩地都有發現；但到了西漢早期晉寧石寨山的數量猛增，並一直延續到了西漢中晚期；而江川一帶的數量卻有銳減。猛獸搏噬 A-c、B、D 型目前僅在晉寧石寨山墓葬群中出土，而江川一帶則鮮有發現；猛獸搏噬 A-b 型，最早的材料主要還是在環滇池區域

〔註16〕《後漢書》卷八十六，中華書局，1965年。
〔註17〕〔晉〕常璩：《華陽國志》卷四，任乃強：《華陽國志校補圖注》，上海古籍出版社，2007年。

出現，主要為相同的猛獸噬咬牛、鹿一類的動物；而在江川一帶，這一類型則出現較晚，並且出現了虎與豹合作獵噬草食動物的特殊形式，雖然其形象仍然較為寫實，但構圖形式和組合顯然與自然界真實存在的猛獸獵噬有很大差異。

蛇獸搏噬 A 型，在晉寧石寨山多見於銅鉞銎部，表現為猴蛇搏噬的較多，且目前的材料僅到第二期；而在江川李家山這一類型多出於第三期，且多表現為虎、豹、熊之類單體的猛獸與蛇搏噬的場景。而蛇獸搏噬 C 型則僅在江川李家山一帶出土。

最為明顯的不同還是在人獸搏噬中。江川李家山的人獸搏噬 A-a 型在第一期李 M24 銅矛多人以繩捕虎的場景中，人物皆為赤裸上身，頭頂圓髻，動作姿態較為生硬，風格淳樸原始；而從第二期開始，多人獵猛獸的場景更為寫實，人物著對襟衣及披圍獸皮，並最終在第三期即西漢中晚期之時達到高峰，從猛獸的形態和寫實風格來看明顯受到了晉寧一帶第二期極為盛行的各類型猛獸搏噬的影響。人獸搏噬 B-b 型，在晉寧石寨山第二期中所見騎士所乘之馬皆有鞍轡、馬銜及各種馬飾，騎士可策馬疾馳，構圖亦十分相似，且數量較多；而江川李家山一帶第二期僅出一件此類圖像，且馬具僅有軟墊和韁繩，顯示出較為原始的特徵，到第三期才開始出現有鞍轡齊備的形象，似乎反映出騎馬術和馬具的改善有從晉寧石寨山向江川李家山傳播的可能。人獸搏噬 C-b 型鬥牛入場扣飾、人獸搏噬 A-b 型單人持劍與猛獸搏噬、B-a 型單人獵鹿目前材料則僅見於在晉寧石寨山。通過上述動物搏噬主題的兩地對比我們可以看到，在晉寧石寨山出現較早的某些動物搏噬主題類型如人獸搏噬 B-b、猛獸搏噬 A-c 型明顯影響到江川李家山稍晚時期出現並流行的同類型題材；而反過來看，江川一帶出現的某些類型或同一類型中的某些特殊構圖，如蛇獸搏噬中 C 型的卻並沒有在晉寧一帶的墓葬中出現並流行。

這一差異同樣可反映在滇池以北的昆明羊甫頭、呈貢天子廟和安寧太極山墓葬中出土的動物搏噬主題中。這三地出土數量當然遠不及晉寧石寨山和江川李家山兩地，但其類型與鑄造風格等基本上與兩地保持了一致性，如羊 M113 出土儀仗器漆木柲上蛇獸搏噬 D 型就與石 M71：142 貯貝器所刻畫的蛇類形象非常接近，而猴拉扯蛇尾的構圖形式又與石 M13、石 M6 三把銅劍上所鑄圖像猴拉扯猛獸獸尾的構圖形式基本一致；呈貢天子廟出土房屋模型以及其上猴蛇搏鬥的場景與晉寧石寨山更為接近；安寧太極山出土猴立豹身豹與蛇搏噬的扣飾與呈貢天子廟出土三豹噬牛猴立豹身的扣飾在意識形態方面有

某些聯繫。顯然滇池北岸的各個部族在使用動物搏噬主題方面的具體情況與晉寧更為接近，反映出這一地區各部族之間由於地域可能結成了更親近關係，並在文化面貌和審美傾向上可能更接近。

滇池以東的滇東高原到曲靖盆地的八塔臺墓地中動物搏噬主題的材料已非常少見，八塔臺的族屬雖為與滇「同姓相扶」的勞浸、靡莫之屬，但此地與滇中湖區中心政權相距較遠，血緣關係更為疏離，文化面貌上顯然更為複雜。

通過上面三部分的分析，我們大致可以將動物搏噬主題在雲南地區的使用分為三大區塊，以晉寧石寨山一帶部族為中心的環滇池地區為一大區塊，以江川李家山一帶部族為中心的星雲湖為一大區塊，滇中湖區外圍為一個區塊。童恩正先生認為，從聚落形態來看滇國社會已經形成了村社到地區（部落）、地區到中央（滇王所在地）的二級統治結構〔註18〕，有學者進一步指出西漢中期以前的滇國甚至形成了都、邑、聚三級以上金字塔式的統屬結構〔註19〕。無論滇國社會是否已經達到如此成熟的政治結構，其聚落之間的差異在動物搏噬主題的使用分布上是有一定反映的。作為滇文化政權中心的滇池南岸晉寧一帶，其動物搏噬主題的使用和流行顯然更加穩定。

此外滇王族的偏好顯然加大了這種差異的存在。日本學者江上波夫就認為石寨山、李家山文化如實地反映了游牧民等騎馬民族對稻作民族的征服戰爭，而日本學者量博滿則根據晉寧石寨山古墓葬的分布特點，認為其石縫間葬和石棺葬緣源於同一觀念，因而滇王族有可能來自滇西地區，並認為就是來自滇西的北方南下族群成為了滇國的征服統治者〔註20〕。學者彭長林進一步認為從滇文化各種器物所表現的特徵來看，滇池北部的羊甫頭、呈貢天子廟、八塔臺等墓地與百濮、百越族群關係更密切，而滇池南部和玉溪一帶的石寨山、李家山等則與氐羌族群關係更大〔註21〕。滇族中固有的部分南下游牧民族背景可能會對滇王的選擇產生一定的影響。而結合後文對動物搏噬主題所體現的等級差異等內涵的分析來看，這種偏好可能更多地出自社會精英階層有意識的選擇，代表著在社會複雜化日益加劇的背景下，滇人意欲展

〔註18〕童恩正：《中國西南地區古代的酋邦制度——雲南滇文化中所見實例》，《中華文化論壇》1994年第1期。

〔註19〕彭長林：《雲貴高原的青銅時代》第273頁，廣西科學技術出版社，2008年。

〔註20〕二位學者觀點皆來自〔日〕量博滿著，楊凌譯：《滇王族的文化背景》，《四川文物》1990年第2期。

〔註21〕彭長林：《雲貴高原的青銅時代》第240頁，廣西科學技術出版社，2008年。

示其膨脹的權利〔註22〕。

　　除此之外，自然環境與經濟形態也對這種差異的產生有一定關係。正如J·J·溫克爾曼在闡明古希臘藝術的成因時曾說過的，氣候的適中使那裏的大自然越發明亮和愉悅，越能賦予藝術以更完美的形式〔註23〕。H·A·丹納也承認，優秀的藝術產生取決於種族、環境、時代三大因素〔註24〕。F·博厄斯更強調，任何一個民族的文化藝術只能理解為歷史的產物，其特性取決於各民族的社會環境和地理環境〔註25〕。《後漢書·南蠻西南夷列傳》有載：「此郡（滇池所屬的益州郡）有池，周回二百餘里，水源深廣而末更淺狹，有似倒流，故謂之滇池。河土平敞，多出鸚鵡、孔雀；有鹽池田漁之饒，金銀畜產之富；人俗豪忕，居官者皆富及累世」〔註26〕。物產的充盈和較為穩定的農牧兼營的經濟類型無疑為動物搏噬主題在晉寧石寨山和江川李家山的出現及流行創造了客觀條件；而統治階級崇尚厚葬、死後尤要彰顯財富和身份的心態也為大量複雜精細的動物搏噬主題的出現和流行奠定了思想基礎。

　　不過晉寧石寨山滇王一級墓葬出土動物搏噬主題與江川李家山、羊甫頭地方部族首領墓葬出土數量和類型豐富度上差距不是很大，一些部族還保留著較強的地方特色，說明當時的滇王其現實角色類似「盟主」，負責協調各部族集團之間的關係。滇國的社會政治形態正是這樣一種由部落社會向早期國家過渡的特殊政治體制。這一體制，以 Magalene von Dewall 來看，就是以石寨山為中心，一種「聯邦制」的多族群統治〔註27〕。依據與滇王所在部族親疏遠近及實力差距的不同，可以看到動物搏噬主題的數量及類型的不穩定性也有所不同。星雲湖一帶的部族，從目前的材料發現來看，可能是與晉寧地區部族共同擁有競爭滇王實力的部族，其濮越先民的文化傳統或在本地區有更為牢固的基礎；羊甫頭和呈貢天子廟應為滇池中心文化的基礎來源之一，其或許

〔註22〕〔意〕羅伯特·強南、〔意〕墨哥里勞·奧里柯利：《中國西南游牧考古芻議》第187頁，盧智基譯《南方民族考古》第七輯，科學出版社，2011年。

〔註23〕〔德〕溫克爾曼：《希臘人的藝術》第108頁，邵大箴譯，廣西師範大學出版社，2001年。

〔註24〕〔法〕丹納：《藝術哲學》譯者序，傅雷譯，人民文學出版社，1981年。

〔註25〕〔美〕弗朗茲·博厄斯：《原始藝術》第3頁，金輝譯，貴州人民出版社，2004年。

〔註26〕《後漢書》卷八十六，中華書局，1965年。

〔註27〕Magalene von Dewall. The Tien Culture of Southwest China. Antiquity. 1967, Vol.XLI: 8-21.

解釋了一些楚、巴蜀及漢文化在滇池區域出現可能的途徑；而晉寧地區為滇國政權的中心區，也為原始文化交匯的地區，其地點的選擇除了自然環境的優越外，不能排除統治治理其他同姓部族、防禦更遠的漢地王朝及周邊句町、哀牢、昆明等的需要，以形成權力分配的層級制度。這一點從圖像材料使用的普及性來看同樣得到了表現。

第二節　等級制度與性別差異

前一節已經論述動物搏噬主題的分布存在一定的地區差異，在一些社會發展階段還比較原始的地區，部族大多規模較小，沒有形成較為複雜的社會結構及等級制度，文化面貌上還多受到強勢文化的影響，有限的幾件動物搏噬主題也僅限於部族或部落聯盟中的中上層，其擁有者和使用者多屬於一方首領，如祥雲大波那銅棺墓的墓主，但其類型較為單一，圖像複雜程度並不太高，社會等級的差異可能更多地表現在隨葬品數量以及大型禮器的區別上。但在滇中湖區內，部族內部社會階層的等級差異與男女性別方面的差異在動物搏噬主題使用數量、類型、載體、構圖等方面都可以得到一定的映證。

一、社會等級差異

通過對滇池區域墓葬年代的分析可知，至遲到戰國中期，滇國已經初步形成並有了類似滇王的最高統治者。隨著社會結構的不斷發展，滇國社會內部等級的分化越來越明顯，這一點同樣在動物搏噬主題的使用上可以找到。通過梳理材料可知，各種類型的動物搏噬主題，集中出於中大型墓葬中。李 M17 出土 2 件，李 18 出土 3 件，李 M20 出土 1 件，李 M21 出土 1 件，李 M22 出土 1 件，李 M24 出土 8 件，李 M47 出土 9 件，李 M51 出土 9 件，李 M57 出土 13 件，李 M68 出土 13 件，李 M69 出土 2 件；石 M3 出土 11 件，石 M6 出土 7 件，石 M7 出土 4 件，石 M10 出土 2 件，石 M12 出土 7 件，石 M13 出土 13 件，石 M17 出土 2 件，石 M19 出土 1 件，石 M71 出土 4 件；羊 M113 出土 10 件，羊 M746 出土 1 件，羊 M104 出土 1 件。

動物搏噬主題使用的等級結構在晉寧石寨山、江川李家山和羊甫頭三地墓葬中表現的尤為明顯，在前一章節對動物搏噬主題出土墓葬年代判斷的部分中已經指出，滇池區域的墓中出土有相同的青銅重器如銅鼓、貯貝器、銅俑，

隨葬器物數量龐大，這些共同特徵，應都屬於滇王或相當等級的部族首領墓葬。根據這一特徵來看，羊 M113、石 M3、石 M6、石 M12、石 M13、李 M24、李 M47、李 M51、李 M57、李 M68 出土動物搏噬主題的數量多寡與類型的豐富程度顯然與這一等級有密切聯繫；石 M71 出土雖僅 4 件，但最重要的疊鼓形貯貝器整器鑄有多種動物搏噬主題，其重要性更不言自明；排除李 M17、李 18、李 M20、李 M22、李 M69 為女性墓葬，受到男女性別差異的影響其數量較少外，其餘墓葬對照墓葬規格及隨葬品數量和種類來看，也都屬於滇國貴族中的上層。而數量龐大的中下層墓葬中，不僅見不到動物搏噬主題，其他動物紋或特殊圖像紋飾的器物也非常少見。

滇國在禮儀制度上以容器、樂器為身份象徵，反映出吸收西周以來直到西漢中原禮制的成果；而在生活上中上層貴族更接近於游牧民族，從隨身葬品出土情況來看，扣飾、鐲釧、玦環、耳飾等等極為精美，出土量大，反映出對於裝飾品的偏好。在最頂端滇王或部族首領一級墓葬中出土的動物搏噬主題已經反映出一些與禮儀相對應的特徵，如蛇獸搏噬 C 型的蛇魚搏噬的杖頭，從第一期李 M24 中一直延續使用到中晚期的 M47、M51、M57、M68 男性墓葬中，並且由一隻發展到雌雄一對出土；這一點同滇國大墓中男女銅俑的發展規律類似，既表現出江川一帶的地方特色，也反映出隨著與中原文化交流的增多，滇國社會結構分化的加劇，王權意識的出現，禮的觀念在隨葬器物中表現的越來越明顯。除了容器、樂器，在圖像紋飾的使用與隨身飾物上也有了較為明顯的儀禮要求。同樣反映這一變化的還有人獸搏噬中的 B-b 型直接表現上層貴族騎獵活動的場景，在滇王一級的墓葬中逐漸形成一種定制。人獸搏噬 A-a 型多人獵鬥猛獸和 C 型鬥牛場景扣飾還表明，除了貯貝器上鑄造的立體寫實的儀式場景，還有一部分古代儀式典禮在動物搏噬主題中也得到了體現，並大量鑄造於裝飾品上，反映出這些儀式活動的一些特殊性；而在整個部族中地位崇高的滇王或部族首領，往往是此類重大典禮儀式的主持者或組織者，以鑄有此類典禮儀式圖像的器物隨葬，是其身份地位的直接反映。

不管動物搏噬主題類型為何，各地區差異如何，就其數量和使用情況來看，在當時的雲南社會尤其是滇國社會中，明顯地具有一定身份標示的作用。正如巫鴻先生對中國公元前 4000 年到公元後的 20 世紀早期，人們耗費巨大的資源修建地下墓葬建築並埋入精美的器物這一現象的分析中所指出，這些墓中的很多器物是專為來世而生產的「明器」，特殊的繪畫和雕刻也是為死者

無聲的需要而製作，其功能或者是保護死者，或者是提供地下世界中的享樂，或者是使其重獲生機，上升仙界〔註28〕。動物搏噬主題不同的主題內容、精美的製作工藝、器型的特異性以及僅在高等級貴族墓葬中廣泛出現的情況均反映出其並非批量生產，圖像的設計和製作應是一個漫長的過程，是為死者提供一個永恆家園的期望激發了工匠的藝術創造力和技術革新。

二、性別差異

　　對於是否使用動物搏噬主題這類複雜特殊的圖像，早期似乎兩性差異並不十分明顯，例如在江川李家山墓葬群中被判斷為女性墓葬的李 M17、李 M18 和典型男性墓葬李 M24 均有猛獸搏噬 A-a 型的材料出土，且其虎噬牛的造型和構圖非常相似〔註29〕。這表明在滇國社會發展初期，當地男女兩性意識和喜好的不同於圖像選擇上還沒有較為嚴格的區別，這與當地女性地位尤其是上層女性地位較高，還保留了較多母系社會特點有關。

　　霍巍先生在研究滇文化古代遺物中曾指出的，從當時滇文化考古文化中反映的某些現象分析，很有可能當時滇的社會組織結構當中女性曾經處在一個統治地位。中國西南地區這種以女性佔據統治地位的現象過去在史書中是有所反映的，比如《舊唐書》中所稱的「東女國」之類。〔註30〕雲南古代社會女性地位的特殊性，在滇池區域大墓中表現的尤為強烈。從墓葬出土材料來看，滇王或王后等級在貯貝器、銅鼓、銅傘或持傘俑等青銅重器上的差別不大，顯示等級高低在這一階層上的男女性別上還不是特別突出。同時一些圖像場景反映出一些社會活動的主持者可能還有女性參與。例如石 M1 出土殺人祭銅柱貯貝器、石 M20 殺人祭銅鼓貯貝器中，主持祭祀儀式的皆是女性，周圍人以其為中心展開一系列活動，而根據馮漢驥先生的考釋，這些圖像所反映的都是雲南農業活動中非常重要的祭祀儀式——祈年和播種的場景〔註31〕。在這

〔註28〕雖然雲南的器物並不一定全都為來世製作，但其喪葬意識應與當時社會主流的意識趨同。參考〔美〕巫鴻：《黃泉下的美術——宏觀中國古代墓葬》第4頁，施傑譯，生活‧讀書‧新知三聯書店出版，2010年。

〔註29〕參考雲南省博物館：《雲南江川李家山古墓群發掘報告》附表，《考古學報》1975年第2期。

〔註30〕霍巍：《古滇尋踪——雲南青銅文化與古代滇文化》，《西南天地間——中國西南的考古、民族與文化》第105頁，香港城市大學出版社，2006年。

〔註31〕馮漢驥：《雲南晉寧石寨山出土銅器研究——若干主要人物活動圖像試釋》，《考古》1963年第6期。

一儀式中主祭為女性的現象表明，古代雲南社會在兩性地位的認識上，與中原地區有著截然不同的認識，不能依據動物搏噬主題的數量和類型的多寡對男女地位高低作出結論。

男女在動物搏噬主題上的使用差異可能更多的與兩性在隨葬品種類上的差異以及社會分工有一定關係。隨著社會的發展，女性社會分工的固定，女性使用動物搏噬主題的現象也就越來越少。如動物搏噬主題發展的第二期僅有李 M22 虎牛鹿貯貝器上鑄有蛇獸搏噬 E 型，第三期僅李 M69 二女合葬墓中出土兩件蛇獸搏噬 E 型的杖頭，而早期在女性墓葬中出現的猛獸搏噬 A-a 型卻已基本不見。此外從一些貯貝器上的立體場景來看，性別差異及社會分工的不同在滇國社會乃至整個青銅時代的雲南是客觀存在的，例如紡織勞作、農業活動以及貿易交換等主要由女性擔當；而部族結盟、戰爭、狩獵、馴馬等活動其主要人物則往往都是男性。從目前的材料來看，出土動物搏噬主題較多的墓葬一般都出土較多的青銅兵器、扣飾，動物搏噬主題的主要載體亦以這兩大類為主，而這類隨葬品通常是判斷男女性別最直接的證據。

正如安德烈‧勒魯瓦‧古昂在調查舊石器時代歐洲洞穴岩畫中動物形象的時候，就發現幾乎一半以上是馬或野牛，進而得出這樣的主旋律：「雄性─雌性」＝「馬─牛」。在他看來牛在原始繪畫中為女性符號〔註32〕。而動物搏噬主題，就其大多數類型來看，其明顯的與代表暴力、征服、掠奪、勇猛的男性氣質有著更為密切的關係。

當然，隨著各地被納入中央政權下的郡縣管理，以及西漢晚期中央王朝對雲南地方幾次大的徵繳，原來的滇國已名存實亡，其政治中心也逐漸由原來的晉寧石寨山轉移到了其他地區；而鐵器文明的衝擊和漢文化的強勢入侵也必然導致代表中上層貴族品味的動物搏噬主題也急劇衰落，相應的動物搏噬主題作為身份標識的作用也逐漸消失。

第三節　習俗與儀式

考古研究表明，當時的雲南社會，存在著多樣化的崇拜形式，有與經濟生活相關的各種自然崇拜、有維繫部族血緣關係的祖先崇拜。多樣化的崇拜形式

〔註32〕〔法〕安德烈‧勒魯瓦‧古昂：《史前宗教》第101～122頁，俞灝敏譯，上海文藝出版社，1990年。

和日趨完備的國家政治體制帶來的,是對各種祈年、孕育祭祀、報祭、祭祀祖先、祭祀銅鼓等儀式活動程序和細節高度的關注和重視。正像安德烈·勒魯瓦·古昂在總結羅馬藝術中的表現祭神禮儀的祭祀場景浮雕中所提到的,在宗教祭祀禮儀中,有一系列嚴格的話語和動作,每一個細節都非常重要〔註33〕。猛獸搏噬 A-b 型,人獸搏噬 A-a、B-b、C 型某些程式化、複雜化的現象表明,這類紋飾圖像中動物與人類的活動可能已不僅是單純反映自然生態和生產生活的場景,而是某種習俗的再現,有些活動甚至可能進一步上升為了某種儀式。

一、鬥獸:風俗與娛樂

　　動物搏噬主題在雲南青銅時代中晚期的廣泛出現,除了體現滇國貴族的偏好外,也反映出本地區曾經流行過鬥獸的活動。當時雲南社會,虎豹之類猛獸是可以豢養的,這從石 M12:26「詛盟」貯貝器中飼虎的場景可反映出來(圖 4-1)〔註34〕,其來源可能是山林丘澤地帶狩獵部族獵捕後通過貿易交換或納貢的方法獲得。當時的鬥獸,就圖像來看表現為兩種基本形式,一種是人與獸搏鬥,一種是大型動物之間的搏鬥。而鬥獸活動的組織者,無疑是居於統治地位的滇王及部族首領。

　　大型動物之間的搏鬥,在猛獸搏噬 A-b 中表現的尤為明顯。虎豹圍噬攻擊草食動物,在自然界中是很罕見的。以虎為例,其習性是單獨活動,晝伏夜出。雲南地方的虎常年生活在茂密、潮濕的熱帶雨林中。由於食物充足,一般來說其活動較為固定,所佔領域也較小,不像北方的虎由於食物條件制約其活動領域要比南方的虎大。野生狀態下的虎,其主要食物來源也是野生動物,如馬鹿、熊、野豬等。虎襲擊家畜甚至傷害人類,只有在人類活動對其野生環境產生了較大影響,導致食物來源極度匱乏的情況下才會主動出現〔註35〕。而虎豹之類的猛獸都有較強的領地觀念,其獨行性的動物習性決定了其不可能協同合作獵噬動物。因此猛獸搏噬 A-b 型中廣泛出現的多隻虎圍攻大型動物甚至虎豹協作圍攻噬咬草食動物,顯然不是自然界常態;但是對於動物形態、場

〔註33〕 Richard Brillant, Gesture and Rank in Roman Art, 1963.
〔註34〕 《中國青銅器全集》編輯委員會編:《中國青銅器全集·滇·昆明》圖七,文物出版社,1993 年。
〔註35〕 參考何業恒:《中國虎與中國熊的歷史變遷》第 2~9 頁,湖南師範大學出版社,1996 年。

景構圖的熟練掌握和高度的寫實性又反映出這種圖像的確有過現實場景的參考。那麼這種現實場景，應是人工培育的一種環境：滇國貴族在大型集會──通常是祭祀活動或國家慶典中，可能存在以獸相搏助興的習俗。除了 A-b 這種特殊的圖像，我們也不能排除 A-c 猛獸相搏，B 型猛獸對峙的圖像也參考過鬥獸這種活動的真實場景。

圖 4-1　石 M12:26「詛盟」貯貝器

由野生動物之間的搏鬥上升為人與獸相搏，是統治階級奢靡風氣和崇尚勇武精神發展的必然結果。最為直觀的就是人獸搏噬 A-b 型。此類圖像中都有一個腰間束帶的裸身武士，或手持短劍與虎近身搏殺；或赤手與虎展開搏鬥但已為虎所噬，羊 M113：235 銅鉞上的場景即是如此。有時為增加觀賞性，可能還攜帶寵物出戰，如石 M13：172 和石 M6：21 鬥獸的武士就攜帶了猴作為助手。受這種鬥獸風氣的影響，人們關注和偏好「搏鬥」的主題，在諸如人獸搏噬 B-a 型獵鹿、C-a 型剽牛祭祀活動中也都廣泛地突出了「搏鬥」這一程序。

剽牛祭祀的扣飾中出現的人獸搏噬 C-a 型，過往資料並沒有加以特別的關注，而是將其作為南方民族習見的一類祭祀儀式。實際上我們在梳理這類材料的時候發現，在這種剽牛祭祀場景中也出現了人與牛相搏的情節。江川李家山一帶所出此類圖像表現出牛的野性較大，人在這類活動中常常容易受傷甚至喪命，圖像焦點除了混亂的場景還有被殺死的人物，對於搏鬥的結果較為重視；而晉寧一帶出土的此類圖像，往往更關注「搏鬥」的過程，即在人與牛的奮力相搏中展現的力量對抗。

　　與今天雲南少數民族的剽牛可能有所不同，雲南的古代民族的剽牛活動中，剽殺之前的搏鬥應是一個非常重要的程序：作為祭祀犧牲的牛，是被賦予了當時人們多種祈求的神聖動物；通過與牛的搏鬥，繼而將牛的神性部分地吸收到參與者的身上，因此參與的人員，應是雲南社會中的武士階層或巫師，鬥牛的活動，既是觀賞性很高的活動，也是祭祀的一個必備過程。在這其中展示了武士們的力量、勇猛，也是媚神娛神的一部分。正如江上波夫對北亞、中亞民族的年祭或季祭裏通常舉行的角抵、鬥獸、走馬等活動所作的解釋：這些活動已經不是一種單純的遊戲或雜技，其是「將勝負者視為神靈自身或其附身，而將其結果視為神意的顯現。」〔註36〕石 M13：46 五人鬥牛扣飾正是這一程序的直接再現。人獸搏噬 C-b 型的出現進一步表明了青銅時代的剽牛祭祀受到當時流行的鬥獸風俗的影響，鬥牛入場扣飾看臺上端坐的觀眾，鬥兩側緊張等待的勇士，小心翼翼趕牛入場的牧牛者，無不反映出這種活動的神聖性和緊張性。

　　鬥獸的習俗，就目前來看，極有可能是春秋戰國之後的一種普遍現象。春秋戰國時期，一些國君就在自己的園囿內豢養野獸。秦漢宮廷也繼承了這一傳統，《史記·封禪書》就記載了漢武帝建章宮內有數十里虎圈〔註37〕；《漢書·外戚傳·孝元馮昭儀傳》有漢元帝建昭年間「幸虎圈鬥獸，後宮皆坐」的記載〔註38〕；《漢書·霍光傳》有昌邑王劉賀「弄彘鬥虎」的記載〔註39〕；漢代民間也多百獸馬戲，《西京雜記》卷三有東海人黃公「御虎」之術的記載〔註40〕，百獸馬戲鬥虎的風俗正是當時貴族生活的奢靡風氣的反映。這種風氣直到東漢還有延續，並大量出現在了畫像石藝術中。鬥獸之風的流行自然會影響到滇國上層貴族對於藝術題材的偏好，導致工匠精細刻畫鑄造各種表現猛獸之間搏噬的場景，並進而將自然界可能存在的搏噬現象都鑄造到器物上，譬如蛇獸搏噬 A 型中猴與毒蛇搏噬、D 型中大蛇與其他動物搏噬。當然，除了風氣的使然，活動背後所蘊含的深層的宗教意識也要進一步考慮。

〔註36〕江上波夫：《匈奴的祭祀》，《日本學者研究中國史論著選譯》第九卷第 1～36 頁，中華書局，1993 年。

〔註37〕《史記》卷二十八，中華書局，1959 年。

〔註38〕《漢書》卷九十七下，中華書局，1962 年。

〔註39〕《漢書》卷六十八，中華書局，1962 年。

〔註40〕轉引自王子今：《秦漢時期生態環境研究》第 208 頁，北京大學出版社，2007 年。有關漢代鬥獸的習俗還可參考王子今：《漢代的鬥獸和馴獸》，《人文雜誌》1982 年第 5 期。

二、狩獵：儀禮與秩序

　　當代雲南考古研究表明，青銅時代的雲南，其生業或生活資料獲取的途徑是多樣化的。在世界原生經濟形態中，狩獵、農耕、游牧是三種主要方式。在雲南，受地理環境和遷徙民族的影響逐漸形成農耕——畜牧為主，捕撈（漁業）和狩獵為輔的生產方式。當然這種模式在古代雲南的廣大地域內不能一概而論，例如山林地帶狩獵經濟佔據比重就要高於其他平緩地帶。

　　滇中湖盆高原區的地勢是十分和緩的，只在壩子周邊有山林圍繞。根據晉寧石寨山、江川李家山和羊甫頭等墓地周邊遺址的出土情況來看，除了文獻和大量青銅圖像上所記載的農業和畜牧業之外，採集捕撈業也是一種較為常見的經濟形態。雲南青銅時代中晚期，這一地區物產的豐富和穩定的農牧業使得當時的人們不太可能選擇危險系數較大、且收穫極不穩定的狩獵作為常見的經濟形態，張增祺先生也提到，滇國境內的山區少數民族，因為那裏氣候條件惡劣，可耕土地少，農業不發達，其生活來源才主要依靠畜牧和狩獵〔註41〕；那麼廣泛出現於其滇池區域大墓中，以狩獵為表象的人獸搏噬 A-a、B 型，其目的顯然不是單純的獲取野味；因為猛獸具有較高的經濟價值而進行圍捕，又與 A-a 型中猛獸被諸多武器刺殺的直觀結果不一致；很明顯場景中的「搏鬥」與「噬咬」是人獸搏噬 A-a、B 型表現的焦點。

　　我們再來詳細分析人獸搏噬 A-a 型中的多人與猛獸搏噬的場景。張增祺先生在《滇國與滇文化中》曾將滇國常用的狩獵方式總結為集體圍捕、陷阱套捕、單人鬥獸和騎馬獵獸這四種〔註42〕。以早期李 M24 出土的兩件 A-a 型銅矛為例，銅矛骹部模擬了橫欄、欄檻，三人拉一繩，繩盡頭拴著虎頸，看上去的確似《周禮·獸人》中所記載的：「獸人掌罟田獸」〔註43〕，即用網具套捕野獸的狩獵方式。但拉繩三人既無防身裝備，也無進攻兵器；在頂端還有一人一手拉繩，一手以短劍刺虎；下方近刃處又有兩人與二虎赤手相博，並有一人為二虎所噬的圖像，顯然又與現實的狩獵場景不符（圖 4-2，1）〔註44〕。

〔註41〕張增祺：《晉寧石寨山》第 161 頁，雲南美術出版社，1998 年。

〔註42〕參考張增祺：《滇國與滇文化》第 67～68 頁，雲南美術出版社，1997 年。

〔註43〕〔漢〕鄭元注，〔唐〕賈公彥疏：《周禮注疏》卷四，《十三經注疏（4）》，藝文印書館，民國 65 年。

〔註44〕《中國青銅器全集》編輯委員會編：《中國青銅器全集·滇·昆明》圖一○八，文物出版社，1993 年。

圖 4-2　儀式性狩獵圖像

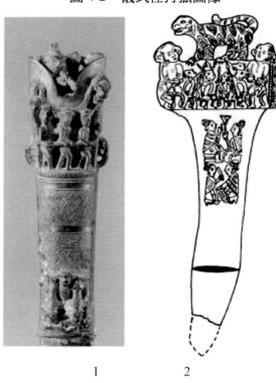

　　1　　　　　　　2

　　S.Passarge 在分析古代埃及壁畫場景中的狩獵情況時指出，狩獵的方法表明，不同類型的狩獵場景都可以在埃及壁畫場景中找到：有時幾排敲打手被描繪出來，其正往獵人或者獵網那裏驅逐獵物，這個方法只能在樹木稍顯繁茂的地區實行；在其他時候，套索也被使用，這表明這些地區具有低矮灌木叢，類似於南美大草原的空曠地帶。〔註45〕環境的不同，狩獵的方法和使用的武器工具也不一樣。弓矢這種遠距離擊殺的武器是歷史最為悠久的狩獵工具，在雲南青銅時代的遺物中也有大量箭鏃、箭箙器出土，到了西漢時期弩機也開始增多；而長矛與短劍相較於弓弩卻是近距離搏殺的方式，顯然弓矢是更為安全高效的武器。近身搏殺對於以狩獵為生的人群來講效率尚且不高，居於富饒的滇池區域的人群更不可能採取如此既不安全又不高效的方式作為謀生手段。這種「狩獵」僅僅是借鑒與模仿了在自然環境中的狩獵，反覆的再現其過程和構圖的程式化，捨弓矢而用長矛或短劍近身搏殺，正是反映出這種狩獵並非是通

〔註45〕S.Passarge,Die Urlandschaft Aegyptens (Nova Acta Leopoldina, N.F., Vol. Ⅸ, No. 58, Halle, 1940), 35. 轉引自〔美〕亨利・弗蘭克弗特：《近東文明的起源》第 29～30 頁，子林譯，格致出版社・上海人民出版社，2009 年。

常意義上的狩獵，而是具有儀式特徵的狩獵。狩獵的目的不在於獲取生存資料，也不是為了博取更高額的利益，更多的是通過獵殺猛獸，將其內在的力量轉化為自身所有；同時將殺死的猛獸獻祭給神靈或祖先。以短劍刺虎，近身搏殺這一特徵也明顯是受到此時期鬥獸習俗的影響下產生的構圖形式。李 M24 出土銅矛骹部的欄檻，模擬的也可能並不是陷阱，而是想將已捕獲或豢養的猛獸從圍欄中放出，與人搏鬥的場景。

　　這種圖像在西漢中晚期逐漸複雜化，人物衣著和與剽牛祭祀中的人物形象越來越趨同，頭戴雉尾、身披獸皮，小腿纏繞蛇狀的裝飾，從人物的動作和構圖形式都表現出一種程式化的趨勢。此外在前面我們已經分析過，動物搏噬主題是社會中上層所擁有的一種具有身份標誌功能的圖像紋飾；其載體也多是代表墓主身份地位及偏好的器物。人獸搏噬中涉及到所謂「狩獵」的場景，基本出自大型墓葬中；作為統治階層，將圍捕此類動物的圖像鑄造在體現身份地位的器物上，顯然有著其特殊考慮。結合墓主身份和墓葬中諸多隨葬品的功能來看，此類圖像表現的內容更有可能是一種儀式性狩獵。李 M47：65 和李 M57：181 多人獵虎管銎戈刃部的一組圖像正是這種狩獵性質的直接證據：在銎部正下方，左一人坐在銅鼓之上，右面一人跪在其前方，手中捧持一物，可能是某種禮器，左方端坐於銅鼓上的人手指上方的獵虎人群，似在作出評論或某些指示，顯然其身份很高。按照馮漢驥先生等人對貯貝器上相似垂足而坐的人物形象的解讀來看，此人就是部族首領〔註46〕；而最下方兩人皆跪坐，右方一人按住一鼓，左方一人持一棍欲擊打此鼓，擊鼓不僅是為了鼓舞進行狩獵儀式的勇士，更是為了在活動中掌握一定的節奏（圖4-2，2）；而「國之大事，在祀與戎」〔註47〕，由一方部族首領主持的狩獵，顯然就具有了儀式的性質。

　　就原始文化時期的藝術而言，突出作品中的大多數都是與宗教事務有關的。有時儀式活動可能被直觀地描繪出來，有時則是將某個裝飾圖案賦予宗教象徵的意義；而這些事例所透露出的信息很多都是直接或間接地指向神靈的。亨利·弗蘭克弗特在探討近東文明起源的時候曾指出，在某些象徵符號中，譬如圖章上的和神廟壁飾中的植物和動物，尤其是那些人類依靠其謀生的植物

〔註46〕馮漢驥：《雲南晉寧石寨山出土銅器研究——若干主要人物活動圖像試釋》，《考古》1963年第6期。
〔註47〕《國語·鄭語》，上海古籍出版社，1978年。

和動物,到目前為止是最經常出現的;在儀式中使用的工具,諸如用於擺放祭品的平臺,同樣被裝飾以動物,神聖器皿也是這樣。與裝飾藝術中使用的符號類似,這些活動經常指向出現在自然中的神的崇拜〔註48〕。人獸搏噬中 A-a 型中的宗教儀式化傾向不言自明。

圖 4-3　石 M71:142 貯貝器蓋頂及第二層騎士獵獸圖像

　　除了 A-a 型外,人獸搏噬 B-b 型也反映出狩獵活動的儀式性特徵,首先前面通過梳理材料已經發現,除李 M13 以外,其餘此類圖像材料無不出自滇王一級的墓葬中。騎士獵獸表現的,不僅是狩獵的方式,也表現了追擊近身之時,被獵動物的反抗搏鬥;一手持韁、一手持長矛,還要策馬疾馳,這本身就需要極高的控馬能力,同時危險性也會增大。而參與這種騎獵活動的人,從目前的材料來看,皆為滇國社會中的精英階層,甚至是滇王本人。石M71:142 貯貝器上獵鹿場景正是滇王騎獵活動的再現。此疊鼓形貯貝器,前面已經論述過,被學者認為是等級最高的禮器,器蓋上的人物明顯分為了

〔註48〕〔美〕亨利·弗蘭克弗特:《近東文明的起源》第 49~51 頁,子林譯,格致出版社·上海人民出版社,2009 年。

三個等級：步行並近身獵鬥鹿的大概是屬於社會中層的武士，左邊一位騎士身份較高，正在刺殺另一鹿；而右邊特別高大突出並鎏金的人物，顯然在整個場景中的地位是最高的，其所戴頭飾、持矛右手戴的大型圓盤狀飾物以及胯下特別高大的駿馬，無不反映出其超然的地位；步行武士與之相對輔助殺鹿，既能保障儀式順利進行，又能起到保護滇王的作用。而在此件貯貝器鼓身第一層，還有一組展現林中獵獸的場景，其中同樣有步行的武士和騎士。如圖所示中間右邊騎馬人物衣著顯然不同於一般騎士所著條紋衣，上綴許多流蘇裝飾，左手所戴圓鐲也為其他人所不見。而圖像中，左邊一人顯然也是輔助滇王進行儀式的騎士。在此圖像下方，還有多組展現自然界食物鏈的圖像。層層相扣的圖像以及嚴明的等級序列正是凸顯人在整個食物鏈中的主宰地位；而統治這一世界的，正是滇王。整件貯貝器的儀式性和宗教性從而得到了直觀的反映（圖 4-3）〔註 49〕。

　　常見於扣飾上的同類圖像也表明了這種狩獵活動的儀式化傾向：最為直觀的就是李 M13：7 兩位騎士無鞍跨坐於兩馬上，一犬於前方圍堵兩鹿，而騎士兩手持矛刺殺馬身下的鹿，鹿明顯地分為雌鹿和雄鹿；兩騎士動作整齊劃一，不慌不忙，兩馬並行，甚至顯得有些呆板僵硬。與同一墓中出土的二人獵鬥野豬扣飾的寫實性截然不同。在論述部族差異時我們提到過，江川李家山一帶的騎獵水平較晉寧石寨山一帶發展較晚，至少就出土材料來看在西漢中期前只有此件扣飾，且馬具顯得極為原始。在騎術尚不發達的情況下還要進行此類活動，且騎士頭戴稚尾，與剽牛祭祀中的人物形象類似，有學者認為此類人物正是巫師的形象〔註 50〕。以巫為主體來進行的狩獵活動，不言自明已是一種儀式；而被獵殺的雌雄雙鹿也增強了這一儀式的宗教性（圖 4-4）〔註 51〕。湯惠生先生就提出過，只有儀式行為，才需要對某些重要細節加以強調。而這種強調表達的就是祈求儀式活動成功的願望〔註 52〕。

〔註 49〕雲南省文物考古研究所、昆明市博物館、晉寧縣文物管理所：《晉寧石寨山第五次發掘報告》彩版五七，文物出版社，2009 年。

〔註 50〕張增祺：《滇王國時期的原始宗教和人祭問題》，《雲南青銅文化論集》第 309頁，雲南人民出版社，1991 年。

〔註 51〕《中國青銅器全集》編輯委員會編：《中國青銅器全集·滇·昆明》圖一二六，文物出版社，1993 年。

〔註 52〕湯惠生：《對立與統一：原始文化中的二元邏輯》，湯惠生著：《青藏高原的古代文明》，三秦出版社，2003 年。

圖 4-4　李 M13：7 二騎士獵雙鹿扣飾

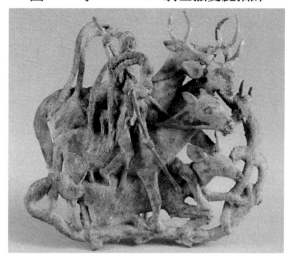

圖 4-5　　戰爭場景貯貝器蓋

　　有學者曾經認為這種騎士追獵的場景反映的是雲南的軍事訓練，但筆者認為無論是從騎術的普及、馬具的出土情況、表現馬匹的圖像數量及動物遺骸的發現來看，都不能證明當時的滇國戰術中騎兵是主力。當時的馬匹還是極為貴重的資源，騎馬還是貴族的專利。從雲南某些反映戰爭場景的器物來看，僅有主要人物及首領或上層軍官採取騎馬戰鬥的形式，而大多數人還是步行作戰（圖 4-5）〔註53〕；而軍事活動中的人物戴有防護的頭盔以及厚重的甲冑，這與騎士追獵活動中人物輕便但儀式化的穿著有著較為明顯的區別。因此這種狩獵活動更可能的是一種儀式，其除了表現王室貴族的特殊性外，宗教目的也十分明顯。

〔註53〕張增祺：《晉寧石寨山》第 19 頁彩版 38，雲南美術出版社，1998 年。

三、獻神：血祭與犧牲

簡·艾倫·哈里森認為，藝術起源于氏族對於生活需求和欲望的集體訴求活動，即所謂儀式；古埃及、希臘和巴勒斯坦的藝術與儀式都是密不可分的，都源於同一種人性的衝動〔註54〕。

滇族十分重視人與自然生態的合作關係，在社會生活尤其是生產勞作各階段各環節都創造出了互有聯繫的神靈祭祀。當然就目前的考古材料來看，像播種、祈年之類大型的農業祭祀和部族結盟儀式應該是最重要的，通常出現在貯貝器上，但數量極少，可知在當時的滇國社會中這種祭祀儀式類似國家典禮。貫穿社會生活的祭祀強化了人們尊重自然的生態觀念以及對於祖先、神靈的崇拜，各種祭祀活動的核心就是獻祭與祈願。如石 M13：67 刻紋銅片，經易學鍾、樊海濤等多位學者修復圖像，最終確定其上圖像為記錄滇王大事和祭神聘神的內容。其中雉的形象，被認為是貢獻神明的犧牲。並引《漢書·平帝本紀》載：「元始元年（公元元年）春正月，越裳氏重譯獻白雉一、黑雉二、詔使三公薦宗廟」的記載說明古代雉雞常作為獻祭的犧牲常用於古代祭祀禮儀中。〔註55〕整個刻紋銅片將雉雞這一獻祭物置於最頂端，一定程度上反映了祭祀犧牲對於古代雲南先民的重要性。從貯貝器祭祀場景的表現來看，各種動物包括猛獸甚至被綁縛的人應都是將要或正在被獻祭的犧牲。而透雕銅扣飾上的鬥獸活動，可說是祭祀儀式中娛神程序的必要，如匈奴人在每年三次的祭祀大會上都有神樂表演，神樂包括賽馬、鬥駱駝和角鬥表演〔註56〕，鬥獸活動與祭祀儀式之間的關係由此可見一斑。而鬥獸活動的犧牲者，如鬥牛活動中的牛、多人鬥獸活動中被猛獸殺死的人等，也成為了獻祭神靈以及當時部族成員獲得神性力量的來源。

張增祺先生曾在《滇國與滇文化》有關農神崇拜中提到過，古代雲南祭祀農神只有用「血祭」的方式才能使農作物茁壯成長〔註57〕。實際上，血祭儀式不僅出現在古代雲南祭祀農神的活動中，從目前的考古發現來看，雲南各種崇拜形式，多少都存在「血祭」。例如馮漢驥先生討論過的貯貝器上的播種、祈

〔註54〕〔美〕簡·艾倫·哈里森：《古代藝術與儀式》第 1 頁、第 134 頁，劉宗迪譯，生活·讀書·新知三聯書店，2008 年。

〔註55〕樊海濤：《再論雲南晉寧石寨山刻紋銅片上的圖畫文字》，《考古》2009 年第 1 期。

〔註56〕朱和平、譚嬥嬥：《匈奴飾牌類型辨析》，《中原文物》2010 年第 1 期。

〔註57〕張增祺：《滇國與滇文化》第 208 頁，雲南美術出版社，1997 年。

年、詛盟等祭祀活動中，皆存在血祭儀式這一現象。血祭的犧牲，除了最重要的活人外，各種儀式活動中被殺死的動物也都應是祭獻神靈的對象。

在各種 A-a、A-b 型猛獸搏噬以及表現鬥獸場景和儀式狩獵的人獸搏噬 A、B、C 型中，我們可以看到，居於場景中央的，都是工匠設計的焦點，其他的動物或人都圍繞這一焦點展開各種動作。中央焦點往往是被噬或鬥殺的動物或人物，觀眾的視線不可遏制地被生死的一瞬所吸引。無論是被人所獵殺的猛獸，還是被劏殺的食草動物，抑或是被猛獸撕咬的動物，以紀實和寫真的手法描述殘酷的噬殺場面，正是古代先民血祭儀式的再現。若僅僅是出於娛樂玩賞的目的，這一血腥殘忍的圖像不會被統治者珍而重之地用極為複雜的工藝鑄造，其數量也不會如此之少，使得器物乃至圖像都顯得如此珍貴。而人獸搏噬 A-a、C-a 中密集排列、正面皆朝外的人物布局以及越來越程式化的構圖也加強了這種娛神的目的。

犧牲是祭品中最重要的，以血祭祀是遠古社會以來就存在的一種最為重要的祭祀方式。早在原始社會，人們已經通過大量的經驗認識到血液與生命的密切關係。血液是生命的源泉，是蘊含某種神秘力量的靈異之物；血液流失導致生命滅亡的事實使得原始民族自然而然對其產生了敬畏以及一系列有關血液的神秘觀念〔註58〕。例如釁禮，在古人看來，以血釁器可以使器具帶有生命的靈力。據《周禮》、《禮記》等記載，大凡宗廟、宮室等大型建築物落成，重要器物如祭祀禮器、樂器、軍器、卜筮用品等剛製成或準備入庫時，都必須先舉行釁（衅）血儀式。如《左傳·僖公三十三年》：「不以累臣釁鼓。」〔註59〕《禮記·樂記》：「車甲釁而藏之府庫。」〔註60〕《呂氏春秋·慎大覽·慎大》：「釁鼓旗甲兵，藏之府庫，終身不復用。」〔註61〕直到先秦時期的中原地區還有用血釁器的習俗；而以血祭器的目的很明確，如《周禮·龜人》中有「上春釁龜」的記載，鄭玄注：「釁者殺牲以血之，神之也。」〔註62〕即認為以血塗抹器物就是想將血的神力傳導給所釁器物的法術。《禮記·王制》中鄭玄為天

〔註58〕胡新生：《中國古代巫術》第 158 頁，山東人民出版社，1998 年。

〔註59〕〔晉〕杜預注，〔唐〕孔穎達疏：《春秋左傳正義》卷十七，《十三經注疏（6）》，藝文印書館，民國 65 年。

〔註60〕〔漢〕鄭元注，〔唐〕孔穎達疏：《禮記注疏》卷三十九，《十三經注疏（5）》，藝文印書館，民國 65 年。

〔註61〕

〔註62〕〔漢〕鄭元注，〔唐〕賈公彥疏：《周禮注疏》卷二十四，《十三經注疏（4）》，藝文印書館，民國 65 年。

子出征的「師祭」作注，也詳細描述了在征戰中祭戰神，祭時殺牲，血畔旗鼓，以使軍師氣勢之增倍的儀式〔註63〕。這些文獻都表明古人的觀念中血液是蘊含神秘力量；而殺死活物祭祀，首要目的就是釋放其血液中的神秘力量，獻祭給神靈，以祈求神靈，獲取神靈的庇佑、親睞：「在犧牲的身體裏面，有種精靈要被釋放，這正是獻祭的目的」〔註64〕。獻祭與巫術是密切聯繫在一起的，巫術是依據虛構的超自然力量，使用一整套神秘的活動，對特定的客體加以控制和影響。祭祀活動中的人與物都被神聖化，進入一個新的角色。各種鬥獸活動、儀式性狩獵所反映的正是這樣一種神聖轉換的過程。

　　由來已久的血祭風俗，我們在世界許多古老民族的經典中屢有發現。《聖經》中曾記述亞伯拉罕將其親子祭獻給上帝。可見那些被神靈接受的祭獻人牲，並非都是奴隸，氏族成員也在神靈所食之列。當然，雲南的血祭儀式不但有直接殺牲殺人祭祀，受到鬥獸活動的影響，「搏鬥」這一程序也被引入了特殊的血祭儀式中。我們再來看石 M17：14 八人獵虎扣飾，畫面右邊有一持弓欲射的人物，與周圍眾多持矛刺殺的人形成了鮮明的對比。或許我們可以借鑒一些原始民族的獻祭活動來解釋：阿伊努人在殺熊祭獻的儀式之前往往要在首領的帶領下以弓箭射熊，其目的不是為了射殺，而是想激怒它〔註65〕；只有充分激發動物的獸性，才有可能經由殺死它獲得更大的神力，在人獸搏噬 A、B、C 型中，被殺死的動物是祭獻給神靈的祭品；而在這些場景中被殺死的人，使得這一祭祀活動的價值上升了；能夠殺死人的祭獻動物，其神性會得到加強，而剔殺此動物的武士或巫師所得到的力量也就越強，獻給神靈的祭品也就越珍貴，其祈願實現的可能性就會更大。這樣看來，各類鬥獸活動的思想內核中都蘊含著一種血祭祈福的要求，體現了萬物有靈的思想意識。至今流傳於西南少數民族的殺牛祭祖儀式，實際上也是其一脈相承的遺緒。

四、巫術轉換：模擬、象徵、吞噬

　　宗教是一種特殊的文化現象，對於宗教，不同的學者在其定義上有不同的

〔註63〕〔漢〕鄭元注，〔唐〕孔穎達疏：《禮記注疏》卷十二，《十三經注疏（5）》，藝文印書館，民國65年。
〔註64〕〔法〕馬塞爾·莫斯·昂利、於貝爾：《獻祭的性質與功能》第195頁，楊渝東、梁永佳、趙丙祥譯，廣西師範大學出版社，2007年。
〔註65〕〔美〕簡·艾倫·哈里森：《古代藝術與儀式》第 60～61 頁，劉宗迪譯，生活·讀書·新知三聯書店，2008年。

看法，但至少在中國古代宗教的問題上，大家基本認同：中國古代宗教有著多神崇拜的現象。在佛道之前，宗教廣泛進行著天帝崇拜、祖先崇拜、自然崇拜和其他多種神祇的崇拜，主要的宗教儀式包括郊祀、封禪、宗廟、喪葬及其他各種或複雜或簡約的致祭活動〔註66〕。在佛道出現之前，「禮」是中國古代宗教研究的重要內容〔註67〕，而由於中國社會一直有以「祭祀」為核心或主要表徵的宗教活動，因此「中國宗教史的研究就可以國家或統治階層所制定的禮制（包括祠典、家禮、喪禮等），以及民眾約定俗成的各種風俗入手（尤其是葬俗、巫俗等），探討其宗教信仰」〔註68〕。從雲南青銅時代考古遺存來看，當時的雲南社會普遍存在著祖先崇拜、動物崇拜、自然崇拜等崇拜形式以及基於實踐操作的巫術信仰，繁縟複雜的祭祀場景表明，當時的各種崇拜已經有了一套較為完備細緻的祭獻禮儀。前面所論述的儀式性狩獵和鬥獸活動，都可能是這套祭獻禮儀的直接反映。

　　青銅時代的雲南，隨著社會經濟的發展，逐漸進入了具有酋邦國家的社會結構，但這種不完整、不確定的社會結構和多部族共存的情況，使得雲南各地還存在著較為原始的崇拜及儀式。即使是在社會水平發展較高的滇文化主體區域，這種現象表現的也尤為明顯。在雲南青銅時代的考古遺存上大量出現的單體動物紋裝飾，最初都是雲南古代先民動物崇拜的直接產物〔註69〕。當一種動物成為某一地區某一集團祭祀的聖物的時候，這種動物常常是與自身生存密切相關的動物，在認知有限的情況下，某些動物尤其是直接作為生存資源的動物，或會對人與牲畜構成威脅的兇猛強悍的動物，或具有某些與農業生產息息相關的特殊生活習性的動物，將其所具有的某些超乎人類的能力解釋為神聖力量，因而對其產生崇拜，這是原始宗教信仰產生的原因之一〔註70〕。

　　動物搏噬主題中大量出現的猛獸搏噬 A-a 型、A-b 型以及蛇獸搏噬型中的

〔註66〕　參考詹鄞鑫：《神靈與祭祀——中國傳統宗教綜論》第 15～16 頁，江蘇古籍出版社，1992 年；周振鶴：《中國歷史文化區域研究》第 51～52 頁，復旦大學出版社，1997 年。

〔註67〕　李零認為：「禮在中國宗教史研究上最重要」，鄒昌林進一步認為：「中國宗教從屬於禮」。參考李零：《中國方術續考》第 101 頁，中華書局，2006 年；鄒昌林：《中國古代國家宗教研究》第 90 頁，學習出版社，2004 年。

〔註68〕　林富士：《禮制與祭祀》，林富士主編：《禮制與宗教》第 9 頁，中國大百科全書出版社，2005 年。

〔註69〕　張增祺：《滇國與滇文化》第 208 頁，雲南美術出版社，1997 年。

〔註70〕　童恩正：《人類與文化》第 181 頁，重慶出版社，2004 年。

動物形象都有著早期動物崇拜的痕跡。如在第一期猛獸搏噬 A-a 型所表現的強弱對比明顯的虎噬牛場景，牛一般直立不動，而虎對牛都展現出絕對的支配態勢，搏噬的結局是不言而喻的。不僅構圖相似，虎、牛身上的裝飾紋樣也甚為一致，同一墓葬所出不同器物上的相同類型圖像，其相似度更高。雖然動物搏噬主題器物並非量化生產，各類型之間也有寫實程度上的一些差異，但其製作仍然會遵循基本的原則──突出動物自然天性，如牛的沉穩、猛獸的兇殘和蛇類的陰狠等等，這一原則在很大程度上是受到人們潛意識選擇的影響，這種潛意識，就是遠古以來人類對大自然產生的敬畏和神秘感。雲南境內多沼澤、湖泊，受亞熱帶氣候影響有著極為茂密的原始森林，虎豹等猛獸與毒蛇時有出沒，對當時的畜牧業和以狩獵採集為生的人群構成了巨大的威脅。這種威脅，使得處於青銅文化發展的早期，社會生產力低下、武器工具相對落後，對自然環境依賴較強的人群產生了極大的畏懼感，進而由畏懼產生崇拜。再而開始對崇拜對象產生祈求，如蛇獸搏噬 E 型中直觀地表現孔雀銜蛇的圖像，正是希望毒蛇的天敵孔雀能庇佑保護人們不被毒蛇所傷願望的直接表達。晚期將水鳥與蛇搏噬的圖像整個鑄於鼓形之上的做法，證明這種願望還進一步發展到了厭勝辟邪的地步〔註 71〕。

　　隨著時代的發展，人口的擴大，部族之間爭奪資源的競爭加劇，除了被動地崇拜動物的自然屬性祈望得到庇佑不被傷害外，人們進一步萌發了得到崇拜對象的力量、甚至創造其神性的願望，巫術隨之而誕生。巫術是對人自身能力的一種肯定，其核心在於「相信人類有自由創造欲念中的目的物的能力」〔註 72〕。正如學者對歐洲史前遺跡以及在中國西北地區的史前遺址如處於青銅時代的小河墓地（公元前 2000 年至公元前 1500 年）中大量牛頭裝飾以及相關的祭祀遺址所做的解釋，牛頭應與生殖崇拜有關，或者可以更明確地認為，某種程度上指向女性生殖力。而用牛來進行祭祀，就是想通過把牛的生殖力賦予人，達到增強人的生殖力的目的，進而寄託對於萬物豐產的祈求〔註 73〕。而獻祭動物

〔註 71〕　參考劉敦願：《試論戰國藝術品中的鳥蛇相鬥相鬥題材》，《湖南考古輯刊》第一輯，嶽麓書社，1982 年。

〔註 72〕　〔俄〕馬林諾夫斯基著：《巫術、科學宗教與神話》，李安宅譯，中國民間文藝出版社，1986 年。

〔註 73〕　戴茜：《生殖崇拜象徵符號中性別指向的考古學研究──以新疆小河墓地為例》，賀雲翱主編：《女性考古與女性遺產》第 63～76 頁，南京大學出版社，2011 年。

往往是部族中專門豢養或是特意挑選的動物，精心的選擇只是為了在實行巫術轉換活動中人類能獲得最大的自然力量。

動物搏噬主題中的「噬」正是巫術實踐中，力量轉換最早的一種方式。希冀被人所崇拜的動物吞噬，常見於世界許多地方原始民族的風俗禮儀和藝術品中。例如美洲印第安人和蘇門答臘的巴塔克人的雕刻品中，都有似熊之類的怪獸食人造型。它意味著人經歷了被怪獸吞噬的過程後獲得了該動物的保護，這種吞食現象是自我與具有神性動物的合一。商代的人虎母題也具有相似的性質〔註74〕。

人獸搏噬 D 型正是這種巫術操作活動的直接再現。這類主題中的人物動物，與常見動物搏噬主題相比，帶有抽象誇張的特徵。李 M68X2：17 銅劍正是直觀反映以搏鬥為表象，通過操控雙蛇獲取力量的巫師形象；李 M57：35 銅劍劍柄頂端一巨大人面噬咬蛇身，蛇繞劍莖數周人頭，並在這一圖像下方劍脊處直接刻畫出巫師形象的做法，更說明了這一圖像反映的正是巫師做法膜拜的情景，而人頭咬噬蛇正是為了吞噬蛇的靈力。猛獸噬咬草食動物、猛獸與猛獸激烈搏鬥對峙；人與猛獸激烈對抗、殺死動物；人操控蛇類等等圖像都蘊含著藉由噬咬或搏殺原本崇拜的力量強大的動物，以獲取其力量及神性的巫術思想在裏面。

噬咬也不單是力量的轉化，有時還蘊含著生死循環的天命觀。例如李 M24：5 虎噬牛銅案，大牛腹下橫置一小牛，似破腹而出。有學者認為虎咬牛尾是兩性交合的象徵符號，牛腹中的小牛正是象徵孕育新生命〔註75〕；我們不妨更進一步認為，這正是古滇人生死轉換，以死亡作為另一段生命開始的巫術信仰的一種反映，下方的小牛正是將獻祭釋放出的牛的「靈」具象化的一種表現。而祥雲大波那銅棺壁板鑄紋、李 M13：4 銅臂甲刻紋以及石 M71：142 貯貝器上一整套完整反映自然界食物鏈的圖像更是將這種生死循環的天命觀發揮的淋漓盡致。

值得特別注意的是蛇獸搏噬、人獸搏噬 D 型以及廣泛出現於扣飾及兵器上作為底部邊緣紋樣的蛇噬母題，其反映出了青銅時代的雲南地區複雜的崇蛇信仰。這一信仰又涉及到諸如土地崇拜、生殖崇拜等等形式。當時人們已經

〔註74〕對於虎噬人中巫術色彩，張光直、李學勤等學者都進行過詳細的討論。參考李學勤：《試論虎食人卣》，《南方民族考古》1987 年第 1 輯。

〔註75〕胡俊：《古滇文物中「蛇」、「咬尾」、「搏鬥」、「狩獵」——裝飾紋樣的文化符號意義》，《新藝術》2006 年第 6 期。

對蛇的習性有了一定認識。例如羊 M104：38 四虎噬牛扣飾中，上半身豎直，頸部膨扁的大蛇就極有可能是眼鏡蛇或眼鏡王蛇〔註76〕，雲南青銅文化考古遺存所見之蛇，頭部呈三角形，基本上都屬於毒蛇類。毒蛇常在海拔較低的農耕區活動，出沒洞穴、廢墟等陰暗潮濕的洞穴之中，人畜多受其害，遠古的人類對其充滿了畏懼；但蛇無足無翅卻能在地上快速遊走，可通過蛻皮變得更有活力，繁殖力強大；冬季蟄伏春天於萬物復甦時醒來，天氣異常如下雨之時蛇往往會從洞中爬出來，這些天性又充滿了神秘感，使得人們將之與豐產、再生、土地、吉凶等等聯繫起來，從而賦予了蛇崇拜諸多內涵〔註77〕。蛇與其他動物搏噬的圖像，其反映的內涵可能也就有了很大的不同。

　　例如蛇獸搏噬 B 型蛇噬蛙的造型和構圖，目前來看我國最早的材料出現於商代晚期〔註78〕，在春秋戰國時期的祭器、冥器上也甚為多見，但在整個青銅時代雲南地方的紋飾中很難見到，不能排除其受傳入的可能。蛙是和雨水有密切關係的動物，而在古人的信仰中，生殖和雨水之間存在某種神秘聯繫，陰陽和諧，才會降雨，因此求雨也與生殖崇拜有關聯。董仲舒在《春秋繁露》中曾反覆論述了地方政府在四季求雨時的必備儀式，其中就有男女相偕：「令吏民夫婦皆偶處」，直到「起雨為止」〔註79〕。蛙的繁殖快，正好符合古人對族群繁衍的期望。蛙的繁殖能力及其對乾旱雨水的生理反應，逐漸形成了蛙崇拜觀念。而蛇也是古代先民常見的崇拜對象，其不僅是豐產的象徵，有時也蘊含不死、化生等等內涵〔註80〕。二者結合在一起，代表陰陽化生的意義顯然更濃厚。

　　需要注意的是各類型動物搏噬主題在同一地區同一墓葬中的使用並沒有嚴格的主題類型、風格、構圖形式方面的規定，以李 M24 為例，其既有蛇獸搏噬 C、E，又有人獸搏噬 A-a 以及猛獸搏噬 A-a 型，同時在墓葬中還有形形色色的單體類動物紋。這種不同內涵的動物紋於一墓中出土的現象進一步反映了雲南青銅時代崇拜形式的多樣性：其既保留了從遠古時期傳承下來的對

〔註76〕浙江醫科大學、中國科學院成都生物研究所、上海自然博物館、浙江省中醫研究所編：《中國蛇類圖譜》第 8 頁，上海科學技術出版社，1980 年。

〔註77〕參考代岱：《中國古代的蛇崇拜和蛇紋飾研究》第 2 頁，蘇州大學碩士學位論文，2008 年。

〔註78〕詳見第五章。

〔註79〕董仲舒：《春秋繁露第七十四：求雨》，清代盧文弨抱經堂校刊本。

〔註80〕李傑玲：《蛇與崑崙山：古代「不死」文化觀念之源》，《青海社會科學》2011 年第 3 期。

各種與人類生活密切相關的動物崇拜的思想內核和表現形式，隨著人的主觀能動性和適應環境能力的增強，又出現了改造自然、操縱自然生物等等的思想意識，從而出現了關注力量轉換和勝負、結果的「搏噬」題材。

第四節　小結

從商末周初雲南出現青銅文化，到西漢末東漢初青銅文化進入尾聲，隨著社會的發展和自然環境的轉變，古代先民崇拜的對象和形式也在不斷發生著變化。在動物搏噬主題的萌芽階段，圖像是對生存與共的自然環境的客觀描述和真實再現，充滿了對自然神靈的敬畏；鑄造此類圖像，是希望籍由圖像來再現和模擬自然界弱肉強食、生死循環的自然規律，進而獲得其中所蘊含的神秘力量，巫術模擬這一原始的功能自始自終都隱含在各個時期各種類型動物搏噬主題的表象之下。尤其是在受到周邊強勢文化或勢力擴張的影響下，將自己比喻為勇猛的野獸，期望以強大的力量去獵獲動物、戰勝敵人的希望成為雲南青銅時代廣泛鑄造各類動物搏噬主題的思想基礎。大量動物搏噬主題，一方面是動物食物鏈生存競爭的真實寫照；另一方面也反映了青銅時代雲南古代民族的觀念、情感和信仰，表現了他們的勇猛強悍與尚武精神。通過動物搏噬主題作品所展現出來的強與弱、生與死、主動與被動的幾重對立關係，可讓人深刻地感受到在雲南古代民族中延續著與自然親近的精神世界和宗教意識。

隨著社會的發展，祭祀、戰爭、結盟、競渡、播種紡織、音樂舞蹈和宗教崇拜等社會活動在雲南考古遺存尤其是墓葬中的青銅重器上廣泛地得到了反映。這一特點與整個漢代藝術的發展是密切聯繫在一起的。《呂氏春秋·節喪》曾記載：「國彌大，家彌富，葬彌厚，含珠鱗施。夫玩好、貨寶、鍾、鼎、壺、輿、衣、被、戈、劍，不可勝其數，諸養生之具無不從者。」在視死如生的觀念影響下，從戰國時期開始，工藝美術品的造型與裝飾題材開始大量地參考現實生活，表現出強烈的世俗化傾向。

日常生活、生產勞作、儀式典禮乃至政治事件的題材大量出現在秦漢時期的考古遺存中，正如傑西卡·羅森在分析漢代墓葬時就指出，漢代墓葬中表現的重點從儀式典禮（還有戰事和地位）轉變為對生活各方面更全面的關注；隨葬品從實物轉變為同時使用實物、模型和圖像的組合〔註81〕。記事寫實逐漸成

〔註81〕〔英〕傑西卡·羅森：《戰國及秦漢四期的禮器變化》，傑西卡·羅森：《祖先

為這個時代的主流趨勢，不管這一特點的源頭來自何方，也不管這一特點在發展中受到過哪些因素的影響。動物搏噬主題與作為某種意識象徵或抽象符號的單體動物形象不同，對於記錄和傳承的需要使得雲南青銅時代中晚期的動物搏噬主題逐漸呈現出高度的寫實性和複雜性，圖像所反映的內容一定程度上來源於現實場景，因此其自然就有了記事的功能；而僅出現於高等級墓葬、體現上層貴族喜好的動物搏噬主題，其圖像本身就代表了一種「禮」的意識，因而又具有了身份標誌的功能。而隨著社會發展，王權意識在雲南動物搏噬主題中體現的越來越強烈。這一變化一方面來自中原王朝的勢力擴張對其產生的壓力，另一方面則與本地區在戰國以後與地區外文化，尤其是草原游牧民族文化交流以後接觸到其崇尚暴力、征服、掠奪的思想意識有一定關係。而雲南固有的萬物有靈觀念，對弱肉強食、相生相剋、生死循環自然規律的強烈關注，又使得雲南的動物搏噬主題有了比草原文化類似圖像更為複雜的內涵。正是由於統治者偏好和地區文化傳統、風俗信仰等同時在動物搏噬主題的選擇和設計中互相影響、相互作用，從而出現了在同一墓葬中同時存在不同內涵和形式風格的動物搏噬主題，以及地區內不同部族使用動物搏噬主題類型和穩定性不同的現象。

與永恆——傑西卡·羅森中國考古藝術文集》第 63～74 頁，鄧菲、黃洋、吳曉筠等譯，生活·讀書·新知三聯書店出版，2011 年。

第五章　動物搏噬主題的文化因素分析

　　傑西卡・羅森在《裝飾紋樣與地域——漢中青銅器的個案》中提到，裝飾紋樣系統（ornamental system）定義為包含著眾多組件的整體，而所謂的組件，指可供工匠按照既有的規則去學習、使用和組合的基本元素。所有的裝飾紋樣在特定的環境之內，都是專為某類型的器物而設定的。既然它們是器物形制的一部分，就必須和形制結合起來去理解〔註1〕。界定裝飾紋樣系統的組件即組成單元，就可以探討這些單元組合的基本規則。紋樣系統的另一重要特性是能夠讓世代的工匠去學習和遵循。這個特性是決定圖案如何被複製的有效途徑，同時也指引圖案如何在一定的限制內進行變化和發展〔註2〕。

　　紋樣系統的使用範圍如此之廣，以至於成為特定人群文化的基本內容。即使是在群體內部，紋樣也是辨別不同身份地位的工具。由於紋樣系統維持著一定的相似性，因此也維持了辨認的方式。例如我們可以從一段時期內不同青銅器之間裝飾紋樣系統所具有的潛在一致性，來分辨青銅器是產自商代主流鑄造傳統還是邊陲地區的製作傳統。當器物間的相似度很高的時候，我們便會視它們產自同一地區。紋樣系統由此成為界定特定族群尤其是鮮有文字記載的族群及其文化的標誌之一。而對於判斷潛在一致性特點來說，組成紋樣系統的

〔註1〕〔英〕傑西卡・羅森：《祖先與永恆——傑西卡・羅森中國考古藝術文集》第3～19頁，鄧菲、黃洋、吳曉筠等譯，生活・讀書・新知三聯書店出版，2011年。
〔註2〕有關裝飾紋樣系統的穩定性和內在的變化，參見貢布里希著：《秩序感：裝飾藝術的心理學研究》，楊思、徐一維譯，浙江攝影出版社，1987年。

各個單元組件，亦即我們所說的母題或要素，就成為了比較的基礎。如同對合金成分的分析一樣，單元組件提供了不同地域不同文化內相似器物上某種構圖形式或意識形態的來源線索。

以動物為主題，進行藝術創作，是遠古人類文化共有的特徵，在狩獵採集經濟為主的原始社會初期，動物紋樣的表現內容與情節都大致相同。例如距今3200 年青海野牛溝岩畫和距今 2300 年的天棚岩畫可辨情節有獵牛圖、驅狼圖、猛虎逐牛羊圖等〔註3〕。而阿爾泰山岩畫第一階段，可能出自中亞斯基泰人之手，內容主要是狩獵與放牧〔註4〕。從這些原始岩畫的表現內容我們可以看到，原始人類表現的動物紋，通常都是以自己的生存環境為基礎進行創作的。

隨著社會的發展，不同經濟文化類型的各民族，逐漸形成了自己的一套具有特色的紋樣系統。動物搏噬主題在雲南的出現與流行是在戰國末年至西漢時期，集中在雲南上層貴族階層中使用，其使用規模和形式內容都有較為嚴格的等級規定。但在此時期前後並沒有更多相似的材料可資映證，表現出一定的爆發性特點。由於其表現的內容和風格具有較強的寫實性，再加上當地的確有相當數量的草原風格器物出現，過去許多學者直接將之視作受草原藝術影響的產物而忽略了對其進行深層次的分析。然而我們從動物搏噬主題的表現形式和承載器物來看，他們都不同於甚至或許有時還要高於同期草原文化的表現，其寫實的特點更為強烈，表現內容比草原藝術更加充實和多樣，並添加了許多新的成分，顯然已經成為了界定雲南原始民族尤其是滇族及其文化的標誌，這一點不得不讓我們思考。從整個雲南動物紋藝術鼎盛時期的材料來看，許多器物的裝飾追求的趨勢是精細繁縟，宗教儀式感強烈，且充滿彰顯權威的等級意識，這種表現意識與中原文化藝術有著諸多聯繫；而鑄造或刻畫於器物之上的大量動物、人物圖像的高度寫實特徵，卻與跨過西北及中亞地區，波斯希臘藝術的表現手法非常相似，這種奇妙的違和感在動物搏噬主題上表現的極為明顯。從動物搏噬主題的類型與風格來看，結合前面一章對動物搏噬主題所反映的古代宗教信仰與儀式的分析，我們可以判斷，雲南青銅時代中期爆發

〔註3〕 二者分別為商代晚期與戰國中晚期的作品。湯慧生、張文華：《青海岩畫》第188～189 頁，科學出版社，2001 年。

〔註4〕 相當於新石器時代晚期到春秋戰國時期。劉青硯、劉宏編著：《阿爾泰岩畫藝術》第 1 頁，山東美術出版社，1998 年。

性發展的動物搏噬主題，其既有南方民族長期以來形成的一些動物紋要素存在，也有來自地區外動物紋尤其是歐亞草原斯基泰動物紋的強烈影響，其所反映的文化交流問題是相當複雜的。而無論哪種文化因素對其產生影響，其創作的思想意識核心應基於當地民族的信仰。

第一節　猛獸搏噬

　　前面已經提到處於社會轉型期的雲南，其動物搏噬主題的文化內涵是較為複雜的。如果要討論其中所反映的文化交流問題，分清不同文化因素在其中所起的作用和具體表現，就需要對動物搏噬主題的「組件」進行拆分，即找出可比對的單元要素，進而分析其特殊的規則，亦即構圖的形式，再與地區外相似題材進行比對，找出其潛在的一致性，進而探討「源」與「流」的問題。前面通過梳理材料的類型、分期及內涵的解釋中可以見到，對雲南青銅時代中期突然壯大的動物搏噬主題來講，來自歐亞草原文化的影響是毋庸置疑的：首先我們可以看到，整個動物搏噬主題的出現與發展，在時間上整體晚於歐亞草原文化；大量的動物搏噬主題出現於隨身裝飾品扣飾以及兵器並以之隨葬這一特徵，與草原民族的習慣更為接近。但這些都還是二手的證據，究竟直觀的在對動物搏噬主題的圖像分析中能否找到一些直接證據？從某些類型中出現的構圖、動物人物的形態動作及一些表現意識來看，我們的答案是肯定的。此外，一些動物搏噬主題的構圖和表現內容雖然在我國北方草原〔註5〕、西北地區乃至於歐亞草原斯基泰藝術中暫時不能找到其原型，但在春秋戰國時期草原文化廣泛傳播的背景下，在漢地器物上出現的某些具有草原藝術特點的圖像也值得我們借鑒。這類圖像結合了中原青銅器的一些特點，形成獨特的風格，也

〔註5〕　此處所指北方草原指我國長城沿線北部地區，東起遼東半島，西到甘肅、寧夏的草原地帶，作為比較的材料多選擇來自科學發掘的材料，僅在材料不足的情況選擇前人收集的一些器物，這些採集的器物亦主要來自鄂爾多斯地區。本書所涵蓋的北方草原材料，包括了草原文化與中原文化相互影響的農牧交錯地區出土的一些材料，如陝西、河南、河北、山西等地。而文中所指的中原文化，特指具有商周以來傳統裝飾要素的材料，以表示與北方草原文化的區別。參考烏恩：《北方草原考古學文化研究——青銅時代至早期鐵器時代》前言，科學出版社，2007年；李海榮：《北方地區出土夏商周青銅器研究》緒論，文物出版社，2003年。楊建華：《春秋戰國時期中國北方文化帶的形成》緒論，文物出版社，2004年。

可以看作是草原藝術的衍生。

　　猛獸搏噬是雲南動物搏噬主題中出現較早的一類寫實性紋樣，也是學者在研究雲南青銅時代文化交流時重點關注的對象。尤其是其普遍出現於兵器以及裝飾品上的特徵，與草原地帶的騎馬民族有著諸多的相似性。其出現之初的某些特徵，如捕殺動物形態較大，捕殺動物主要是牲畜，動物身上通常裝飾較多紋飾，這一特點似乎與戰國中期以後北方草原地區發展趨勢比較一致。北方草原或鄂爾多斯動物紋早期造型稚拙，風格較為自然純樸，無太多裝飾。到了春秋晚期北方草原典型器物銅飾牌上就出現了撕咬和猛獸捕食的情節，原來呆板的動物造型開始出現軀體的扭轉。從戰國早期開始出現了猛獸捕殺牲畜場面的群體動物飾牌，從戰國中期開始，猛獸身上的斑紋增多，被捕殺動物的形態增大〔註6〕。但戰國晚期到西漢是整個猛獸搏噬在我國北方草原地區流行的時期，考慮到傳播與交流需要一定的時間，草原地區出現和流行猛獸捕殺動物的題材，與雲南動物搏噬主題出現時間來說似乎前後差距不大。且云南的猛獸搏噬自我風格極為強烈，尤其是高度寫實的風格和運用失蠟法的鑄造工藝所造就的雕塑感極強的特徵，是草原地區所不習見的；而動物的種類與搏噬的情態，也凸顯了兩者之間的區別，正因如此學者對於其爭論頗多。在本節中，我們暫不去考慮關於猛獸搏噬的起源問題，姑且就圖像構圖與表現情節突出的相似點略作分析，為不同文化之間的交流提供佐證。

一、A-a 型

　　雲南猛獸搏噬 A-a 型中的突出要素，是「襲咬」這種較為常見的構圖形式。「襲咬」在雲南表現為猛獸由後方躍撲到大型草食動物的身上，其實際上是結合了動物追逐、襲擊形成的一種構圖形式。在雲南周邊以及同時期的北方草原地區的動物紋藝術中，我們似乎很難見到這種動感十足的襲咬方式。春秋晚期開始我國北方草原地區出現了猛獸襲咬草食動物飾牌，但造型非常簡單〔註7〕；直到戰國晚期才大量出現並一直流行到西漢時期。猛獸大多以虎、狼

〔註6〕這一變化考古學家認為發生在內蒙古烏蘭察布盟的岱海一帶，並從這裡向內蒙古西部和甘肅、寧夏傳播。參考楊建華：《春秋戰國時期中國北方文化帶的形成》第 121 頁，文物出版社，2004 年。

〔註7〕參考田廣金、郭素新：《鄂爾多斯青銅器》第 178～182 頁，文物出版社，1986 年。本書所選比較材料，儘量選擇有可能與雲南發生交流或直接傳入的材料，時間範疇從東周到西漢早期為主，個別圖像可追溯到更早時段時，則儘量選

為主（圖 5-1，1～4）〔註 8〕，食草動物多鹿、羊、野驢等動物，其範式是猛獸咬噬弱小動物，其襲咬方式是從上方獵物頭頸部進行咬噬，且猛獸與被噬咬的動物形體差異很大，被噬咬動物頭部被含於猛獸大口之中，身體整個覆於其頭部之下，弱肉強食的特徵表現的更為明顯。這種襲咬方式事實上是符合虎類獵食生物的自然狀態，對獵噬體型較小的動物採取這種方式來表現也是一種對自然場景的模擬；但由於草原民族的動物紋通常更多地與圖騰崇拜聯繫在一起〔註 9〕，猛獸噬咬弱小的動物，對草原民族來講象徵著一種征服，這種征服既有可能是對自然環境的絕對掌握，也有可能表現了一個部族對另一個部族的征服與統治。因此在鑄造的時候特別誇張猛獸的巨大而將獵物鑄造的很小，有時甚至僅鑄造一個獵物頭部；被噬者狀如死物，噬咬者或步行或俯臥，畫面節奏舒緩，更增強了崇拜的色彩。這是與雲南地區的猛獸襲咬類型最大的不同。同時其襲咬的對象目前來看，基本上沒有牛這類大型家畜，而以野驢、山羊、綿羊這些小型動物為主，這是我國北方草原地區民族生存環境所表現出來的特點。

　　寧夏等地區出土情況略有不同，除了有與北方草原地區相似的構圖外，如寧夏彭陽出土狼噬小驢飾牌、固原出土的虎噬小馬飾牌（圖 5-1，5、6）〔註 10〕，在戰國時期還出現了獅子之類的猛獸（圖 5-1，7）〔註 11〕，除此之外襲咬對象也出現了一些不同；再往西進入新疆地區，在新疆巴里坤縣東黑溝遺址中出土的金銀飾牌上，就開始出現虎由後方襲咬前方類似格里芬怪獸的構圖形式（圖 5-1，8）〔註 12〕。

擇來源可靠，傳播有序，並多為學者論證過的器物。

〔註 8〕圖片分別來自田廣金：《近年來內蒙古地區的匈奴考古》圖五，6，《考古學報》1983 年第 1 期；內蒙古考古研究所：《內蒙古涼城縣小雙古城發掘簡報》第 23 頁圖一〇，3，《考古》2009 年第 3 期；內蒙古文物考古研究所：《涼城山享縣窯子墓地》第 66 頁圖一一，10，《考古學報》1989 年第 1 期。

〔註 9〕Andersson J. G, "*Hunting Magic in the Animal Style*", *Bulletin of the Museum of the Far Eastern Antiquities*, No.4, Stockholm 1932: pp221-315.

〔註 10〕圖片分別來自寧夏固原博物館：《固原歷史文物》第 55 頁圖 20，科學出版社，2004 年；寧夏文物考古研究所：《寧夏固原楊郎青銅文化墓地》第 33 頁圖一九，12，《考古學報》1993 年第 1 期。

〔註 11〕參考《中國青銅器全集·北方民族》圖九八繪製。

〔註 12〕新疆文物考古研究所、西北大學文化遺產與考古學研究中心：《新疆巴里坤縣東黑溝遺址 2006～2007 年發掘簡報》第 22 頁圖三二，1，《考古》2009 年第 1 期。

圖 5-1　猛獸襲咬草食動物之一

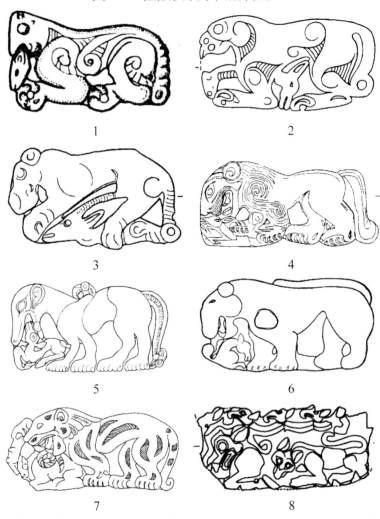

1　　　　　　　　　　　　2

3　　　　　　　　　　　　4

5　　　　　　　　　　　　6

7　　　　　　　　　　　　8

1.和林格爾范家窯子虎噬羊飾牌　2.內蒙古涼城縣小雙古城 M9：2　3.內蒙古涼城崞
縣窯子 M12：2-2 虎噬羊飾牌　4.伊金霍洛旗石灰溝虎噬鹿紋銀飾牌　5.彭陽縣白楊林
村狼噬羊鍍錫銅飾牌　6.寧夏固原楊郎 IM12：5 虎噬羊帶飾　7.寧夏西吉縣陳陽村獅
子噬羊飾牌　8.新疆巴里坤縣東黑溝 M012

　　　新疆所出的這種新的襲咬構圖反映出了我國北方草原與歐亞草原民族的碰
撞與交流。這種構圖和動物形象曾廣泛分布於希臘、波斯及歐亞草原地區〔註13〕
公元前 3 世紀以前的遺物中。從一些研究者的研究來看，在西亞地區很早就出
現了獅子與山羊、格里芬、公牛搏鬥的題材，如捷姆迭特・那色時期（約公元

〔註13〕此處歐亞草原地區泛指從黑海流域、西伯利亞、伊朗高原、哈薩克草原、蒙古
　　　　草原到阿勒泰地區的境外草原地區。

前3100年～前2900年）玄武岩石碑、石灰石水壺和印章上均出現了獅子與公牛搏鬥的母題（圖5-2），到波斯帝國時期尤為盛行〔註14〕。如在公元前359-338年波斯波利斯大流士宮殿西階階梯正面，就有高度寫實的浮雕獅子搏噬公牛，獅子從後方抓住前方公牛的後肢，正面朝外咬噬其臀部（圖5-3，2）〔註15〕，其構圖及動作與石M3：67扣飾虎噬牛圖像極為相似（圖5-3，1），同樣的構圖還有1862年在希臘雅典發現的公元前5世紀建築石雕獅子噬牛圖像（圖5-3，4）〔註16〕，不過希臘和波斯所出帶有某些的程式化特點，尤其是愈晚特點愈明顯，這一圖式本身在這兩個地區傳統中也較穩定。

圖 5-2　獅子噬牛水壺

草原地帶的情況則較為複雜，由於歐亞草原範圍寬廣，西部與東部在人種與文化面貌上有許多差異，因此在動物搏噬主題出現的早晚及風格上來說也有一定區別。例如在今巴基斯坦出土的一件錯銀儀式斧，其野豬噬虎虎撲噬山羊的情景與前述作品有甚多相似之處（圖5-3，7）〔註17〕。關於這件儀

〔註14〕申子辰：《幸存在海洋中的女性文明——愛琴海藝術分析》，賀雲翔主編：《女性考古與女性遺產》第197～212頁，南京大學出版社，2011年。圖片來自毛君焱編：《古埃及兩河流域藝術精品資料圖集》圖8，工人出版社，1992年。

〔註15〕此浮雕為阿塔薛西斯三世添加。圖片來自 Edited by John Curtis and Nigel Tallis, *FORGOTTEN EMPIRE--The world of Ancient Persia* (UNIVERSITY OF CALIFORNIA PRESS, 2005) by the trustess of the British Museum, pp. 80.pl.39.

〔註16〕紐約大都會藝術博物館藏品 http://www.metmuseum.org/Collections/search-the-collections/130014973。可參考 Richter, Gisela M.A. "The Department of Greek and Roman Art: Triumphs and Tribulations." *Metropolitan Museum Journal* 1970.3: pp. 82-83, 89, figs. 19, 33.

〔註17〕R. Maxwell-Hyslop, '*British Museum axe no. 123628: a Bactrian bronze*', Bulletin of the Asia Institute, NS I (1987), pp. 17-26.

式斧的年代有學者認為其工藝和表現風格來看明顯具有一定的草原特徵，野豬、山羊都是草原常見動物，襲咬的方式也與草原地區更為相似，究其源頭當來自伊朗東南部或巴克特里亞無疑〔註18〕。而在南俄庫爾—奧巴西元前 4 世紀銅器獅子噬咬鹿的浮雕（圖 5-3，3）〔註 19〕以及公元前 5 世紀左右北高加索庫班河流域遺物上獅子噬咬羚羊圖像（圖 5-3，5）〔註 20〕，猛獸頭均呈側面狀，動物種類以野生動物為主，與伊朗西北部出土公元前 700 年青銅碗刻畫的豹噬羚羊圖像接近（圖 5-3，6）〔註 21〕，但被噬動物下肢對折蜷縮於腹下已經是明顯的經過斯基泰人改造過後的圖像；而公元前 4～3 世紀的阿爾泰巴澤雷克 M1〔註 22〕中所出馬鞍，一虎從後方撲噬駝鹿的圖像則表現出被襲咬動物呈奔跑狀，手法卻並不十分寫實。但無論從哪一方面來看游牧民族的動物搏噬主題都是以其生存環境為基礎有所創造，奔跑、追逐的動態感也有所加強（圖 5-3，8）〔註 23〕。根據一些學者的研究所得，阿爾泰地區的鬥獸紋在公元前 5 世紀到 4 世紀時還比較少，且還屬於典型的波斯藝術題材和構圖形式〔註 24〕。而雲南所出此種構圖，猛獸所噬的多是家畜牛，到第二期才有少量鹿、野豬等動物，野生動物整體很少，與希臘、波斯所出似乎更為接近，究其原因，一是自然環境的不同無法完全照搬斯基泰中的動物形象而對其有所改造，二是有可能通過商貿往來與中亞乃至更西邊的地區發生交流所致〔註 25〕。

〔註18〕向後張望是古老西亞的原型設計。參考 Maxwell-Hyslop, 'British Museum axe no. 123628: a Bactrian bronze', Bulletin of the Asia Institute, NS I (1987), pp. 17-26.;J. Curtis, Ancient Persia-1 (London, The British Museum Press, 2000).D. Collon, Ancient Near Eastern art (London, The British Museum Press, 1995)

〔註19〕Boris Piotrovsky, The Scythian Art (London: Phaidon, 1987), pl.193.

〔註20〕Sergei I. Rudenko, Frozen Tombs of Siberia-the Pazyryk Burials of Iron Age Horsemen. Translated and preface by M.W.Thompson. (University of California Press, 1970), pl.108.

〔註21〕紐約大都會藝術博物館藏品 http://www.metmuseum.org/Collections/search-the-collections/30002831。

〔註22〕Hiebert 在參考了 C14、樹輪校正及墓中發現的外來器物後,認為該墓群年代應在公元前 5 ～3 世紀。參考 Fredrik T. Hiebert, "Pazyryk Chronology and Early Horse Nomads Reconsidered", Bulletin of the Asia Institute n.s Vol. 6 (1992), pp. 117-129.

〔註23〕J. Curtis, Ancient Persia-1,London, The British Museum Press, 2000.

〔註24〕馬健:《公元前 8～前 3 世紀的薩彥——阿爾泰》,《歐亞學刊》第 8 輯第 51 頁,中華書局,2008 年。

〔註25〕詳見第六章有關交流途徑的探討。

圖 5-3　猛獸襲咬草食動物之二

1.石　M3：67　2.波斯波利斯宮殿階梯浮雕　3.南俄庫爾—奧巴銅器　4.希臘雅典建築石雕　5.北高加索庫班地區克列爾梅斯金碗　6.伊朗西北部出土青銅碗　7.巴基斯坦出土三獸搏噬錯銀儀式斧　8.阿爾泰巴澤雷克 M1 馬鞍

石 M17：9 直管葫蘆笙頂端虎噬牛場景、李 M17：23 銅枕虎噬牛浮雕、李 M20：29 虎噬野豬扣飾以及石 M7：31 虎噬野豬扣飾表現出猛獸整個騰躍到被襲咬動物背上方，將動物壓服於身下的構圖（圖 5-4，1~3）；在西漢中晚期雲南猛獸搏噬 A-b 型中也能見到此類構圖的一些影響，如後方一猛獸對草食動物的撲噬，此獸基本伏於獵物背上。這種構圖就目前來講也與境外斯基泰藝術中的動物紋相似度更高〔註26〕。南俄庫班河流域「七兄弟」墓出土銅器上就有獅子躍上駝鹿背咬噬的圖像（圖 5-4，4）〔註27〕，稍晚在巴澤雷克 M2 馬鞍上的虎撲噬北山羊以及虎撲噬大角鹿的圖像，也基本是虎在被噬咬動物背上（圖 5-4，5、6）〔註28〕。在我國北方草原卻並沒有這種近乎飛騰的樣式，且從時間上看雲南所出大部分參考的還是歐亞草原西部的斯基泰藝術。比較特殊的是石 M7：31 扣飾，除了構圖之外，還明顯表現出與雲南青銅扣飾傳統截然不同的風格，鑄造平板、線條簡單、裝飾粗略，下方的蛇地被取消，上方的猛獸體型較大，形態也與常見虎紋或虎的造型差距甚大，其腦後鬃毛與更類似獅子的表現手法，其製作與北方草原地區飾牌風格類似，顯示出一種融合後的新狀態。

圖 5-4　猛獸襲咬草食動物之三

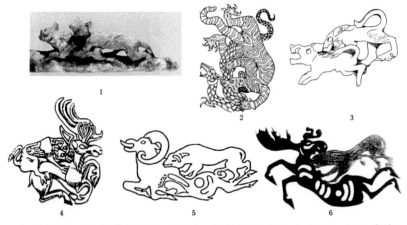

1.石 M17：9　2.羊 M113：366-2　3.石 M7：31　4.庫班河七兄弟墓
5、6.巴澤雷克 M2 馬鞍

〔註26〕此處特指源於北高加索和黑海北岸的斯基泰藝術。

〔註27〕Sergei I. Rudenko, *Frozen Tombs of Siberia-the Pazyryk Burials of Iron Age Horsemen.* Translated and preface by M.W.Thompson. (University of California Press, 1970), pl.135.

〔註28〕Sergei I. Rudenko, *Frozen Tombs of Siberia-the Pazyryk Burials of Iron Age Horsemen.* Translated and preface by M.W.Thompson. (University of California Press, 1970), pl. 111, 109.

二、A-b 型

A-b 型的突出特點，是多虎或虎豹合噬食草動物，這是一種在現實雲南地區的貓科猛獸中不太常見的獵食現象，正如第四節在討論雲南動物搏噬主題中所指出的，其在雲南的流行，一定程度上也可能與戰國以來流行的鬥獸風俗有一定的關係。合噬的構圖在我國北方草原地區非常少見，其特有的構圖通常都是互相咬鬥，顯示的是對支配權的控制而並非合作捕食獵物。而在公元前 5 世紀左右的阿爾泰到南俄羅斯草原地帶，合噬這種構圖已經較廣泛地存在於斯基泰民族的遺存中。南俄羅斯托勒斯塔墓地出土公元前 4 世紀左右金劍鞘上，就出現了多種猛獸追逐及獅子與格里芬合噬草食動物的場景，被合噬的草食動物蜷曲在地，兩個猛獸一前一後對向撲噬，其襲咬方式等與前文所述無太大區別；之所以不稱之為爭奪，是因為猛獸之間並沒有表現出強烈的對峙和相互的敵意，猛獸的關注重心在於被噬的動物而非對手（圖 5-5，1、2）[註29]；在南俄出土的另一件時代相近的銅器浮雕圖像表現了格里芬合噬山羊的場景（圖 5-5，3）[註30]；還有一件更為著名的南俄斯基泰貴族的三層構造金項圈分層展示了獅子合噬野豬和鹿，格里芬合噬馬，以及在項圈最內層展示牧民鞣皮、牧馬的一系列生動場景（圖 5-5，4）[註31]。獅子是群居性的動物，在草原捕獵時也有採取圍獵的形式，這一點在對獸圖像中也不乏多見，草原民族一定是注意到了這種自然活動場景從而有所創造；格里芬的引入表明題材中增加了許多神話的成分。在這類構圖中，有一個基本的組合規則就是不管是現實中的獅子還是神話中的怪獸都是一前一後對獵物進行合噬，且高度刻畫動物合噬過程中的由於劇烈運動導致肌肉骨骼的形態變化，表現出明顯受希臘藝術中高度寫實及細節關注特徵的影響。這一點，在雲南同類題材中是有所反映的。

當然雲南此類合噬材料，有一點脫離了自然常態帶有某種想像，那就是將多隻虎或反常地將虎豹合噬加以反覆表現，這種不同自然動物或本無群居動物習性的自然動物合噬圖像如此大量並成熟地出現在扣飾上，就不得不考慮其背後深層的文化內涵。在西漢時期一些諸侯王侯墓葬中出土的帶飾上能找到這種原本基於不同自然動物的合噬題材。在徐州獅子山楚王陵中，曾出土過一對由模具製作的雙獸合噬的帶飾，對其圖像過去學者多草草帶過。今天我們再來仔細分

〔註 29〕Boris Piotrovsky, *The ScythianArt* (London: Phaidon, 1987), .pl. 150, 154.

〔註 30〕Boris Piotrovsky, *The ScythianArt* (London: Phaicion, 1987), pl.193.

〔註 31〕圖片來自 http://vm.kemsu.ru/en/skyth-pectoral.html;Boris Piotrovsky, *The ScythianArt* (London: Phaicion, 1987), pl.118.

析其構圖,可發現其實際上展示的就是脫胎於域外草原藝術中不同猛獸合噬馬的場景:馬身後方的熊較好辨認,耳與吻部特徵突出;而馬身前方的獅子由於加入大量裝飾,要辨識較難。關鍵在於其頭部的鳥頭形連續紋樣實際上是獅子頸毛的一種變形,這種變形在草原文化的飾牌中經常能見到;而馬頭前方獅子的軀體實際上也經過扭轉變形,僅餘臀尾部的卷雲紋還殘留了一點早期的形態特徵,獅子已無太多自然特徵,或以漢代文獻中的「狻猊」稱之也不為過(圖5-5,6)〔註32〕。這種構圖的帶飾在徐州簸箕山西漢宛朐侯墓〔註33〕以及海外收藏中多有所見(圖5-5,7、8)〔註34〕,形制大小無甚差異。當然獅熊在漢代文化中都有著一定的神話象徵意義,其內涵應與雲南地方有較大的區別;但廣泛地將其鑄造於帶飾上顯然是當時西漢貴族禮儀佩飾的一種定制。惜目前材料僅於長江流域以南常見,收藏品多無地點著錄,因此這種新構圖或為漢族工匠創造也未可知。

伊盟杭錦旗阿魯柴登曾出土過戰國晚期四虎合噬一牛的金帶飾,其以對稱的手法構圖,與上述西漢王侯墓葬中出土的此類飾牌略有區別(圖5-5,5)〔註35〕。研究者認為其金牛取義黃道十二宮的金牛宮,匈奴族的族星白虎星也在金牛宮,牛虎共處一宮,故以四虎噬牛表達匈奴稱霸草原的信心與決心〔註36〕。而艾瑪、梅原等學者則從製作工藝方面進行討論,從而證實飾牌中原製作的可能〔註37〕。但無論如何這是一件中原與草原文化藝術結合的產物,圍噬牛的構圖與創意皆不見於其他地區,進一步證實了某些在戰國晚期到西漢時期出現在草原民族或流行於漢代墓葬中的器物紋樣當是漢人對源於歐亞草原藝術的創新無疑。雲南的多獸合噬顯然在構圖上受到的是來自兩方的影響:在鬥獸活動風行的背景下,作為有禮儀性質的裝飾品,其構圖在雲南滇王及王族被有意識的選擇;再加上直接來自斯基泰藝術中猛獸襲咬構圖和注重寫實的影響,雲南地方的工匠將二者進行融合、適應性的改造和創新也是可能的。

〔註32〕〔英〕傑西卡‧羅森:《西漢的永恆宮殿——新宇宙觀的發展》圖10-21上,《祖先與永恆——傑西卡‧羅森中國考古藝術文集》第279頁,生活‧讀書‧新知三聯書店,2011年。

〔註33〕孟強、耿建軍:《徐州西漢宛朐侯劉埶墓》,《文物》1997年第2期。

〔註34〕圖片分別來自 William Watson, *The Arts Of China To AD 900* (Yale University Press, 1995), pl.136;紐約大都會藝術博物館藏品 http://www.metmuseum.org/Collections/search-the-collections/60032401。

〔註35〕烏恩:《北方草原考古學文化研究——青銅時代至早期鐵器時代》圖一五一,2,科學出版社,2007年。

〔註36〕趙媛:《匈奴族組合動物風格紋飾特徵解析》,《藝術探索》2010年第2期。

〔註37〕參考羅豐:《中原製造——關於北方動物紋金屬牌飾》,《文物》2010年第3期。

圖 5-5　猛獸合噬草食動物

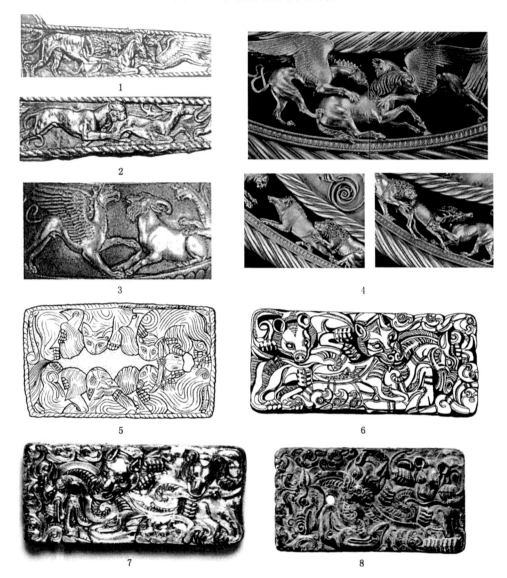

1、2.南俄斯基泰金劍鞘　3.南俄斯基泰銅器　4.南俄斯基泰金項圈　5. 阿魯柴登四虎
噬牛金帶飾　6.西漢徐州獅子山楚王墓獅熊噬馬金帶飾　7.紐約大都會藝術博物館藏
鎏金獅熊噬馬帶飾　8.紐約大都會藝術博物館藏獅熊噬馬銅帶飾

三、A-c 型

　　A-c 型中比較明顯的特徵，就是表現力量較為均衡的動物之間直接的相互
搏噬，這種搏噬的狀態是極其猛烈的。在我國北方草原地區及其相鄰地區這種

動物之間的搏噬也較為廣泛，所出構圖通常表現為二獸對向噬咬對手、雙馬對向噬咬對手或格里芬與虎對向噬咬搏鬥，通常為下方一獸噬另一獸的腿部，另一獸則噬咬其頸部（圖5-6，1～4）〔註38〕；另一種則是表現爭奪，通常為格里芬咬噬另一隻已捕到草食動物猛獸的頸部，似乎要爭奪其到嘴的獵物，（圖5-6，5）〔註39〕，這種爭奪的狀態僅在石M3：65扣飾上有所表現，但其動物細節刻畫手法卻明顯更接近於希臘藝術（圖5-6，6）。而祥雲大波那銅棺墓出雙獸抱鬥的飾件和石M13：281盉上虎熊搏噬的對向構圖（圖5-6，7），與伊金霍洛旗石灰溝墓葬出土雙虎咬鬥紋銀扣飾牌相似（圖5-6，8）〔註40〕。北方地區出現各種大型動物互相搏噬的場景大多為戰國晚期與西漢時期，流行時間與雲南動物搏噬主題流行時間甚為接近但要略早，因此互有交流的情況是可能存在的〔註41〕。

A-c型發展到西漢時期，有一個較為明顯的特徵，即在搏鬥中被撞倒的動物身軀後半呈現一定的翻轉向上，有時甚至形成明顯的錯向構圖。後半軀翻轉向上在草原文化的動物紋中，是一個特殊的構圖形式，也是所謂「野獸風格」的標誌之一〔註42〕。桃紅巴拉文化西溝畔西漢匈奴墓葬中出土的兩件金帶飾，是較為典型的材料，表現了虎與野豬互相搏噬的過程中，虎翻轉身體咬噬野豬後腿根而野豬反咬虎後腿的錯向構圖，且其風格較為寫實（圖5-7，4）〔註43〕，與石M71：90②、石M3：6二豹噬野豬扣飾，石M10：5虎牛搏噬扣飾的場景極為相似（圖5-7，1～2），唯一區別僅僅是下方的蛇地。

〔註38〕圖片分別來自烏恩：《北方草原青銅透雕帶飾》圖版肆，4，《考古學報》1983年第1期；寧夏文物考古研究所等：《寧夏同心倒墩子匈奴墓地》第344頁圖九六，6，《考古學報》1988年第3期；烏恩：《北方草原青銅透雕帶飾》圖版陸，6，《考古學報》1983年第1期；Alfred Salmony: *Sino-Siberian Art in The Collection of C.T.Loo*, (SDI Publications, 1998). pl. XXIII-7.

〔註39〕烏恩：《北方草原青銅透雕帶飾》圖版陸，5，《考古學報》1983年第1期。

〔註40〕烏恩：《北方草原考古學文化研究——青銅時代至早期鐵器時代》圖一五三，13，科學出版社，2007年。

〔註41〕參考田廣金、郭素新：《鄂爾多斯青銅器》第178～182頁，文物出版社，1986年。

〔註42〕參考沈愛鳳：《亞歐草原野獸風格若干紋樣研究》，《南京藝術學院學報》（美術與設計版），2009年第6期；邵會秋、楊建華：《早期斯基泰文化及歐亞草原的動物紋起源問題的探討——從《斯基泰—伊朗動物紋風格的起源》一文談起》，《西域研究》2006年第4期。

〔註43〕烏恩：《北方草原考古學文化研究——青銅時代至早期鐵器時代》圖一五一，1，科學出版社，2007年。

圖 5-6　猛獸咬鬥對搏

1.虎獸相鬥牌飾盧芹齋圖版 XXII，5　2.寧夏同心倒墩子 M6：5　3.鷹虎咬鬥紋牌
飾盧芹齋圖版 XXII，14.C.T.Loo 收藏　5.鷹虎爭鹿牌飾《含義》圖版 XXXIII，1
6.石 M3：65　7.石 M 13：281　8.伊金霍洛旗石灰溝

　　身軀翻轉變形的構圖亦最早出現於境外草原地帶的文化中，其代表性的
材料就是阿爾泰巴澤雷克墓，除墓主紋身上的大量身體翻轉動物形象外，器物
上也有大量此類圖像，翻轉的動物多是被格里芬追逐撲噬的鹿，也主要是下肢
的翻轉，也有如 M1 馬鞍上的裝飾圖案中虎在鹿下方身體翻轉的形式（圖 5-
7，5）〔註44〕，其源頭還可往歐亞草原西部尋找〔註45〕。我國北方草原地區較

〔註44〕 Sergei I. Rudenko, *Frozen Tombs of Siberia-the Pazyryk Burials of Iron Age
Horsemen*. Translated and preface by M.W.Thompson .(University of California
Press, 1970), pl. 110.

〔註45〕 在阿爾泰地區出現的這種後肢翻轉 180° 的動物造型以及複雜的搏鬥場景是
受歐亞草原西部的影響，參考馬健：《公元前 8～3 世紀的薩彥——阿爾泰》，
《歐亞學刊》第八輯，中華書局，2008 年。

阿爾泰地區稍晚，但其翻轉的程度亦較劇烈，呈現出一種蜷曲的不自然姿態，一如巴澤雷克地區所收集的木雕上轉體山羊圖像（圖 5-7，7）〔註46〕，例子亦不勝枚舉，傳入內地之後同樣保存了這種設計。

圖 5-7　後半軀翻轉向上

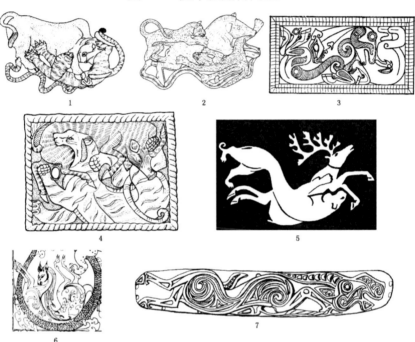

1.石 M10：5　2.石 M 71：90②　3.西漢南越王墓 H1 虎噬羊帶飾　4.桃紅巴拉文化西溝畔 M2：27 虎豚咬鬥紋金帶飾　5.巴澤雷克 M1 馬鞍虎噬鹿圖像　6.長沙馬王堆漢墓漆棺彩繪轉體怪獸圖像　7.巴澤雷克木雕轉體山羊圖像

　　到了西漢這種構圖也已開始大量運用於內地製品上，如西漢南越王墓出土的兩件虎噬羊帶飾，兩獸後半軀皆向上並形成一種錯向構圖（圖 5-7，3）〔註47〕，這種帶飾在西漢亦不乏多見，重慶巫峽鎮秀峰村西漢 M3 所出帶扣與之一模一樣，且多成對出現，在漢代應屬於一種定制〔註48〕；這種後半軀

〔註46〕〔英〕傑西卡‧羅森著：《西漢的永恆宮殿——新宇宙觀的發展》圖 10-21 下，《祖先與永恆——傑西卡‧羅森中國考古藝術文集》第 279 頁，生活‧讀書‧新知三聯書店，2011 年。

〔註47〕廣州市文物管理委員會、中國社會科學院考古研究所、廣東省博物館編：《西漢南越王墓》第 20 頁圖一三，2，文物出版社，1991 年。

〔註48〕參考四川省文物考古研究所、巫山縣文物管理所、重慶市文化局三峽文物保護工作領導小組：《重慶巫山縣巫峽鎮秀峰村墓地發掘簡報》，《考古》2004 年第 10 期。

翻轉向上構圖似乎也影響到了漢代其他器物動物紋樣的設計上，如長沙馬王堆漢墓漆棺棺面彩繪中，就有相似構圖的怪獸形象（圖5-7，6）〔註49〕。有學者曾認為北方草原地區對這種題材的改變主要是適應器型和平面布局的需要而進行的設計；但從雲南猛獸搏噬 A-c 型中出現的此類題材來看，其顯然並非全然為填充構圖而出現，其身軀雖有所變形但仍不乏寫實，在原有的基礎上有所創新。幾個不同墓葬中出現了幾乎完全相同的二豹與野豬搏噬的扣飾，顯然也是一種成熟的範式。不過構圖和風格最接近的西溝畔年代是西漢早期，若以此時間來判斷，則云南所出大約與其同時，所出也較西溝畔多，且鑄造水平更高，從其表現風格和特別關注動物器官細節以及構圖比較成熟流暢的特點來看，其似乎更有可能是直接受到斯基泰藝術影響下產生的構圖形式。

四、B 型

動物對峙的構圖較為成熟，其中對於猛獸形態的刻畫同 A-c 型一樣，對於動物毛皮的質感和花紋都有較為寫實的刻畫，因此判斷其動物種類十分清晰。這種構圖主要出現於管銎戈、啄之類兵器上，這大概與此類構圖需要較大空間布局有關；唯一一件採用線刻技術刻畫的對峙場景，也是在空間較大的貯貝器上出現，因此其很有可能是適應兵器裝飾的需要，在參考了一定的自然場景以後創造的新類型。這種構圖在我國早期的個別兵器上已有所表現，如王忠義收藏的一件多孔管銎鉞，其銎背正是表現動物之間對峙的典型（圖5-8，1）〔註50〕，根據其器型來看，其與傳出自榆林的虎逐羊多孔管銎鉞形制基本相同，唯其上動物表現情節略有區別，其年代應大致相同。這兩件器物年代約在西周早中期〔註51〕。另一件則是屬於卡約文化的鳩首牛犬銅杖首，表現為犬正面向一哺乳母牛吠叫，而母牛弓腿、聳肩似乎要與犬鬥的

〔註49〕湖南省博物館：《長沙馬王堆一號漢墓》上集，圖二二、二五，文物出版社，1973 年。有關後半軀反轉向上構圖在中國北方草原及內地的傳播早於杜正勝先生論著中有詳細論述，可參考杜正勝：《歐亞草原動物文飾與中國古代北方民族之考察》，《中央研究院歷史語言研究所集刊》第六十四本第二分，民國八十二年六月（1993）。

〔註50〕洪猛、韓金秋：《西北地區出土半月形多孔銅鉞及其相關問題》第 20 頁圖三，6，《中國國家博物館館刊》2011 年第 7 期。

〔註51〕洪猛、韓金秋認為此種銅鉞屬於中原和晉陝高原等地多種文化因素融合的產物，若從陝西榆林地區出土的類似構圖器物來看，則不能排除銎背上動物紋有受到來自北方草原文化的影響。

場景（圖 5-8，2）〔註52〕，其年代大抵為春秋戰國時期。結合伏擊逐獸情節和構圖來看，此類主題與北方草原文化的發生交流的可能性較大。

圖 5-8　動物對峙

1　　　　　　　　　　　　2

1.王忠義藏品　2.湟源大華中莊鳩首牛犬杖首

五、C 型

以對獸構圖為特徵的猛獸搏噬 C 型，也是表現雲南青銅文化與外界交流的特殊類型。這種構圖形式，從目前來看其分布集中於滇西及滇西橫斷山區分布的遺址中，並可能延伸到四川鹽源一帶，如楚雄萬家壩出的圓形飾牌對熊圖像以及昌寧墳嶺崗圓形飾牌對獸圖像（圖 5-9，2、3）〔註53〕。此種構圖作為一個母題類型在公元前 7 世紀後廣泛出現在地中海、中亞乃至我國北方草原地帶。在動物紋中出現的構圖一般有兩種形式：一種是沒有中間爭噬的動物，僅僅表現兩獸相對欲撲鬥的情節，如公元前 12-前 7 世紀高加索地區科班文化遺址出土裝飾品（圖 5-9，4）〔註54〕，以及巴澤雷克 M2 出土銅飾牌上對獸圖像（圖 5-9，5）〔註55〕。

另一種是在合噬場景中出現兩獸對稱，但這一構圖中也有一些細微的變

〔註52〕許新國：《青海省考古五十年述要》圖 10-3，許新國：《西陲之地與東西方文明》，北京燕山出版社，2006 年。

〔註53〕由於二獸僅僅作對立狀，而不能辨出其是否有張口、露齒、伸爪等襲咬圖像中猛獸的一般特徵，故在收錄基本材料的時候未列入考慮。雲南省文物工作隊：《楚雄萬家壩古墓群發掘報告》第 370 頁圖三二，6，《考古學報》1983 年第 3 期；雲南省文物考古研究所：《雲南昌寧墳嶺崗青銅時代墓地》，《文物》2005 年第 8 期。

〔註54〕烏恩：《北方草原考古學文化研究——青銅時代至早期鐵器時代》圖九七，12，科學出版社，2007 年。

〔註55〕郭物：《一人雙獸母題考》第 31 頁圖 33，《歐亞學刊》第五輯，中華書局，2004 年。

化，如公元前 5 世紀左右希臘陶瓶上對獅合噬公牛（圖 5-9，6）〔註 56〕和艾
米塔什博物館收藏的公元前 480 年古希臘對獅合噬小羊的青銅塑件，除了於
寫實中嚴謹地遵循對稱構圖外，畫面中被合噬的動物呈橫向構圖，且其構圖更
傾向表現合噬情節（圖 5-9，7）〔註 57〕。而到了我國草原地區這種構圖有一些
改變，即根據器型的一些需要對兩獸中間的草食動物作了一定的調整，一種類
似希臘模板，即中間動物呈橫向被合噬；而另一種則是被合噬的動物形成豎向
的構圖，身體略有蜷曲，並逐漸形成一種範式（圖 5-9，7）。北方草原地區曾
出土過幾乎完全一樣的雙獸撲噬鹿的飾件（圖 5-9，9～11）〔註 58〕，經田廣金
等學者研究認為其大致屬於戰國時期，不會晚於戰國晚期。

　　對獸的構圖在我國商周時期的青銅器上也不乏多見，如后母戊大方鼎立
耳上虎撲人頭的圖像以及商代銅鉞上的對虎撲人頭的圖像，但以合噬動物或
作兇猛寫實的對撲狀很少；且其虎的後腿隨器型自然下垂，顯然與雲南所出差
別較大〔註 59〕；雲南猛獸搏噬中的此類圖像就其出現時間來講，似乎也難以追
溯至遙遠的商代。不過在春秋早期河南三門峽上村嶺墓地中的一件鳥獸紋鏡，
似乎可以作為我們的直接參考：其上虎紋已經表現出誇張虎爪、突出大口的特
徵，明顯受到來自北方草原文化的影響，但其時代顯然更早，同時看來其中間
夾一的做法顯然與大波那所出構圖更為符合，而虎的造型也與大波那、檢村所
出相似（圖 5-10，1）〔註 60〕；同時考慮到這種圖像出現的載體主要是富有中
原禮制特色的銅棺、編鍾，那麼雲南出現的此類構圖，應與北方草原民族的關
係更大，或許是由甘青地區南下的氐羌係民族傳入的結果〔註 61〕。

〔註 56〕 Dietrich Von Bothmer, "Greek Vases from the Hearst Collection," *The Metropolitan Museum of Art Bulletin,New Series*, Vo1.15. No. 7. (Mar.,1957), p. I68.

〔註 57〕 圖片來自艾米塔什博物館網絡資料。

〔註 58〕 圖片分別來自田廣金、郭素新：《鄂爾多斯青銅器》第 177 頁圖一二四，2，文物出版社，1986 年；Alfred Salmony:*Sino-Siberian Art in The Collection of C.T.Loo*,(SDI Publications,1998).plXXIII-5,6 .

〔註 59〕 參考洪猛、韓金秋：《西北地區出土半月形多孔銅鉞及其相關問題》，《中國國家博物館館刊》2011 年第 7 期。

〔註 60〕 《中國青銅器全集》編輯委員會編：《中國青銅器全集‧銅鏡》圖六，文物出版社，1998 年。

〔註 61〕 對鹽源出現的青銅枝形器，霍巍先生認為是受到了歐亞文明廣泛流行的「一人雙獸」母題的影響，可能是歐亞文化中某些因素以北方草原文化為媒介沿著藏彝走廊傳播並影響中國西南地區的一個例證。見霍巍：《鹽源青銅器中的「一人雙獸紋」青銅枝形器及其相關問題初探》，《三星堆文明巴蜀文化研究動態》2007 年第 3 期。

圖 5-9　對獸及對獸合噬

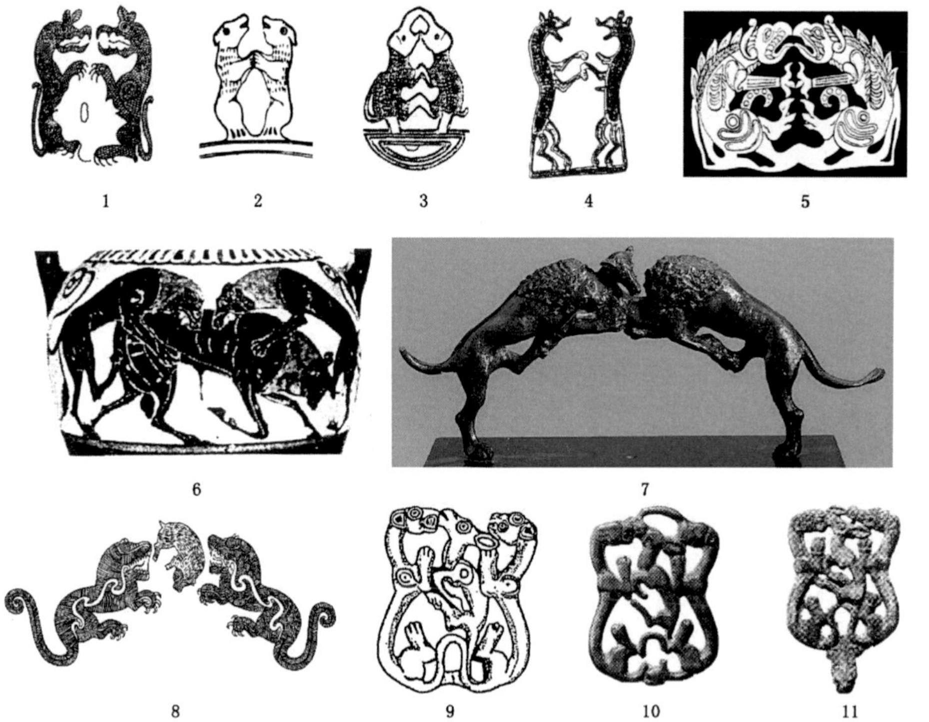

1.祥雲檢村編鍾對虎圖像　2.楚雄萬家壩 M63 鏤空圓形飾牌邊緣對熊　3.保山昌寧墳嶺崗 M21：3 圓形飾牌邊緣對獸　4.高加索地區科班文化飾件　5.巴澤雷克出土銅飾牌　6.希臘陶瓶上的對獅合噬公牛圖像　7.希臘對獅合噬小羊　8.祥雲大波那銅棺兩端壁板　9.鄂爾多斯徵集虎食獸紋青銅帶飾　10、11.C.T.Loo 收藏

　　附帶一提的是祥雲大波那銅棺虎身一為精細的螺旋形鑄紋，另在畫面中有似龍的怪獸，似乎有來自蜀地青銅器虎圖像精細繁縟裝飾風格的影響，如什邡城關 M1：26 銅矛骹部奔虎的形象（圖 5-10，2）〔註62〕，而另一虎身以及在周圍圍繞飛翔的鷹身上鑄有豎線紋（圖 5-10，5），鷹燕飛翔的姿態與夏家店上層文化和卡約文化中的鳥紋形態相似，而鹿紋也與卡約文化中的鹿紋骨管相似（圖 5-10，3、4）〔註63〕，故不能排除此件器物的圖像已經發生了多次變異與融合，而這種融合從目前來看，或許是北方草原文化沿藏彝走廊南下時與蜀地青銅紋飾

〔註62〕四川省文物考古研究所、什邡市文物管理研究所：《什邡城關戰國秦漢墓地》圖三二，1，四川省文物考古所編：《四川考古報告集》第 145 頁，文物出版社，1998 年。

〔註63〕圖片分別來自許新國：《青海省考古五十年述要》圖 11-2，許新國：《西陲之地與東西方文明》，北京燕山出版社，2006 年；烏恩：《北方草原考古學文化研究——青銅時代至早期鐵器時代》圖九一，5，科學出版社，2007 年。

於更早階段發生交流所致，或進一步可明確為民族遷徙的時候傳入此種構圖。

圖 5-10 對獸構圖及相關動物形象

1.河南三門峽上村嶺墓地鳥獸紋鏡 2.什邡城關 M1：26 銅矛 3.卡約文化骨管 4.寧城南山根 M4：28 5.祥雲大波那銅棺壁板鷹燕圖像

六、D 型

D 型中追逐與偷襲的場景就情節表現來說，當是對自然環境的一種模仿無疑，它和 B 型動物對峙的構圖一樣，都需要較大的空間布局，因此目前來看也僅在兵器上出現過。這種構圖形式同樣可以在我國找到其源頭，如傳陝西榆林出的西周早期多孔管銎鉞上虎逐羊的雕塑（圖 5-11，1）[註64]，而更早在陝西清澗解家溝出土的商代晚期羊首勺柄上就有了明顯的虎逐羊寫實場景（圖 5-11，3）[註65]，甚至在羊首匕上還出現了虎逐人的場景（圖 5-11，2）[註66]。關於管銎類兵器的起源和交流問題，已有學者做過許多論述。不過就管銎兵器銎背出現的這種裝飾來看，陝北及甘青地區可能是一個發源地，而寫實性的動物追逐場景則融合了草原藝術的特點。結合雲南大量出土的管銎兵器尤其是戈、鉞、啄銎背上其他的立體裝飾來看，其無疑也是南下民族傳入的結果。此外在青藏高原與北方草原文化重要通道日土任姆棟公元前 5～前 3 世紀岩畫中也有虎逐鹿場景（圖 5-8，6）[註67]，證明此種圖式在我國淵源已久。雲南所出顯然是融合了斯基泰藝術中寫實風格及我國北方地區動物紋構圖特點後的新創造。

不過猛獸背負獵物的構圖，與烏恩先生等討論的北方草原地區虎背驢或

[註64] 烏恩：《北方草原考古學文化比較研究——青銅時代至早期匈奴時期》圖三〇，8，科學出版社，2007 年。

[註65] 曹瑋：《陝北出土青銅器卷二》第 258 頁，四川出版集團、巴蜀書社，2009 年。

[註66] 曹瑋：《陝北出土青銅器卷二》第 252 頁，四川出版集團、巴蜀書社，2009 年。

[註67] 湯惠生：《青藏高原古代文明》第 215～216 頁圖 9，三秦出版社，2003 年。

虎背羊的構圖差異較大。北方地區所出此類構圖，多是襲咬的另一種狀態，即猛獸在咬噬動物的基本構圖上出現了將獵物軟伏的身體負於頸肩的設計，實際上是融合斯基泰藝術中後肢反轉形式的一種創造（圖5-11，4）〔註68〕；但雲南所出，獵物的身體幾乎整個壓在猛獸背上，製作者甚至考慮到了由於其重量可能對猛獸肢體產生的影響；但固定獵物的爪卻被工匠設計的近乎變形，整個姿勢卻可能是以人負物為參考對象想像出的一種新圖式（圖5-11，5）。

圖5-11　伏擊追逐及背負獵物

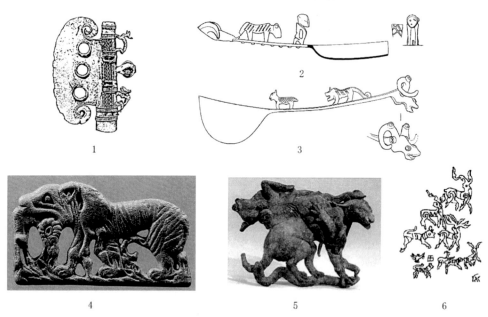

1.傳陝西榆林出多孔管銎鉞　2.陝西延川縣馬家河羊首匕　3.陝西清澗縣解家溝羊首勺　4.內蒙古博物館徵集戰國虎噬羊飾牌　5.石 M13：252 虎背牛扣飾　6.西藏日土任姆棟 12 號岩畫

第二節　蛇獸搏噬

　　蛇獸搏噬相對於猛獸搏噬而言，其內涵無疑要更為複雜一些。A 型中的猴蛇搏噬、C 型蛇魚搏噬以及 E 型蛇鳥搏噬中的孔雀搏噬都帶有明顯的本地文化因素，其動物種類與地區外差異較大，構圖亦較為特殊，在地區外難以找到相似的材料進行比對。而某些類型如蛇噬蛙、水鳥博蛇在此處主要是就蛇類形

〔註68〕《中國青銅器全集》編輯委員會編：《中國青銅器全集‧北方民族》圖一〇三，文物出版社，1995 年。

態和鳥類出現的某些變化及構圖較為特殊的材料與地區外進行對比，從而找出交流或影響的可能。

一、A 型

A 型中的猴蛇搏噬，基本上是參考了猛獸搏噬襲咬的形式出現，數量很少。不過西漢中期以後在蛇獸搏噬 A 型中出現的數量較多的猛獸奔跑於蛇地，並咬噬蛇的構圖形式，是前期所未見的特殊形式。單蛇或雙蛇為地是雲南青銅扣飾中較為常見的現象，其一般都不參與中心場景的表現，因此常常被稱為蛇地，一種觀點認為蛇紋具有土地的象徵意義，這種觀點主要有馮漢驥等學者論述〔註69〕；而另一種觀點則認為蛇紋在很多構圖中僅僅是一種形式的需要，由於畫面平衡或器物重心穩定的需要被廣泛的應用〔註70〕。幾種觀點一個方向是從文化人類學角度去分析其思想內核，另一方向是從工藝的角度去討論形式構造，各有一定的依據。但都無法解釋為何突然出現了獸噬蛇地這一種蛇獨立出來表現的構圖。

實際上早在春秋時期陝西等地的青銅器上，就大量出現了此種構圖的器物。陝西延川縣高家屯鄉碾流灣出土的東周時期長方形管狀車飾上端鑄兩虎，前方一虎咬噬一繞車飾圓端的蛇尾（圖 5-12，2）〔註71〕。陝西省塞縣招安鄉謝屯村出土一件環鏈帶鉤鑄成虎噬蜥蝪形，虎以兩蛇為地，兩蛇前後首尾相接，虎咬噬蛇尾（圖 5-12，1）〔註72〕。此種器物發現亦多，廣泛見於國外博物館及私人收藏之中（圖 5-12，3～6）〔註73〕，這種以蛇噬為地，蛇咬虎尾，虎噬蛇頭的設計顯然滿足了構圖完滿的需要，使得帶鉤的重心較均勻，並不致被突出的虎足爪鉤掛衣物，顯然有其實用功能方面的考慮。同時我們還可以看到，這種圖像不僅運用於這種帶鉤中，在一些車馬器構件上也明顯反映出以蛇為地的例子，證明此種

〔註69〕 馮漢驥：《雲南晉寧石寨山出土文物族屬問題試探》，《考古》1961 年第 9 期；馮漢驥：《雲南石寨山出土青銅器研究——若干主要人物活動圖像試釋》，《考古》1963 年第 6 期。

〔註70〕 黃德榮：《蛇在滇國青銅器中的作用》，《雲南文明之光》第 41～44 頁。

〔註71〕 曹瑋：《陝北出土青銅器卷 4》第 730 頁，四川出版集團、巴蜀書社，2009 年。

〔註72〕 曹瑋：《陝北出土青銅器卷 5》第 886 頁，四川出版集團、巴蜀書社，2009 年。

〔註73〕 圖片分別來自 Prof. John Haskins' Slide Collection, Slide Collection Group 2, *Department of Art History University of Pittsburgh*, http://www.pitt.edu/~haskins/.；Alfred Salmony:*Sino-Siberian Art in The Collection of C.T.Loo*, (SDI Publications, 1998). pl. XXXI-1.；紐約大都會藝術博物館藏品 http://www.metmuseum.org/Collections/search-the-collections/60032411。

構圖遠比我們想要的應用要廣泛（圖5-12，8、9）〔註74〕。並且在車馬器飾件上的紋飾中，有的就出現了多蛇纏繞的形態，蛇甚寫實，反映出北方草原藝術與中原藝術融合（圖5-12，7）〔註75〕。

圖 5-12　**獸噬蛇地**

1.陝西塞縣環鏈帶鈎（延安 219）　2.陝西延川縣車飾（延安 312）
3、4.國外學者收集　5.C.T.Loo 收藏　6、7.紐約大都會藝術博物館
收藏　8.史密森學會資料　9.丹麥國家博物館藏

〔註74〕圖片分別來自 William Watson, *The Arts Of China To AD 900* (Yale University Press, 1995), pl. 134. ；史密森學會資料 http://www.asia.si.edu/collections/single Object.cfm?ObjectNumber=F1916.454。

〔註75〕紐約大都會藝術博物館藏品 http://www.metmuseum.org/Collections/search-the-collections/60038673。

　　而在南方地區的楚文化藝術中，也曾經存在過以蛇為地的做法，戰國中期江陵望山楚墓中出土的浮雕小座屏是一個很重要的例子，其不僅有鳳鳥銜蛇、朱雀銜蛇、蛇噬蛙等題材，其座屏底部盤繞的大蛇亦構成了非常清晰的地紋（圖 5-13）〔註 76〕，這種多蛇纏繞的狀態又與西漢中晚期在江川李家山一帶發現的劍鞘飾上的三蛇纏繞的構圖極為相似。可見西漢中晚期在扣飾上出現的獸噬蛇地構圖可能受到過來自楚文化蛇紋地構圖以及北方地區在帶鉤、車馬飾件等小型器物上創新構圖的影響。而廣泛流行於雲南地區的蛇紋地，應該屬於融合了某些來自中原和楚地的藝術因素無疑。

圖 5-13　江陵望山 M1：84 彩繪浮雕小座屏

二、B 型

　　我們通過同類材料的比對，發現 B 型蛇噬蛙的主題歷史也比較悠久，約在商代晚期的時候，就出現了對蛇捕蛙的造型，但數量極少，且其蛇紋簡化，蛇未咬噬蛙身（圖 5-14，5）〔註 77〕，這種構圖亦見於稍晚草原文化的一些青銅飾件中，其形同樣較為抽象，異處在於蛇咬噬到了蛙身（圖 5-14，2～4）〔註 78〕；而春秋戰國時期南方地區如湖南（圖 5-14，7）〔註 79〕、廣西（圖 5-14，8、9）〔註 80〕一帶的青銅禮器上，也大量出現了對蛇噬蛙紋樣，但這時的對蛇，蛇身肥而誇張，近乎盤龍的造型，與商周青銅器許多龍蛇造型的

〔註 76〕湖北省文物考古研究所：《江陵望山沙冢楚墓》圖六六，文物出版社，1996 年。
〔註 77〕《中國青銅器全集・北方民族》圖一七四。
〔註 78〕圖片分別來自 Alfred Salmony: *Sino-Siberian Art in The Collection of C.T.Loo*,(SDI Publications,1998).pl. XXIII,5,6.；鄂爾多斯博物館：《鄂爾多斯青銅器》第 185 頁下圖，文物出版社，2006 年。
〔註 79〕朱鳳瀚：《中國青銅器綜述》第 2369 頁圖一四・一四八，上海古籍出版社，2009 年。
〔註 80〕朱鳳瀚：《中國青銅器綜述》第 2367 頁圖一四・一四六，上海古籍出版社，2009 年。

紋飾較為接近。當然紋飾中也不乏形式靈活的蛇噬蜥蜴、鱷魚等題材,不過蛇噬蛙足的形式仍無所見。直到戰國中期在十二臺營子文化遼寧凌源縣三官甸子青銅短劍墓中才出土兩件纏繞的雙蛇噬蛙足飾件,其形正是兩蛇絞纏各咬噬一蛙足(圖 5-14,6)〔註81〕。此做法與呈貢天子廟 M41:51 雙蛇噬蛙足的立體扣飾和李 M24:90 扣飾邊緣的雙蛇地噬蛙的做法非常相似。

圖 5-14　蛇噬蛙

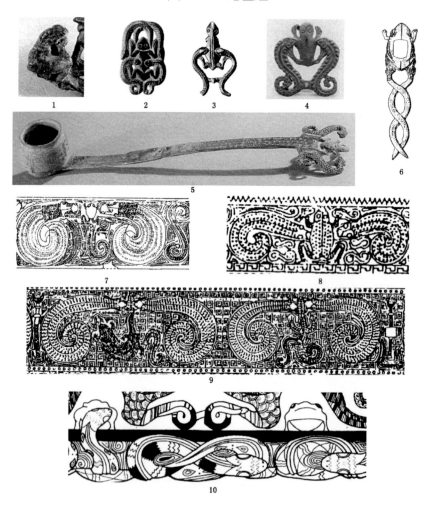

1.李 M24:90　2、3.C.T.Loo 藏品　4.鄂爾多斯青銅器　5.遼寧朝陽凌源三官甸子雙蛇銜蛙形飾　6.商代山西石樓蛇噬蛙首青銅勺　7.湖南岳陽筻口鎮蓮塘村
8、9.廣西恭城秧家銅尊　10.江陵望山 M1:84 彩繪浮雕小座屏地邊兩組蛇噬蛙

〔註81〕烏恩:《北方草原考古學文化研究——青銅時代至早期鐵器時代》圖一一〇,
　　　　15,科學出版社,2007 年。

　　關於三官甸子中的雙蛇嚙蛙飾件，楊建華先生明確地認為其屬於北方曲刃劍文化因素〔註82〕。實際上這種題材更有可能是商代以來中原文化與北方草原文化結合的產物。同時可見北方地區此類題材明顯受到了對獸構圖的某些影響，無論是雙蛇咬嚙蛙足，還是四蛇咬嚙蛙身的做法都是呈左右對稱的規範樣式；而南方地區卻並不固定，形式更為靈活。蛇嚙蛙的材料目前於雲南地方僅見4件，包括作為邊緣紋樣的李M24：90剽牛祭柱扣飾；羊甫頭墓地所出器物表明或許某些相同的構圖可以在漆器上可以找到。發展初期蛇嚙蛙紋扣飾和邊緣紋樣，反映的是與北方草原文化相近的對稱構圖；但到羊甫頭M113蛇嚙蛙漆木柲及第三期蛇纏蛙銅矛時，構圖形式變得靈活，其蛇吞嚙蛙的做法明顯與上述望山楚墓中出土的漆木座屏下方蛇嚙蛙的做法更相似，且二者都為漆器，不能排除楚藝術的遺緒在此地再現（圖5-14，10）。可見，雲南動物搏噬主題中的蛇嚙蛙中個別構圖是可能受到過來自北方草原的影響，但本地強大的土著信仰使得這種傳入的形式並沒有在這一題材上得到太多的表現，更多應該還是南方藝術對蛇的傳統表現〔註83〕。

三、C 型

　　在杖頭飾上出現的蛇魚搏噬是非常特殊的一類。其可能是一種為禮儀器的器型需要而專門設計的一類構圖，從目前的發現來看，江川一帶大概是這種圖式的發源地。這種圖式特殊之處在於與蛇搏噬的魚分了雌雄兩種。早期M24、M23所出僅見雄魚，可能是與墓主性別有一定關係；但到西漢中晚期李M47、李M51、李M57出土的成對器物來看，其禮儀性明顯增強，同時雌雄相對的出土情況，反映出受中原文化的影響，可能與陰陽觀念有一定關係，魚頭飾下方的神人形象顯得異常突出，其上下交錯的獠牙增強了整件器物的儀式色彩（圖5-15，1）〔註84〕。考慮到江川李家山一帶所出動物搏噬主題，由早到晚的發展演變來看，都有著較為濃厚的崇拜色彩，因此蛇魚搏噬可能也是本地部族為彰顯與其他部族的區別和表現信仰的特殊性而新創的構圖。魚在中國古代是最為常見的題材，於周秦以來多在小件器物上有所表現，貴族墓葬中大量出土玉魚，並出土過寫實性較強的石魚，而漢代以來漆器紋樣中也多魚

〔註82〕楊建華：《春秋戰國時期中國北方文化帶的形成》第163頁，文物出版社，2004年。

〔註83〕參考吳春明、王櫻：《南蠻蛇種文化史》，《南方文物》2010年第2期。

〔註84〕《江川李家山第二次發掘》彩版一一〇，3。

紋，其寓意吉祥；漢墓中也時有陶魚出土，也有象徵穀物豐富之意。而石寨山所出魚形杖頭飾，顯然與當時流行的魚形器物更接近（圖 5-15，2）〔註85〕。

圖 5-15　蛇魚搏噬及魚的形態

1

2

1.李 M51：338　　2.石寨山出土銅魚形杖頭飾

四、D 型

　　D 型中的長蛇，其形態特徵明顯，雖然也有許多學者對蛇在雲南甚至整個南方民族的象徵意義和崇拜意義都作了大量分析，但竊認為這種長蛇造型，其形態並非來自當地淵源已久的蛇崇拜直接反映，更有可能與春秋戰國時期南方地區出現的寫實性蛇紋有關。其蛇身蜿蜒粗大的造型，蛇頭較為圓潤，特別注意用不同的線條或紋飾突出不同的蛇身，使纏繞的蛇糾結一起但又不會辨識不清，這種做法在望山楚墓小座屏邊框中的巨蛇纏繞浮雕中同樣能夠找到（圖 5-16，3），卻與一般蛇地中的蛇紋形態差異較大。晚期李家山大墓中出土的鷗鶘擾蛇的構圖甚為特殊，其下方雙手上舉的巫師形象證明這一圖像明顯地具有崇拜的性質，上方的鷗鶘抱持雙蛇，雙蛇對稱盤繞的構圖又與楚雄萬家壩銅矛上人擾雙蛇構圖基本一致，反映出二者之間可能存在一定的淵源關係（圖 5-16，2）〔註86〕。不過上方展翅抱蛇的鷗鶘，其正面的形態與翅膀刻畫方式與前面討論的祥雲大波那銅棺圖像中飛翔的鷹類相似，也不能排除其受草原藝術影響的可能。

〔註85〕肖先進主編：《三星堆與南絲路──中國西南地區的青銅文化》第 56 頁圖 72，文物出版社，2007 年。

〔註86〕關於這一構圖形式將在後面討論人與蛇搏噬的場景構圖時詳細討論。

圖 5-16　巨蛇與獸搏噬及巨蛇形態

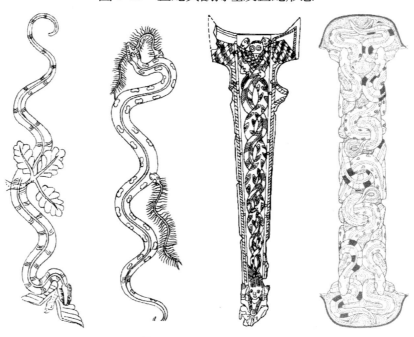

1.石 M71：142 貯貝器③層刻紋　2.李 M51：156-2 銅劍鞘飾　3.江陵
望山 M1：84 彩繪浮雕小座屏底部圖

五、E 型

　　鳥獸搏噬中的孔雀銜蛇，其製作風格與表現形式，跟當時主流的漢地青銅
器動物之間似無太大差異，但其特殊的鳥類品種使得其成為了一種極具地方
特色的紋樣，孔雀的造型在當時也不乏多見，造型與當時常見的鳥紋並無多大
的差異。不過鳥銜蛇的構圖並非雲南獨創，在春秋戰國時期的楚文化中，這種
鳥銜蛇的構圖就已經出現了。如在江陵望山楚墓中的浮雕座屏，其上面就存在
多組鳥銜蛇的構圖，不僅有傳說中的鳳鳥，也有比較寫實的雀鳥，尤其是雀鳥
雙爪按住蛇身，尖喙咬噬蛇身的形態與李 M24：43-4 孔雀銜蛇銅錐之構圖極
為相似（圖 5-17，1、2）。在國外的搏噬母題中鳥與蛇搏鬥也是比較常見的母
題，不過都有其象徵意義，如古埃及神話和藝術母題中就有鷹與蛇之間的對
立，鷹象徵光明，而蛇象徵黑暗〔註87〕；不過雲南早期的孔雀銜蛇並沒有形成
固定的表達模式，形態和表現風格隨器型裝飾而定，似乎並未形成較為穩定的
信仰題材，厭勝祈福的特點似乎更加明顯。

〔註87〕李永東編：《埃及神話故事》第 88 頁，宗教文化出版社，1998 年。

晚期於杖頭飾頂端出現的水鳥銜蛇造型則表現出新的構圖和審美傾向
（圖 5-17，4），這種水鳥銜蛇除了繼承早期鳥銜蛇的情節表現外，其昂首展翅
的形態更多地參考了楚文化一些器物紋飾的構圖，如戰國晚期偏晚階段益陽
楚墓和沅水下游楚墓中出土的銅鐏上都有昂首展翅的飛鳥形象，益陽所出飛
鳥下方更有兩條纏繞的蛇紋作地（圖 5-17，5、6）〔註88〕。除此之外，楚墓中
大量出現的虎座鳥架鼓上鳳鳥的形態也與此類飛鳥狀態相似。當然我們追溯
這種寫實的飛鳥形態或許也能在北方地區找到一些相似的例子，但從時間上
看，雲南所出此類材料表現出的與楚文化的交流更為明顯。

圖 5-17　蛇鳥搏噬及鳥的形態

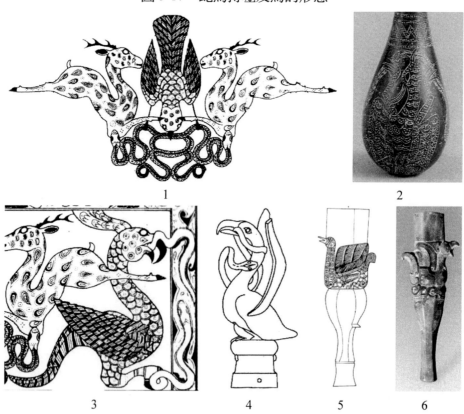

1.江陵望山 M1：84 彩繪浮雕小座屏局部雀鳥銜蛇　2.李 M24：43-4　3.江陵望山 M1：
84 彩繪浮雕小座屏局部鳳鳥銜蛇　　4.李 M69：160 水鳥銜蛇　5.湖南沅水下游楚墓
M1452：19 銅鐏　6.湖南益陽 M653：1 銅鐏

〔註88〕圖片分別來自湖南省常德市文物局、常德博物館等：《沅水下游楚墓》第 207
　　　　頁圖一三六，5，文物出版社，2010 年；益陽市文物管理處、益陽市博物館：
　　　　《益陽楚墓》彩版二五，3，文物出版社，2008 年。

第三節　人獸搏噬

動物與人的搏噬實際上也是我國神話美術中常見的題材之一，這類題材的源頭可以追溯到中原，在商周時期的青銅器上就出現了虎噬人或人虎母題，到了秦漢時期，這一題材就開始遍及全國〔註 89〕。雲南人獸搏噬中的 A-a 型和 C-a 型是具有明顯雲南地方特色的一種類型，可以說，這兩種類型是在當地原始宗教信仰的基礎上出現並發展起來的。年代約當中原地區文明早期到漢代的雲南滄源岩畫中就表現了狩獵、剽牛的內容〔註 90〕。不過在動物搏噬主題上出現的此類題材，正如在第四章中所分析的那樣，已不僅僅是單純的狩獵和縛牛：圖像表明當時的人們對於「博」和「噬」這兩個環節非常重視，不惜餘力地對其加以表現，甚至關注到非常細微的細節，尤其是西漢時期出土的此類器物表現的更為明顯。這種細節關注既是信仰的需要，也是受當時鬥獸風氣影響下的結果，因此其構圖形式中，不可避免地帶有這方面的傾向。在這其中我們需要特別注意的是當中所體現的虎噬人構圖，A 型中出現的持劍鬥獸，B-b型騎士鬥獸的場景表現，以及構圖中所反映人類活動方面的一些變化。不過由於北方草原地區藝術中，有關人與動物搏噬的材料發現並不多，是過往學者研究較少甚至刻意忽略討論的一個方面，材料著錄的缺陷使得我們在分析雲南人獸搏噬的構圖和思想內核的時候出現了較大難度，某些因素交流的途徑尚不明顯。

一、A 型

在人獸搏噬 A 型中，無論是多人圍鬥猛獸，還是單人近身與猛獸搏鬥，有個基本的構圖要素始終貫徹在情節中，這個要素就是「噬人」。「噬人」作為商周青銅器一個重要母題，歷來有許多學者高度關注，對其造型或紋飾的功能性等諸多問題進行了汗牛充棟的研究，不勝枚舉。前面在探討多人鬥獸圖像內涵的時候，對這些觀點也頗多引述。在此處，我們不是要再一次討論其內涵，而是想比較雲南地區的材料與地區外的異同以看其是否存在交流。商代青銅禮器上的「噬人」母題，或可直接說是「虎噬人」母題，其最早的做法是虎將

〔註 89〕盧昉：《商代青銅神秘紋樣——「人虎母題」新論》，《文物世界》，2010 年第 5 期。
〔註 90〕參考楊帆、萬揚、胡長城編著：《雲南考古 1979～2009》第 282～287 頁，雲南出版集團公司、雲南人民出版社，2010 年。

人頭部含在口中，如虎噬人卣（圖 5-18，1）〔註91〕；但到了春秋時期的青銅
器上這一構圖發生了轉變，即吸收了前述猛獸搏噬襲咬的構圖形式，呈猛獸由
後方撲噬人之狀，如保利藝術博物館收藏的矮足條紋敦和山西渾源李峪村出
土鳥獸紋銅壺，二者除了相似的虎噬人構圖，還有虎噬小獸，犀牛等近圓雕的
動物裝飾，風格造型極為相似（圖 5-18，2、3）〔註92〕；除了青銅器我們還可
以在玉器上找到一些例子，如戰國虎噬人的玉佩，其構圖與造型同前述兩件銅
器造型非常相似（圖 5-18，6）〔註93〕。這種轉變應是在西周時期隨著草原文
化與中原文化的交流開始出現的〔註94〕。這一構圖形式在雲南人獸搏噬 A 型
中多出現，尤其是西漢中晚期被鬥殺的虎均頭側向外以正面咬噬前方一人更
是明顯成為一種較為固定的做法。不過表現多人圍鬥猛獸、殺死猛獸的整體情
節，目前來看在地區外找不到相似材料。本地區外如中原地區，常見的是以追
逐奔襲為構圖的徒步狩獵，或雙人對向鬥獸，沒有這種非常直觀的多人鬥殺場
景。其人物排列密集，尤其扣飾上的人物多採取正面朝外的表現方法，與當地
傳統羽人的側面表現方式也有極為明顯的區別（圖 5-18，5）〔註95〕，這種表
現方式在中原地區和草原地帶也相當少見，應該與某些多獸圍噬的構圖互有
參考而創造。但究其根本，與我國春秋戰國以來開始大量表現墓主生前社會活
動的圖像場景有關。

　　單人持劍鬥獸在雲南於西漢早期出現，反映出強烈的時代風格，其既融合
春秋戰國以來虎噬人構圖的轉變，又吸收了鬥獸習俗的流行趨勢。具有明顯的
時代特色。這一構圖，就目前發現來看，恐怕還是由於受到草原文化影響下的
結果，但其思想內核卻與商周以來中原文化的影響有關。

〔註91〕 William Watson, *The Arts Of China To AD 900* (Yale University Press,1995), pl.134.

〔註92〕 圖片分別來自杜廼松：《條紋矮足敦》，《保利藝術博物館精品選》第 157 頁，嶺南美術出版社，1999 年；《中國青銅器全集》編輯委員會編：《中國青銅器全集・東周（二）》圖六七，文物出版社，1995 年。

〔註93〕 楊伯達：《中國玉器全集》第 314 頁圖二九七，河北美術出版社，2005 年。

〔註94〕 參考〔英〕傑西卡・羅森：《紅瑪瑙珠、動物塑像和帶有異域風格的器物》，《祖先與永恆——傑西卡・羅森中國考古藝術文集》，鄧菲、黃洋、吳曉筠等譯，生活・讀書・新知三聯書店出版，2011 年。

〔註95〕 馮漢驥：《雲南晉寧出土銅鼓研究》圖一，《文物》1974 年第 1 期。

圖 5-18　猛獸噬人及相關人物形象

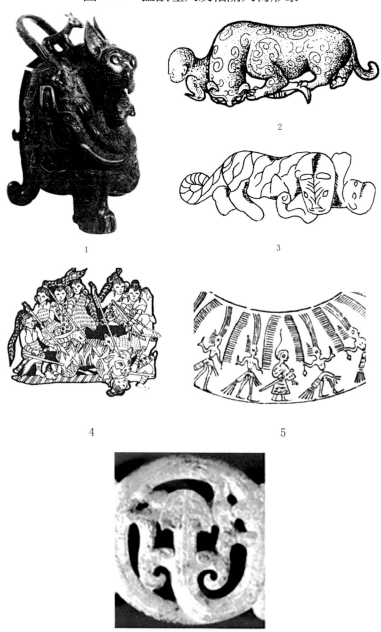

1.虎噬人卣　2.保利藝術博物館收藏條紋矮足敦　3.山西渾源李峪村
銅壺　4.石 M17：14 八人獵虎扣飾　5.石 M12：1 貯貝器器蓋第一層
主暈　6.中國歷史博物館藏戰國虎噬人玉佩

我們可以看到，在國外早期材料中，人與猛獸或怪獸的搏鬥是較早出現的一類母題。然而這類母題，在國外學者的討論中，通常與「英雄崇拜」或「王權象徵」結合在一起進行討論。其表現形式也多為人或可稱神人與猛獸、怪獸的搏鬥，通常在不同地區有著不同的表現形式與人物形象，如在塞浦路斯出土的公元前 7～5 世紀的鎏金銀盤，其外圈表現的勇士與獅子搏鬥，勇士腰身圍帶尾獸皮，另一側有一神人持短劍與格里芬搏鬥，第二圈還有獅子撲倒一人，後方一人搭弓欲射的多種場景。此件銀盤融合了希臘、埃及等等多種藝術特徵，是學者討論的重要資料（圖 5-19，1）〔註 96〕。而在西亞一帶公元前 7 到 8 世紀亞述時期箭筒飾片上的人物鬥猛獸皆呈一種近乎程式化的動作，人物動物僅表現側面，人物抓住獸首揮劍刺殺，猛獸成為了被征服的對象，象徵著王權的勝利，反映出支配、控制未知世界的欲望（圖 5-19，2、3）〔註 97〕。此種風格一直延續到波斯阿契美尼德王朝時期，在建築雕刻中表現英雄（通常為國王本人）征服格里芬或獅子〔註 98〕，如波斯波利斯大流士宮殿內兩組建築浮雕，幾乎是一模一樣，反映出此種圖像本身的儀式化特徵，彰顯了王權的至上〔註 99〕（圖 5-19，4、5）〔註 100〕。而另一件公元前 4 世紀的希臘油瓶瓶蓋上的格里芬噬咬人的浮雕，卻突破了側面的範式，著重刻畫人體肌肉特征和被咬噬的形體扭曲變化，有著自然主義的表達方式（圖 5-19，5）〔註 101〕。

〔註 96〕 Iacovou, M. "The Late Bronze Age Origins of Cypriot Hellenism and the Establishment of the Iron Age Kingdoms." In From Ishtar to Aphrodite, 3*200 Years of Cypriot Hellenism: Treasures from the Museums of Cyprus*, edited by S. Hadjisavvas. New York: Alexander S. Onassis Public Benefit Foundation, 2003.pp. 79-85, fig. 7.

〔註 97〕 紐約大都會藝術博物館藏品：http://www.metmuseum.org/Collections/search-the-collections/30006104；http://www.metmuseum.org/Collections/search-the-collec tions/30006。

〔註 98〕 同樣的構圖還大量出現在印章等器物上，而「征服」這一形式在近東的一人雙獸母題中有著極為明顯的表現。

〔註 99〕 兩組浮雕中的一組被稱為薛西斯室，可能為後來添加。

〔註 100〕 Edited by John Curtis and Nigel Tallis, *FORGOTTEN EMPIRE*——*The world of Ancient Persia*(UNIVERSITY OF CALIFORNIA PRESS, 2005) by the trustess of the British Museum, pp.82.pl.41,42.

〔註 101〕 紐約大都會藝術博物館藏品。Picón, Carlos A., Art of the Classical World in The Metropolitan Museum of Art. (New York: The Metropolitan Museum of Art, 2007)no. 356, pp. 303, 475.

圖 5-19　　人與猛獸搏噬之一

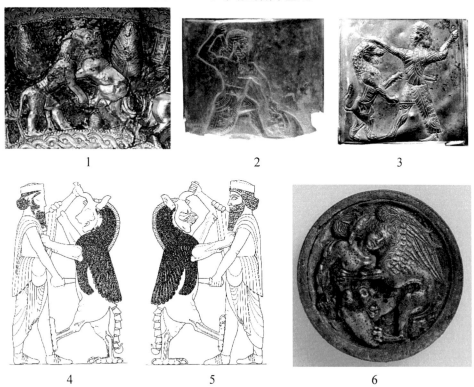

1.塞浦路斯鍍金銀盤　2、3.伊朗所出公元前 8～7 世紀箭筒飾片　4.波斯波利斯大流士
宮殿　5.波斯波利斯薛西斯室　6.希臘油瓶瓶蓋

　　雲南人獸搏噬中的 A-b 型就雕塑感來看與希臘風格可能更為接近。這種特徵同樣出現在一些中原器物上，如國外博物館所藏兩件幾乎一模一樣的戰國晚期到西漢早期的人與豹鬥帶鉤，其構圖上有既受猛獸襲咬構圖中猛獸於後方撲抱武士的做法，又將以前出現在被襲咬的草食動物上的後軀反轉的構圖用到了人物身上，人物一手持劍，另一手延伸出去成為鉤首（圖 5-20，1、2）〔註 102〕。這種巧妙的設計，是中原工匠對人獸搏噬題材的發展和創造。不過追尋其構圖形式和風格的轉變，當源自希臘藝術無疑。此外鬥獸活動的流行也導致在戰國到西漢的主流藝術中大量出現了人與猛獸搏鬥，人與怪獸搏鬥，神人與怪獸搏鬥的題材，表現形式也越來越多，載體也越來越豐富，如銅鏡上就大量出現了

〔註 102〕圖片分別來自紐約大都會藝術博物館藏品 Gift of Mr. and Mrs. Eugene V.
　　　　Thaw, 2002, Accession Number: 2002.201.165. http://www.metmuseum.org/
　　　　collections/search-the-collections/60030814.；李學勤、艾蘭編著《歐洲青銅器
　　　　遺珠》圖 202，文物出版社，1995 年。

人持劍與猛獸搏鬥的場景（圖5-20，3、4、5）〔註103〕，最終在一件器物上出現了融合多種動物搏噬主題的做法（圖5-20，6）〔註104〕。雲南的單人與猛獸搏噬，顯然參考了一些外來的構圖，但又加入了自己的一些創造，如在鬥獸的活動中添加猴為助手的做法似乎在其他地方見不到，而鬥獸活動中，僅有短劍而無盾牌防護，多作裸身相鬥的特點又顯然與境外有著一些相似之處。

圖5-20 人與猛獸搏噬之二

1.紐約大都會藝術博物館藏人豹搏鬥 2.哥本哈根裝飾藝術博物館藏人豹搏鬥帶鉤
3、4.海外收藏鬥獸紋銅鏡 5.湖北雲夢睡虎地出土鬥獸紋銅鏡 6.陝西榆林西漢晚期搏山爐鬥獸場景

〔註103〕圖片分別來自施萬逸：《海外收藏中國青銅器・金銀器・銅鏡精品集》第80、81頁，文物出版社，2010年；《中國青銅器全集》編輯委員會編：《中國青銅器全集・銅鏡》圖三五，文物出版社，1998年。
〔註104〕曹瑋主編：《陝北出土青銅器卷5》第953頁，四川出版集團、巴蜀書社，2009年。

二、B 型

　　B 型狩獵是參考現實中的狩獵活動，但在情節表現上重點關注近距離鬥殺瞬間。當中的 a 亞型，其主要構圖與圍鬥有相似之處，且數量很少。而出現於動物搏噬主題發展第二期的騎士追獵圖像，在第四章分析其內涵的時候已經提到，其形式與內涵都有較強的儀式特徵。我們追溯此類主題可見，在時代相近的歐亞草原及波斯、希臘乃至更久遠一些的藝術中，這種鬥獸意識在表現狩獵活動的圖像中就有所反映了。

　　騎士獵獸題材的出現，顯然與騎馬民族的擴張有著更為直接的關係。騎士獵獸的題材在西亞、希臘、中亞有著廣泛的分布，一般分為三類，一類是弓射，一類是短劍擊殺，另一類是長矛刺殺，三種方法代表了源自三種不同環境下的狩獵行為。這幾種圖像應源自人類社會早期的狩獵活動無疑，其出現應與狩獵巫術有著密切的關係。

圖 5-21　洛陽金村戰國銅鏡

　　最為少見的是騎士近距離短劍擊殺動物，以戰國中期洛陽金村戰國銅鏡為例，一騎士持劍與虎對峙欲鬥，虎反身咆哮，而騎士騰躍於鞍上；另一邊為兩獸搏鬥，整器圖像其無疑是將騎獵同鬥獸形式結合的結果（圖 5-21）〔註 105〕。

　　搭弓追獵是狩獵中更為常見的構圖，既有徒步打圍追獵〔註 106〕，也有騎

〔註 105〕田廣金、郭素新：《鄂爾多斯青銅器》第 136 頁圖一〇〇，文物出版社，1986年。

〔註 106〕這種形式的狩獵在原始岩畫有大量表現。其包含驅趕、追逐的構圖要素，但直接表現近距離鬥殺動物瞬間的場景很少。

馬追獵，但通常都預留了比較寬闊的空間來經營畫面。草原文化遺留下來的騎士弓獵場景，無論是馬或騎士，都有某些範式在裏面，如射擊姿態、馬跑動的動作等，這些範式通常也是作文化比較的一些要素〔註107〕。其中，聖彼得堡彼得大帝所藏一件騎士獵野豬鑲寶石腰飾牌反映出一些新的審美傾向。我們可以看到原本的狩獵活動在此場景中發生了轉變；人們關注的已不是狩獵活動的目的，而是形式中具有視覺衝擊力的鬥殺瞬間再現。場景突出了野豬野性大發，衝撞逃跑的一瞬間：其奔撲前方一騎士所乘之馬，馬驚慌地立起上半身；騎士則在大樹上躲避。畫面中心的騎士則於後方近距離地逼近野豬，準備以弓射殺之（圖5-22，6）〔註108〕，畫面重心放在了右下角，使得人們關注的焦點也隨之下降。畫面脫胎於現實，卻又虛構了現實，特意地拉近了人與野豬的距離，脫離了弓射原本的形式，是一種創新的做法。很顯然，這種做法與當時人們圖像關注的焦點發生了重要變化有關。

　　而另一種狩獵方式長矛刺殺顯然也開始脫離原始的狩獵行為，轉而向某種儀式程序發展。例如阿姆河寶藏中出土的一件斯基泰短劍鞘飾片上多組騎士獵獅的場景：鞘身處為騎士搭弓追獵獅子，獅子回首反抗的場面；而在頂端處兩組卻為兩騎士持長矛刺殺獅子，形成對稱的構圖，與前述對獸構圖有諸多相似之處，且騎士動作整齊劃一，儀式感濃厚。雖然鞘飾和鞍具本身有著斯基泰文化特點，但圖像中人物高高的帽子形象和規整的動作姿態卻是來自公元前亞述藝術中的典範，而穿的褲子卻是波斯樣式，頂端的翼狀紋章證明了這件器物的特殊性〔註109〕（圖5-22，1～3）〔註110〕。在時代相近的斯基泰銅器上，騎士與怪獸的對峙欲鬥顯得更加突出，與怪獸的對峙反映出其圖像對真實

〔註107〕 參考繆哲：《漢代藝術中的外來母題研究——以畫像石為中心》，南京師範大學博士學位論文，2007年。

〔註108〕 Bunker Emma C. *Nomodic Art of the Eastern Eurasian Steppes*, The Metropolitan Museum of Art, New York, 2002. p35. pl.53.

〔註109〕 在美索不達米亞。皇家狩獵獅子是歷史悠久的傳統，相似的構圖至少公元前四千紀就已經出現了。阿姆河寶藏埋葬時間可能為公元前3世紀前，其雖然位於波斯到阿爾泰地區的要道上，但學者認為這批實物的製作屬於公元前5到四世紀的波斯製品，此件金短劍鞘飾年代屬於公元前4世紀阿塔薛西斯二世時期。參考 Edited by John Curtis and Nigel Tallis, *FORGOTTEN EMPIRE--The world of Ancient Persia*(UNIVERSITY OF CALIFORNIA PRESS, 2005) by the trustess of the British Museum, pp. 233.

〔註110〕 Edited by John Curtis and Nigel Tallis, *FORGOTTEN EMPIRE——The world of Ancient Persia*(UNIVERSITY OF CALIFORNIA PRESS, 2005) by the trustess of the British Museum, pp. 233.pl.431.

世界有所參考但又有一定改造，其思想內核卻是斯基泰民族崇尚勇武、敢與神話中的動物搏鬥的精神（圖 5-22，4）〔註 111〕；而在一塊色雷斯石雕騎士攜犬獵鬥獅子圖像中也出現了相似的構圖，其身旁一緩行的人物緩和了原本應緊張的獵獸活動，使得圖像的內涵已經發生了改變（圖 5-22，5）〔註 112〕。二者相似的動作與構圖亦反映出某種儀式化的特徵。

　　而在戰國到西漢早期的時候，漢地還基本上以乘車狩獵和步行狩獵為主，狩獵武器因此也有所差異，但大多為弓箭與劍戈；騎射也僅見於少量車飾，如河北定縣三盤山車飾的錯金銀紋飾中，但騎士回身反射猛虎、馬身飛騰的表現形式又明顯的具有草原文化因素（圖 5-22，7）〔註 112〕；而騎馬持矛刺殺的場景幾乎都關注於鬥殺瞬間。從這些材料來看則云南人獸搏噬 B-b 型的騎士追獵的儀式特點顯然更多的吸收了來自波斯藝術中對於王權的肯定和狩獵的神聖儀式性，但又不乏希臘藝術中對個人特徵的刻畫，同時明顯反映出與域外類似題材不一樣的地方：擇的對象多為猛獸或怪獸；而雲南的騎士追獵可能更關注的是狩獵活動的儀式化特征和展示騎術，並且當時的馬匹是極為貴重的資源，從雲南某些反映戰爭場景的器物以及馬具的出土情況來看，騎馬還是貴族的專利；因此其騎獵活動多以徒步武士輔助，選擇一些善於躍跳奔逃但危險性不那麼大的獵物進行此項活動，以保障儀式的順利進行。並且，雲南的單體動物紋中草食動物牛、羊等動物都有，而馬卻區別於一般畜養和野生動物僅表現為坐騎，可能暗示滇馬乃是後來引進的物種，因此在當地原始的動物崇拜中很難找到其蹤影〔註 114〕。

〔註 111〕Joan Aruz, ann Farkas(ed.), The Golden Deer of Euroasia: Scythian and Sarmatian Treasures from the RussianSteppes, pl. 157.

〔註 112〕色雷斯於公元前 5 世紀被波斯帝王大流士征服，其狩獵構圖與題材可能來自波斯傳統。R. GhirSham, Persian Art 249 B. C.-D. 651: The Parthian and Sassanian Dynasties,fig. 61.

〔註 113〕William Watson, The Arts Of China To AD 900 (Yale University Press,1995), pl.155. 此種車飾與倫敦艾斯肯納齊行收藏的一件形制尺寸完全一致，另據巫鴻先生著錄日本東京亦收藏有類似一件。參考李學勤、艾蘭編著：《歐洲青銅器遺珠》圖 207，第 374～375 頁注釋，文物出版社，1995 年。對於其中反映的外來藝術影響可參考繆哲：《漢代藝術中的外來母題研究——以畫像石為中心》第 45～52 頁，南京師範大學博士學位論文，2007 年。

〔註 114〕〔美〕邱茲惠：《滇青銅文化多元藝術風格的涵義》，王仁湘、湯慧生主編：《東亞古物 A》第 149 頁，文物出版社，2004 年。

圖 5-22 騎士獵獸

1～3.阿姆河寶藏短劍鞘飾片騎士獵獅圖像　4.烏克蘭出土公元前 4 世紀銅器　5.色雷斯石雕　6.彼得大帝收藏鑲寶石腰飾牌　7.河北定縣三盤山錯金銀鑲嵌車飾

三、C 型

　　人獸搏噬中出現的 C-a 型縛牛中的鬥牛和 C-b 型中直接表現與牛相鬥是兩種不同的鬥牛場景，一種在構圖中表現較為溫和，另一種卻是激烈的鬥牛活動。鬥牛的圖像在希臘藝術中表現極多，不僅有牛與獅子搏鬥，還有人與牛的搏鬥，當然在解釋人牛搏鬥的內涵時通常將其稱為「馴服公牛」的母題，成為學者經常討論的對象。我們將本地區的圖像材料與地區外的鬥牛場景作比較可以發現，本地區的鬥牛場景其基礎都是剽牛祭祀的宗教活動，其表現的意識

內核在於記錄宗教活動的神聖性，並將之作為首領生前的一項功績，同時傳達向神靈祭獻的意圖。而西方的鬥牛，更多的是展現「馴服」的主題，一般表現為單人或雙人馴服公牛，也有大規模狩獵活動中獵殺公牛的場景，如公元前730年的一件牙雕上就表現了王室狩獵場景中，一頭巨大的公牛以角觸抵戰車而武士與之搏鬥的場景（圖5-23，1）〔註115〕；在公元前6～前5世紀的希臘陶瓶之上，也有表現人與公牛搏鬥並試圖馴服公牛的圖像（圖5-23，2）〔註116〕。在這些圖像中，較為明顯的就是其鬥牛多是個人與牛鬥，牛作聳身曲背，似在回應獵人的攻擊，外側前腿曲跪、裏側前腿探出的構圖為一種固定的程序。而陝西、河南一帶出土的東周青銅器畫像紋中，也有鬥殺牛的相似場景〔註117〕，不過多表現為兩人對向持武器搏殺牛的構圖（圖5-23，3、4）〔註118〕。雖然戰國時期的鬥牛圖與境外題材有相似之處，但都與雲南的差異較大。

　　不過有兩件鄂爾多斯地區出土的漢代力士搏牛青銅鎏金飾牌與上述鬥牛場景有所不同，其人物正面朝外，鬥牛時位於牛後方，一手拉已捆住牛腿的繩子，一手扳牛一後腿；牛聳身曲背，正面朝外，後腿後蹬（圖5-23，5）。與石M13：46 所出鎏金五人鬥牛扣飾中牛掙扎的姿態以及後方一人拉繩的姿態非常相似（圖5-23，6），似乎說明二者之間可能有某種交流。但其餘縛牛場景中出現的搏鬥，除了人物的雕塑感與希臘藝術相彷彿外，無疑是自創的產物。而C-b型鬥牛入場的構圖於西漢中期前出現，創新地用雕塑的形式表現建築和人物活動外，部族首領的偏好更是其設計的靈感來源，而這種偏好，與漢代以來似死如生，在墓葬中大量隨葬仿生模型的做法有密切的關係。某種程度上來看，這種扣飾就是一種仿生人建築的模型「明器」。無論是縛牛祭祀中出現的搏鬥情節，還是以鬥牛入場的方式側面表達這種活動，從思想意識方面來看，其無疑受到了春秋戰國以來鬥獸活動風行的影響。

〔註115〕 M. E. L Mallowan, *Nimrud and Its Remains* (London, 1966), II, pp. 471ff, fig. 387.

〔註116〕 E.B.French, "Archaeology in Greece 1993-1994", *Archaeological Reports*, No. 40. (1993-1994), p46, fig. 40.

〔註117〕 關於中原青銅器上出現的此種鬥牛圖像，似深受了外來之影響。再有先秦的文獻中也未見中國有鬥牛的習俗；至於獵野牛更聞所未聞。戰國畫像器中如此廣泛的獵牛主題，「曲跪」牛的特徵，或是取歐亞草原獵牛主題的特徵，改造西周以來的犧牛而成的。參考繆哲：《漢代藝術中的外來母題研究——以畫像石為中心》第129～131頁，南京師範大學博士學位論文，2007年。

〔註118〕 圖片分別來自 Charles Weber, "Chinese Pictorial Bronze Vessels of the Late Chou Period", Part III, fig. 47-i.；蔡運章、梁曉景、張長森：《洛陽西工 131 號戰國墓》圖 15，《文物》1994 年第 7 期。

圖 5-23　人與牛搏鬥

1.新亞述時期牙雕　2.希臘陶瓶圖案　3.牛津東方藝術館藏戰國畫像壺圖案　4.洛陽出土戰國畫像壺　5.力士博牛鎏金銅飾牌〔註119〕6.石 M13：46

四、D型

　　D 型中人與蛇搏噬的場景是很少見的一種類型，巫術色彩甚為濃厚。不過楚雄所出人抱持雙蛇的構圖比較罕見，與之類似的是在蛇獸搏噬 D 型晚期出現的鴟鴞攫雙蛇劍鞘飾，再加上其出於洱海區域，接近民族遷徙的藏彝走廊地區，不能排除此圖像的出現與草原文化有某種形式上的聯繫。公元前數千年間，生活在美索不達米亞的蘇美爾、阿卡德、巴比倫人等都曾信仰過蛇神，其最有名的例子就是豐育之神寧吉茲達，其形象在公元前 2000 年左右蘇美爾城邦拉格什

〔註119〕鄂爾多斯博物館：《鄂爾多斯青銅器》第 185 頁下圖，文物出版社，2006 年。

出土的一件高腳酒杯上表現為兩條對稱纏繞的蛇（圖 5-24，1）〔註 120〕。而國外一人雙獸母題的構圖，似乎也可為我們參考。斯基泰文化的一人雙獸母題主要用來表達對女神塔比提‧維斯塔的崇拜，在第聶伯河的賽姆巴喀就發現了表現為下身有兩條頭相纏大蛇的女神形象（圖 5-24，2）〔註 121〕；而在刻赤發現的一個希臘人木棺飾件上，一人雙獸中的女神變成了帶翼的形象〔註 122〕。我們或許可進一步推測，前述蛇獸搏噬 D 型晚期銅劍鞘飾上出現的鴟鴞攫雙蛇的圖像，劍鞘下方有著高舉雙手膜拜、頭髮狂舞的巫師形象，那麼上方的圖像是否就是某位來自歐亞草原的女神形象的變體？這一形象在春秋戰國時期我國古代神話和圖像中似乎找不到直接參考，這一時期我國南方地區常見的通常是操蛇、踐蛇形象，與在《山海經‧海外東經》中就有「雨師妾在其北，其為人黑，兩手各操一蛇」等記載的神怪形象可以互相映證〔註 123〕。但抱持雙蛇、雙蛇對稱纏繞的造型的確在早期藝術中很難見到。而雲南所出又在兵器、短劍鞘飾這些特殊載體上，其與歐亞草原文化交流的可能性進一步加大。

<h3 style="text-align:center">圖 5-24　雙蛇對稱纏繞構圖</h3>

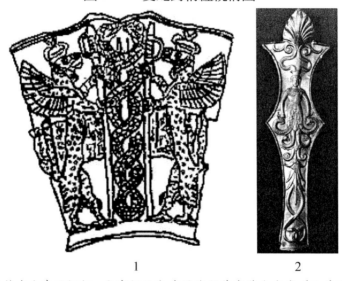

1   2

1.拉格什出土高腳酒杯　2.宰姆巴勒喀黑海斯基泰黃金當盧（沈愛鳳攝）

〔註 120〕芮傳名、余太山：《中西紋飾比較》第 185 頁圖 V-6，上海古籍出版社，1995
年。

〔註 121〕沈愛鳳：《從青金石之路到絲綢之路》第 87 頁圖 5-3，山東美術出版社，2009
年。

〔註 122〕郭物：《一人雙獸母題考》，《歐亞學刊》第五輯，中華書局，2004 年。

〔註 123〕馬昌儀：《古本山海經圖說》第 487 頁，山東畫報出版社，2001 年。

圖 5-25 人噬蛇及相關人物形象

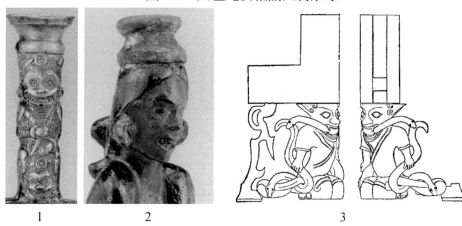

| 1 | 2 | 3 |

1.李採：158　2.羊 M113：381　西漢南越王墓屏風折疊銅構件（D19-11）

少量的人噬蛇構圖場景中，人物齜牙的形象不算少見，早在商周時期在一些銅器上就有所表現；雲南青銅文化中的其他紋樣，諸如獵頭紋，其人物也多呈怪異的齜牙狀（圖 5-25，1）〔註 124〕；甚至羊甫頭墓地出土的一件漆木器上，跪坐於銅鼓之上、頭戴小銅鼓裝飾的女性就表現出齜牙露黑齒的狀態（圖 5-25，2）〔註 125〕，這些圖像的巫術性質不言而喻。更早的此類形象還可追溯至石家河文化玉器上出現的獠牙神人面像。不過人咬蛇的構圖較為少見，目前僅西漢早期的南越王墓屏風構件上有神人呲牙咬蛇身，雙手抓握兩蛇的圖像（圖 5-25，3）〔註 126〕，《山海經·大荒北經》中有載：大荒之中，有山名曰北極天櫃，海水北注焉……有神銜蛇操蛇，其狀虎首人身，四足虎長肘，名曰彊良。〔註 127〕彊良又作強梁、強良，是古代大儺驅疫的十二神之一。這件轉角屏風上的神人形象或許就是參考了神話傳說中祛病逐疫的神人形象。雲南之相似構圖，則明顯與《漢書·地理志》載：「江南地廣，信巫鬼，重祠祀」的南方巫文化傳統關係甚為密切〔註 128〕。

〔註 124〕玉溪地區行政公署編：《雲南李家山青銅器》圖六七，雲南人民出版社，1995 年。
〔註 125〕中國國家博物館、雲南省文化廳編：《雲南文明之光——滇王國文物精品集》第 138 頁，中國社會科學出版社，2004 年。
〔註 126〕廣州市文物管理委員會、中國社會科學院考古研究所、廣東省博物館編：《西漢南越王墓》第 437 頁圖二四七，文物出版社，1991 年。
〔註 127〕馬昌儀：《古本山海經圖說》第 610 頁，山東畫報出版社，2001 年。
〔註 128〕參考周志清：《滇文化及其淵源》，王仁湘、湯慧生主編：《東亞古物 A》第 138 頁，文物出版社，2004 年。

第四節　小結

　　從以上各類動物搏噬主題與地區外相似構圖或表現情節的初步對比中可以看到，雲南動物搏噬主題與地區外的文化尤其與草原文化有著諸多相似的「組件」存在。這些相似的「組件」，在當地製作過程中被工匠加以新的組合，賦予當地獨特的文化內涵，被上層精英所認可。可以說雲南動物搏噬主題之所以難以以一種風格來指稱正是因為其是當地族群融合改造並創新後的結果。當地上層精英的文化背景、族屬特點以及個人獨特的品味以及也使得雲南動物搏噬主題不可能完全一樣，差異是允許存在的。這些相似的「組件」有些可能是直接交流的結果，有些卻又可能是二傳甚至三傳的結果，而複雜的交流途徑也導致了表現形式上的諸多差異。

　　但動物搏噬主題的情節表現、構圖形式以及對於細節和形體特徵的高度寫實，整體上顯示出的是與戰國晚期到西漢時期主流藝術的區別。通過對圖像構成要素的分析，我們可以看到至少有五種不同的文化因素在雲南特有的動物搏噬主題中有著比較明顯的表現：第一種也是最主要的一種是歐亞草原以西的斯基泰文化因素，我們在追溯某些構圖來源後進一步可以明確，猛獸搏噬中的合噬構圖、某些對獸構圖、猛獸襲咬的方式以及後半軀翻轉向上的姿態應是間接或直接來自斯基泰文化中的動物紋藝術。

　　第二種是間接來自波斯文化的影響，波斯文化中對於王權的展示和對禮儀重視的傳統在雲南動物搏噬主題中體現的較為強烈，尤為突出的就是人獸搏噬中的騎士追獵的場景趨於儀式化的特徵和傾向於程式化的設計與波斯藝術中講究人物形象的規整完美甚為相似，同時猛獸搏噬中廣泛表現虎豹襲擊大型家畜「牛」的場景，或許也直接借鑒了近東藝術中猛獸襲擊家畜的傳統圖式，只是這種參考配合本地區野生動物種類又作了一些改造。

　　第三種是希臘文化因素，希臘藝術中著重刻畫人物和動物細節特徵的藝術特點，或許也對雲南各類動物搏噬主題雕塑感極強的特徵以及人獸搏噬中對人物動作姿態和角色身份的關注產生了一定影響。

　　第四種則是來自我國北方草原文化的影響，猛獸搏噬 A-c 型表現兩獸相鬥、C 型猛獸對峙、D 型對獸的圖像場景，雖然其構圖形式或可追溯到境外斯基泰文化及更早的近東藝術，但對戰國晚期到西漢時期的雲南動物搏噬主題來講，其整體表現意識與北方草原文化的傳播有著更為密切的關係，如呈貢天子廟特殊的雙蛇噬蛙足扣飾以及祥雲大波那銅棺墓中對虎撲噬野豬的構圖，

都已經是北方草原動物紋與中原藝術融合後的變體。

最後一種主要的文化因素，亦是動物搏噬主題存在的思想基礎，是源自我國南方地區固有的巫文化因素尤其是楚文化的因素。雲南的人獸搏噬所反映的宗教祭祀的特徵，與南方民族固有的傳統有著更為密切的關係。而蛇獸的搏鬥，從目前來看，在東周時期的南方文化中就已經有了大量的表現，尤其在對蛇的形態表現上，雲南地區蛇的形象可能更多來自與楚文化的交流而非直接與草原文化產生聯繫。有學者也曾論述說滇人主體民族之一的百濮可能就來自楚地〔註129〕，那麼楚文化「重鬼神、好淫祀」的傳統也可能為蛇獸搏噬和人獸搏噬所繼承，甚至某些在西漢貴族禮制中流行的帶有草原風格的猛獸搏噬構圖也有可能經由與楚文化的交流而出現在雲南地方。

在討論文化因素時我們要注意到不同類型的動物搏噬主題，以及特殊的構圖要素出現的時間和流行的程度是有一定區別的，反映出其與外界文化的交流程度、對象以及交流方式也不一樣，這裡面既有本地根深蒂固傳統信仰的影響，也有戰國晚期到西漢時期整個中國社會劇變所帶來的影響。

〔註129〕參考楊帆：《百濮考》第 163～171 頁，《中國邊疆考古學術討論會論文摘要》2005 年。

第六章　文化交流的途徑

　　目前學術界對雲南的青銅時代起始於何時，尚有許多的爭議，如從眾多的
C14測年結果來看，由從西北地區經四川西部進入雲南代表外來文化的中甸奔
東等墓地似乎年代更早〔註1〕。而以前被認為是雲南銅器時代最早遺址的劍川
海門口，在最近的合金成分分析中對其年代的判斷發生了改變，部分學者因此
認為其年代不可能早到春秋以前〔註2〕。若此結論成立，則云南地區在結束新
石器時代後，最早出現的青銅文化是來自西北地區和四川西部地區的影響。但
無論雲南地區青銅時代上限定於何時，至少我們可以看到，整個動物搏噬主題
乃至動物紋發展的高峰卻是在戰國晚期到西漢這一非常特殊的階段，在這之
前大多數青銅器的製作與使用都顯得較為原始、簡單；製作相對複雜的銅鼓，
其紋飾造型和風格與動物搏噬主題有很大差異。而動物搏噬主題一開始出現，
就表現出較為複雜的構圖形式，對於場景內容的掌握也比較成熟，若沒有一定
外來因素的刺激是難以解釋的。

　　在對動物搏噬主題的文化內涵以及因素的分析中，我們已經明顯地看到
了其中所蘊含的大量外來文化影響的痕跡。不可否認的是其中歐亞草原文化
尤其是斯基泰文化動物紋藝術對猛獸搏噬整體風格的形成產生了相當大的影
響，某些希臘波斯的文化因素出現在雲南動物搏噬主題之上，在很大程度上也
很可能得益於草原民族的間傳；而雲南本地特色較濃厚的人獸搏噬和蛇獸搏
噬在其發展創造的過程中，也不斷地吸收著來自我國北方草原地區以及我國

〔註1〕楊帆：《試論金沙江流域及雲南青銅文化的區系類型》，《中華文化論壇》2002
　　　　年4期。
〔註2〕李曉岑、韓汝玢：《古滇國金屬技術研究》，科學出版社，2011年。

南方楚文化的藝術成分，甚至某些構圖要素也有來自域外文化的痕跡。

近代考古學已經證明，草原民族喜好使用金器，器類有裝飾的手鐲、臂鐲、項鍊、耳環、髮飾、飾牌、馬具、劍鞘、箭帶弓囊和竿頭飾等。這類文物散佈的地域從黑海北岸、烏克蘭草原，經高加索、中亞到阿爾泰山區、蒙古〔註3〕。而這些特點，同樣在雲南青銅時代墓葬中可以找到，雲南貴族墓葬中出土的大量海貝、壓花銀帶扣、蝕花石髓珠等考古遺物，更是外來文化直接輸入的結果〔註4〕。

同時我們也要注意到雲南的動物搏噬主題絕不是照搬外部文化的產物，差異也是大量存在的，其本身是在當地固有的文化傳統和信仰基礎上，選擇性地移植或吸收了動物搏噬主題的表現形式和構圖要素，並加入大量本地特色的動物、人物形象，最終形成了風格高度寫實、自成一系的動物搏噬主題藝術，這一藝術形式，可作為南方動物紋藝術的一個典型代表。

第一節　斯基泰文化

無論是猛獸搏噬，還是人獸搏噬，亦或是蛇獸搏噬，動物各種器官的表現分明，如猛獸口內長滿了巨大的牙齒，趾爪突出；牛的牛角突出，背上的瘤狀突起和頸部下方的贅皮明顯；鹿的花斑，鳥的勾喙，蛇身的斑紋及蛇頭的造型。這些特點與研究早期游牧文化的蘇聯學者格拉科夫對於斯基泰人或塞人的動物藝術風格的描述甚為相似：塞人（斯基泰人）大多描繪某些企圖擊倒對方的猛獸和善於反搏對方襲擊的靈敏家畜，同時突出表現這兩類動物的攻擊器官和感覺器官，以使動物的全身尤其肩部及腰部充滿一種強勁的力量〔註5〕，甚至可以說對於整個猛獸搏噬的偏好當源自草原文化無疑。斯基泰藝術還將草原本土藝術的風格化趨勢，與希臘、波斯的寫實與動態融合，形成以動物為核心的主題，並依據所裝飾器具的功能與形狀，使動物做種種的變形〔註6〕。這

〔註3〕 轉引自杜正勝：《蒙古「黃金氏族」的推測》，杜正勝著《藝術殿堂內外》第189～210頁，三民書局，2004年。

〔註4〕 眾多學者對這些出現於滇文化墓葬中的外來器物做了長篇累牘的論述。如申旭先生就指出，在藏彝走廊地區發現的各種玻璃質料珠也應該是經由中亞地區、新疆傳入的，同樣是歐亞草原與中國西南地區早期文化交流的結果。參考申旭：《藏彝民族走廊與西亞文化》，《西藏研究》2000年第2期。

〔註5〕 轉引自仲高：《歐亞草原動物紋樣的角色轉換》，《西域研究》2004年第2期。

〔註6〕 繆哲：《漢代藝術中的外來母題研究——以畫像石為中心》第3～4頁，南京師

一點我們同樣可以在雲南動物搏噬主題看到，例如為滿足畫面邊緣的圓滿，通常將搏噬動物的尾部交纏在一起，或通過蛇紋的穿插承接變形的需要，或根據畫面布局的需要改變動物的身軀而不會出現完全一樣的動物搏噬主題。

　　隨著考古學的發展，學者已經開始認識到，公元前 9 世紀的時候歐亞草原地區的古民族由於氣候的巨變開始轉向游牧經濟〔註7〕。多支游牧部落隨之興起，經過歷史學家和考古學家多年的努力，對於分布於歐亞草原的各個地區的游牧文化已經梳理出較為明確的系統，例如中亞草原地區的塞人文化，南俄羅斯草原、克里米亞半島以及北高加索地區的斯基泰文化，阿爾泰地區的巴澤雷克文化等文化〔註8〕。但不可否認的是，公元前 9～前 7 世紀，由於草原各部族文化交流趨於頻繁，因此在武器、馬具、動物紋等方面表現出很強的共性。而同時由於戰爭和貿易，一些波斯文化因素、希臘文化因素也被草原民族吸納，最終融入中亞和南西伯利亞等地文化之中。伴隨著游牧不斷遷徙移動的生活方式，各只游牧部落在頻繁的文化交流之中形成了獨特的，以馬具、武器和所謂「野獸紋」的動物紋裝飾藝術為特徵的游牧文化〔註9〕。而自青銅時代以來，草原上的部族首領或貴族還形成了以黃金裝飾人身、兵器、馬具以象徵地位和權勢的共同習俗。馬具、兵器、黃金飾品隨葬的情況在雲南青銅時代中晚期的大型墓葬中也多有出現，從另一方面也證明了草原游牧文化與雲南青銅文化發生過交流和碰撞並由此將某些習俗帶入。

　　從圖像風格和構圖要素來看，雲南動物搏噬主題中的猛獸襲咬、合噬、後肢反轉向上的構圖和突出動物器官細節的特徵源頭指向很明顯，即來自歐亞以西草原的斯基泰文化無疑。所謂斯基泰文化，是指公元前 7 世紀後期在黑海

　　　範大學博士學位論文，2007 年。
〔註7〕關於歐亞草原氣候轉變的許多分析國外學者已做了許多詳細的研究，可參考馬健：《公元前 8～前 3 世紀的薩彥——阿爾泰》，《歐亞學刊》第 8 輯，中華書局，2008 年。
〔註8〕參考 Karl Jettmar, *Art of the Steppes*, New York: Crown Publishers,1967; E. D. Philips, *The Royal Hordes: Nomad Peoples of the Steppes*, New York: MeGraw-Hill, 1965; J. Davis-Kimball,V.A.Bashilov and L.T.Yablonsky: *Nomads of the Eurasian in the Early Iron Age*, Berkeley, CA: Zinet Press,1995;
〔註9〕「野獸紋」又稱「斯基泰——西伯利亞動物紋，一般認為其是早期鐵器時代歐亞草原民族流行的一種裝飾題材。參考 Karl Jettmar, "Body-painting and the Roots of the Scytho-Siberian Animal Style", The Archeaology of the Steppes Methods and Strategies, Napoli, 1994, p7. 馬健：《黃金製品所見中亞草原與中國早期文化交流》，《西域研究》2009 年第 3 期。

地區以及其周邊地區興起的游牧文化，屬早期鐵器時代文化，隨著公元前 7 世紀後半葉斯基泰人在北高加索和黑海北岸草原開始嶄露頭角〔註 10〕。其最典型的就是慣用多種材料、工藝來表現野獸、怪獸搏噬的場面，並將這些圖案裝飾在騎馬民族常用的武器、馬具、裝飾品上〔註11〕。斯基泰文化最大的特點就是經由民族遷徙和碰撞將其創造的融合了波斯和希臘寫實風格的藝術作品通過草原之路的影響遍布到了歐亞草原各個地區。

公元前 9～7 世紀時，在歐亞草原發生了一次民族碰撞和遷徙浪潮。在這次浪潮中，一條通向西方的貿易之路被開啟，其走向就是從黑海北岸的南俄草原，沿烏拉爾山、阿爾泰山、蒙古高原東達河西走廊〔註 12〕。這次碰撞之後，斯基泰文化隨著斯基泰人的遷徙貿易開始傳播到其他游牧民族中，如屈足虎、獅身鷹頭獸、後截軀體扭轉獸，襲擊幻想性野獸的虎形象以及各種鬥獸紋等共同題材與構圖要素就在此時逐漸滲透進歐亞草原東部的動物紋藝術中〔註13〕。大約在春秋晚期和戰國時期，我國北方動物紋中就出現了諸如雙獸搏鬥、軀體扭轉等典型的斯基泰動物紋的某些題材〔註 14〕。那麼此時斯基泰文化由阿爾泰地區進入我國西北乃至河西走廊以後與當地民族發生交流融合後再輾轉傳入雲南也是可能的一種途徑。

例如戰國晚期在成都平原的巴蜀青銅兵器上就曾經出現了虎噬鹿以及後半軀翻轉向上的動物形象（圖6-1，1、2）〔註15〕；除此之外，在戰國到秦末的巴蜀青銅兵器上還出現了較為形象的翅膀（圖6-1，3、4）〔註16〕。而在鍵

〔註10〕劉雪飛：《古代黑海斯基泰人研究》第 38 頁，華東師範大學博士學位論文，2011 年。

〔註11〕赤新：《斯基泰等文化對鄂爾多斯青銅器鳥（首）紋飾影響淺析》，《藝術探索》2009 年第 2 期。

〔註12〕胡果文：《碰撞與遷徙：公元前九至七世紀歐亞草原上的歷史背景》，《華東師範大學學報》（哲社版），2000 年第 5 期。

〔註13〕參考紀宗安：《塞人對早期中西文化交流的貢獻》，《西北民族研究》1980 年第 1 期。

〔註14〕沈福偉：《中西文化交流史》第 23 頁，上海人民出版社，2006 年。

〔註15〕圖片分別來自劉瑛：《巴蜀兵器及其紋飾符號》圖七，14，《文物資料叢刊七》，文物出版社，1983 年；四川省文物考古研究院、德陽市文物考古研究所、什邡市博物館：《什邡城關戰國秦漢墓地》圖一六七，1，文物出版社，2006 年。

〔註16〕圖片分別來自四川省文物考古研究院、德陽市文物考古研究所、什邡市博物館：《什邡城關戰國秦漢墓地》圖一六〇，文物出版社，2006 年；四川省文物考古研究所、榮經嚴道古城遺址博物館：《榮經縣同心村巴蜀船棺葬發掘報告》第 245 頁圖五〇，4，《四川考古報告集》，文物出版社，1998 年。

為還發現了匍匐帶翼虎的形象，其虎翼更加清楚，明顯表現出有受到來自斯基泰文化有翼獸影響的可能（圖6-1，5）〔註17〕。但這些構圖都不是完全照搬斯基泰文化中的原有圖式，而是融合了當地文化後的產物。關於蜀人與甘青地區南下族群的關係已經有許多精闢的論述，此處就不一一贅述。就此類圖像在晚期巴蜀文化出現時間與分布地點來看，時間上恰與雲南出現猛獸搏噬的時間比較接近；而巴蜀與雲南的交流途徑更多，據漢代文獻記載就有五尺道、靈關道等通道〔註18〕。那麼經由巴蜀地區，以貿易交換等形式與雲南發生的交流並傳入已經改造後的圖式是可能的。

圖6-1　四川地區出土帶有草原文化因素的圖像

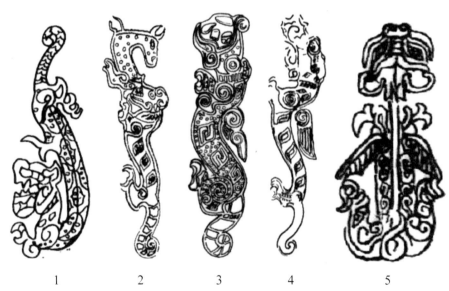

| 1 | 2 | 3 | 4 | 5 |

1.成都市文管處收集銅矛　2.什邡城關 M39:4 銅矛　3.什邡城關 M38:22 銅矛　4.滎經同心村 M24：16 銅矛　5.犍為五聯 1977M6：1 銅戈

　　另一種解釋是基於對考古材料的考釋。早在晉寧石寨山墓地發掘之後不久，馮漢驥先生就從某些青銅器圖像上身著窄長衣褲、腳穿皮靴、須長過腹、高鼻深目的人物形象來考察，提出其與西北的游牧部落有關〔註19〕，但當時對

〔註17〕四川省博物館：《四川犍為縣巴蜀土坑墓》圖五，4，《考古》1983 年第 9 期。
〔註18〕五尺道乃由四川宜賓往南入滇到曲靖的通道，由於這條道路路徑漢代朱提（昭通），因此又被稱為「朱提道」，是秦漢時期中原王朝經營西南的重要官方驛道之一。參考鄧廷良：《西南絲綢之路考察札記》第 4 頁，成都出版社，1990 年。
〔註19〕馮漢驥：《雲南晉寧石寨山出土文物的族屬問題試探》，《考古》1961 年第 9 期。

其認識比較模糊。後來張增祺先生通過考察歷史文獻、語言、服飾等特徵進一步指出石寨山青銅器上出現的這種人物形象就是斯基泰人的一支——塞人的形象[註20]。

張增祺先生所提到的塞人，在外國史籍中又被稱為「薩迦」，一種觀點認為這是公元前 6 世紀初的時候塞人西遷至錫爾河後，波斯人對其的稱呼[註21]。不過希羅多德認為波斯人是把所有的斯基泰人叫做塞種人[註22]。現在更多的學者傾向塞人與斯基泰就是同一族源，經常以斯基泰—塞人或斯基泰族系東支塞種來泛指廣泛活動於歐亞草原中部的游牧部族[註23]。不論哪種觀點，中亞草原的塞種部族與南俄草原斯基泰等部族間的文化交流趨於頻繁，他們在武器、馬具、動物紋等方面表現出很強的共性[註24]。

關於塞人活動的地域，《漢書‧西域傳》中有載：塞種分散，往往為數國。自疏勒以西北，休循、捐毒之屬，皆故塞種也[註25]。而美國學者賴斯在其《中亞古代藝術》一書中就曾這樣描述過，在阿赫美尼德王朝時期，亞洲平原中部的大部分都被塞種部落所控制。他們據信是從突厥斯坦的極東部，西藏和天山遷到那裏來的[註26]。從目前考古發掘的證據來看，塞人或塞種的分布地域主要為中亞地區。塞人活動的中亞，泛指橫貫歐亞大陸中部的草原地帶，東起西伯利亞並到了中國的河西地區，往西進入天山南北以及土拉平原、吉爾吉斯草原和南俄羅斯草原，並繼續向西延伸至黑海、裏海之濱[註27]。從其分布地域來看，其與我國確實存在著更多交流互動的天然條件。有些學者認為塞種或塞人的涵義十分複雜，期間伴隨著多次的遷徙和民族融合，因此不妨將之看作是公元前 8 世紀前後開始活躍於亞細亞廣大地區

〔註20〕 關於叟與塞人的關係，可參考張增祺：《滇國與滇文化》第 284 頁～287 頁，雲南美術出版社，1997 年。
〔註21〕 余太山：《塞種史研究》第 1 頁，中國科學出版社，1992 年。
〔註22〕 希羅多德：《歷史—希臘波斯戰爭史》第 494 頁，王以鑄譯，臺北：商務印書館，1985 年。
〔註23〕 參考沈愛鳳：《從青金石之路到絲綢之路——西亞、中亞、亞歐草原古代藝術溯源》上第 118 頁，山東畫報出版社，2009 年。
〔註24〕 馬健：《黃金製品所見中亞草原與中國早期文化交流》，《西域研究》2009 年第 3 期。
〔註25〕 《漢書》卷九十六，中華書局，1962 年。
〔註26〕 紀宗安：《塞人對早期中西文化交流的貢獻》，《西北民族研究》1980 年第 1 期。
〔註27〕 參考史繼忠：《論游牧文化圈》，《貴州民族研究》。項英傑：《中亞：馬背上的文化》第 21 頁，浙江人民出版社，1993 年。

的游牧部落聯盟之一〔註28〕。

　　由此張增祺先生提出另一交流的途徑，即雲南青銅文化中的斯基泰因素或許是遭到匈奴攻擊的大月氏遷入中亞伊犁河，擊敗當地塞人迫使其向西向南遷徙，其中部分南下塞人通過新疆、青海等地，經青藏高原沿橫斷山脈的河谷通道進入滇西地區，從而將歐亞東部草原上的斯基泰藝術帶入中國西南〔註29〕。在雲南昭通灑漁河古墓中曾出土過東漢中晚期的「漢叟邑長」銅印和一件戴尖頂帽、窄長衣褲、著皮靴、面有長鬚、高鼻深目的銅錢樹人形鑄件（圖6-2）〔註30〕。其形象與波斯人所稱之塞人形象基本吻合〔註31〕，再加上漢叟邑長印的出現，證明在此地塞人已經形成了勢力較為穩定的聚邑。昭通在漢代以產銅、銀著稱，是古代南方絲綢之路的一部分，在這樣一個交通要道上發現塞人形象的物品，其時代雖為東漢，但也為我們考察歐亞草原文化與雲南交流的途徑提供一個佐證。霍巍先生進一步指出斯基泰文化可能的傳播路線，是從中亞一帶進入到塔里木盆地邊緣，隨即沿盆地的西南緣傳入西藏的西部地區；再通過青藏高原沿橫斷山脈河谷進入到四川西北與滇西高原地區，進而與雲南青銅文化發生交流〔註32〕。意大利學者杜齊也曾論述過，很早年代起西藏特別是藏西地區就與伊朗多種文化有著頻繁的接觸，一些裝飾主題很有可能隨著遷徙和貿易從伊朗傳入西藏〔註33〕。

　　除此之外，似乎還有一種可能，在《斯基泰時期》中作者指出，匈奴冒頓

〔註28〕參考余太山：《塞種史研究》，中國社會科學出版社，1992年；項英傑：《中亞：馬背上的文化》第108頁，浙江人民出版社，1993年。

〔註29〕張增祺：《滇國與滇文化》第287頁，雲南美術出版社，1997年。在這裡張增祺先生直接將塞人與斯基泰藝術掛上等號，顯然此處的斯基泰藝術應是泛指公元前10世紀～公元1世紀盛行於亞歐大陸游牧民族文化中的動物紋藝術。學術界又泛稱為草原風格的動物紋，即在游牧民族的兵器、馬具、器皿、服飾、牌飾、織物等器物上裝飾的各種動物形象。又被稱為「野獸紋」或「斯基泰──西伯利亞動物紋藝術」。參考吳豔春：《古代亞歐大陸游牧文化中的動物紋藝術》，《新疆大學學報》（哲社版）；Karl Jettmar, "Body-painting and the Roots of the Scytho-Siberian Animal Style", *The Archeaology of the Steppes Methods and Strategies*, Napoli, 1994, p7。

〔註30〕雲南省文物工作隊：《雲南昭通文物調查簡報》，《文物》1960年第6期。

〔註31〕高尖帽被認為是典型的塞人服飾。參考項英傑：《中亞：馬背上的文化》第35頁，浙江人民出版社，1993年。

〔註32〕霍巍：《再論西藏帶柄銅鏡的有關問題》，《考古》1997年第11期。

〔註33〕〔意〕吉賽佩・杜齊：《西藏考古》第2頁，向紅笳譯，西藏人民出版社，2004年。

單于約在公元前 177～前 176 年征服了原居於甘肅西南，在敦煌和祁連山之間的月氏；其中一小批月氏逃入了西藏東北保南山，此後漢文資料將其稱為小月氏〔註 34〕。而月氏也同屬塞種〔註 35〕，那麼這部分逃入西藏的月氏部族也有可能將已存在於西北地區的斯基泰藝術因素帶入藏彝走廊並進而傳入雲南。馮漢驥先生認為岷江上游石棺葬的主人為西漢時期被匈奴打敗後南下的湟中月氏胡〔註 36〕。從時間上看，似乎也與西漢早期（文帝～武帝）雲南滇王墓葬中動物搏噬主題開始流行，尤其是各種合噬、反轉後肢以及持矛鬥獸等構圖開始流行的時間甚為吻合。

圖 6-2　昭通灑漁漢代胡人銅像

　　不管是塞人由歐亞草原之路與北方草原民族產生交流碰撞後再轉而沿半月形地帶南下進入雲南；還是遭受戰爭劫掠的西北游牧民族直接遷徙傳入雲

〔註 34〕〔荷〕J.E.范·洛慧澤-德·黎烏：《斯基泰時期》第 24 頁，許建英、賈建飛譯，雲南人民出版社，2002 年。
〔註 35〕參考余太山：《塞種史研究》第 2 頁，中國社會科學出版社，1992 年。
〔註 36〕《後漢書·南蠻西南夷列傳》卷八十七有「湟中月氏胡」的記載。轉引自周錫銀：《論岷江上游的石棺葬文化》，《四川岷江上游歷史文化研究》，四川大學出版社，1996 年。

南，橫斷山脈都是一個非常重要的通道。在這條通道上的雲南德欽永芝、祥雲檢村、寧蒗大興鎮，四川茂汶別立、勒石村、滎經烈太，以及巴塘、雅江等地的石棺墓中就發現了多件帶柄銅鏡，很可能就是中亞及北方草原文化南傳的結果，也就不能排除有斯基泰文化因素的滲入〔註37〕。鹽源出土的一人雙獸枝形青銅器進一步證明了這種交流的可能。鹽源盆地屬橫斷山脈東緣，位於中原古代南北民族遷徙，也是南北文化交流的大通道上，鹽源出土了相當數量的一人雙獸枝形器，其構圖與印歐人信仰的「雙馬神」類似〔註38〕。林梅村先生認為，伴隨著印歐人的東遷，公元前 2000 年左右，東遷至甘肅和青海地區的印歐人影響了當地居民的信仰傳統，雙馬神的藝術形象進入了我國新疆天山和內蒙古的陰山地區，並由此向古代中國的腹心地區滲透〔註39〕。而鹽源所出就應是印歐文化從西北地區沿橫斷山區南傳的反映〔註40〕。這從一個側面反映來自歐亞草原的域外民族早就與我國有著諸多交流和融合。

公元前 138 年，漢使張騫出訪費爾干納（今烏茲別克斯坦的一個地區）、大夏（今阿富汗北部地區）和阿姆河以西的特蘭索克薩尼亞。在那裏，張騫見到了來自西南的蜀布和邛竹杖，並瞭解到了這些物品是經由身毒（今印度）傳入中亞地區。這是中亞諸國與漢代中國間交往最早的文字記載，中國與內陸亞洲的交流，也通常被認為是始於此時。這裡還指出可能的一條交流途徑就是經由身毒雲南與中亞地區文化發生聯繫。

由四川經雲南，過伊洛瓦底江至緬甸北部，再渡江到達印度，然後沿恒河流域轉入印度西北與伊朗高原相接的呾叉始羅繼續向西行，與歷史上的「絲綢之路」相連接，最後到達更遠的西亞地區。史籍上稱此道為「蜀身毒道」，並有可能在戰國時期就已經開通〔註41〕。

而印度與西亞、中亞的聯繫由來已久，早在公元前 3 千紀時，伴隨著伊朗高原游牧民族生活的轉變，其中的一些族群就向東南跨過俾路支丘陵進入了

〔註37〕霍巍：《再論西藏帶柄銅鏡的有關問題》，《考古》1997 年第 11 期。

〔註38〕涼山彝族自治州博物館、成都文物考古研究所：《老龍頭墓地與鹽源青銅器》第 195 頁，文物出版社，2009 年。

〔註39〕林梅村：《吐火羅神祗考》，《古代西風——考古新發現所見中西文化交流》，生活·讀書·新知三聯書店，2000 年。

〔註40〕霍巍：《鹽源青銅器中的「一人雙獸紋」青銅枝形器及其相關問題初探》，《三星堆文明巴蜀文化研究動態》2007 年第 3 期。

〔註41〕楊壽川、田曉雯：《古滇文化研究》，《西南邊疆民族研究1》第 309～353 頁，雲南大學出版社，2011 年。

印度河流域〔註42〕。公元前 6 世紀到前 5 世紀，波斯阿赫美尼德王朝曾佔領過印度河西岸；公元前 4 世紀的時候又被亞歷山大大帝佔領過一個短暫的時期，之後又被孔雀王朝征服，公元前 2 世紀又被希臘人所統治，隨即又被塞人征服〔註43〕。可知部分斯基泰文化因素經由印度傳入雲南是可能的。

　　1979 年，由德國、巴基斯坦和法國等國學者所組成的一支考古調查隊沿中巴公路一線進行了考古調查。從南起巴基斯坦北部的印度河谷平原，向東進入喜瑪拉雅山西端的高山峽谷，最後進入到中巴邊境的紅其拉甫山口，北邊與新疆葉城相連，南部可以沿今新藏公路到阿里和日土。與歷史記載的漢代「罽賓道」大體吻合。「罽賓」之名應來自原被月氏趕走的塞王南遷到印度與巴基斯坦交界的克什米爾地區建立的塞人國家。而在這條古道上考古調查發現的公元前一千年的岩畫中，就出現了西伊蘭人和塞人的岩刻，動物與狩獵藝術母題亦開始有所表現〔註44〕。如在西藏日土地區的任姆棟岩畫中就出現了獸逐圖，其動物形象和畫面結構表現出典型的斯基泰藝術風格，經學者判斷此處岩畫在公元前 5-3 世紀〔註45〕。這進一步證明了西亞、中亞民族也有可能沿著印度河谷平原直接進入我國青藏高原以後再轉向我國西南方向與雲南青銅文化發生某種交流。

第二節　波斯、希臘文化

　　相較於複雜的歐亞草原文化因素，雲南動物搏噬主題中出現的希臘、波斯文化因素特徵顯得比較明確。波斯文化在這裡指的是波斯帝國的文化因素，公元前 6 世紀中葉，波斯國王居魯士及其追隨者逐步征服近東強國米底亞、呂底亞、小亞細亞的希臘城邦以及巴比倫、巴克特里亞和其他中亞國家，並將勢力範圍擴展到印度河和今錫爾河的範圍，建立了一個東起印度河、西到愛琴海、北起亞美尼亞、南至尼羅河第一險灘的世界性大帝國。波斯帝國時期創設的社會和經濟制度以及文化傳統因此在世界歷史中起到了重要作用，並為後來馬

〔註42〕〔美〕羅伊·C·克雷文：《印度藝術簡史》，王鏞、方廣羊、陳聿東譯，中國人民大學出版社，2006 年。關於更多印歐人與印度的交流可參考〔印度〕A.L.巴沙姆：《印度文化史》，商務印書館，1997 年。
〔註43〕〔荷〕J.E.范·洛慧澤-德·黎烏：《斯基泰時期》第 2 頁，許建英、賈建飛譯，雲南人民出版社，2002 年。
〔註44〕霍巍：《從考古材料看吐蕃與中亞、西亞的古代交通——兼論西藏西部在佛教傳入吐蕃過程中的歷史地位》，中國藏學 1995 年第 4 期。
〔註45〕湯惠生：《青藏高原古代文明》第 215～217 頁，三秦出版社，2003 年。

其頓帝國、塞琉古王國乃至更晚的帕提亞及薩珊帝國所繼承〔註46〕。其中最為重要的一點是波斯人採取的世界性寬容政策，將自己視作多民族聯合體的領袖，並以包容的態度對待所轄領土內各民族的文化藝術乃至傳統習俗。其直接的結果就是導致波斯文化中既有來自亞述等早期美索不達米亞的文化因素，也有來自埃及、希臘等文化的因素〔註47〕。前述波斯波利斯王宮浮雕及藝術品，以及1877年中亞阿姆河寶藏（古代巴克特里亞）的藝術品等正是在多種藝術成分滋養之下形成的獨具鮮明個性的波斯藝術典型代表。

　　雲南動物搏噬主題中，對於王權的展示和對禮儀重視的意識形態與波斯文化極為相似，其突出表現在人獸搏噬中的騎士追獵場景趨於儀式化及構圖程式化的設計，與波斯藝術中講究人物形象的規整完美及藝術作品中表達宮廷和宗教禮儀的要求甚為相似；此外猛獸襲咬牛這種大型家畜的構圖也可能源自波斯文化。而由於騎馬術的普及，中亞草原與西部草原的游牧民族，早與其南部波斯阿赫美尼德王朝帝國有著顯著的文化交流，一些波斯文化因素很早就被中亞部族所吸收、改造，導致波斯的文化因素在中亞草原地帶的騎馬民族中大量存在〔註48〕。而波斯帝國（公元前550～330B.C.）居魯士到大流士時期，憑藉其強大的軍事實力，曾擴張到中亞河中地區，並征服了該地區諸游牧部落；同時在波斯帝國兵源中也有不少來自中亞的塞種部落〔註49〕。而阿姆河和巴克特里亞的寶藏都見證了兩地的廣泛聯繫。還有一種觀點則認為南俄草原的斯基泰人在追擊其他部族到外高加索和伊朗西部地區時接觸到了東方的王權以及早期的近東藝術，尤其是亞述的動物風格藝術，並有可能在回南俄時帶走了部分近東的工匠，使之成為後來斯基泰動物風格興盛的營養源泉之一〔註50〕。斯基泰文化的某些要素就是草原民族在其長期遷徙過程中不斷融合及適應性改造所經之地藝術的結果。格魯塞就認為草原藝術的自然主義特

〔註46〕　參考〔俄〕M.A.丹達馬耶夫：《米底亞和阿黑門尼德伊朗》，〔匈〕雅諾什·哈爾馬塔主編：《中亞文明史（第2卷）——定居文明與游牧文明的發展：公元前700至250年》第二章第13～40頁，中國對外翻譯出版公司，2002年。

〔註47〕　〔美〕羅伯特·E.勒納、斯坦迪什·米查姆、愛德華·麥克納爾·伯恩斯：《西方文明史I》第143頁，中國青年出版社，2003年。

〔註48〕　馬健：《黃金製品所見中亞草原與中國早期文化交流》，《西域研究》2009年第3期。

〔註49〕　馬健：《公元前8～前3世紀的薩彥——阿爾泰》，《歐亞學刊》第8輯，中華書局，2008年。

〔註50〕　李建華：《關於斯基泰研究的幾個問題》第9頁，廣西師範大學碩士學位論文，2008年。

徵就是源於亞述——阿契美尼德王朝，並不斷從希臘的藝術泉源中週期性地得到補充〔註 51〕。那麼通過草原民族之間的遷徙互動將波斯文化因素帶入雲南地區是一種可能的途徑。除此之外，要考慮到波斯文化的延續時間較長，在賽琉古帝國以及希臘——大夏王國中實際上都有其遺緒，因此云南古代先民通過對外貿易的形式經由絲綢之路接觸到其文化也是一種途徑。

　　雲南動物搏噬主題中人物和動物的高度寫實，雕塑感極強的風格特徵以及人獸搏噬中對人物動作姿態和角色身份的關注，表現出與希臘文化自然主義藝術特徵更為親近的關係。除此之外人獸搏噬尤其是多人鬥獸、縛牛鬥牛等記事性極強的場景，似乎表現出與希臘人藝術追求中的戲劇性有著一定聯繫〔註 52〕。除了動物搏噬主題，我們也能在雲南青銅藝術中找到其他類似的特徵，最明顯的就是滇王墓葬中代表王室身份等級的禮儀重器——大型銅俑，其寫實性及雕塑感更為明顯。

　　希臘文化實際上分為兩個重要階段的文化，一個是屬於公元前 8 世紀到前 5 世紀末的愛琴海沿岸希臘城邦創造的古典希臘文化。在這一時期隨著貿易的發展、人口的滋長導致了新一輪的殖民擴張活動，希臘文化、藝術乃至宗教信仰等推廣到其殖民地，同時影響了原生地民族的文化藝術〔註 53〕。而早在公元前 6 世紀以前希臘就已經在黑海周圍建立了殖民城邦，並通過貿易和戰爭的形式與北高加索和南俄草原的斯基泰人之間建立了頻繁的交流〔註 54〕。文獻和考古資料都證明了這一點。例如庫爾—奧巴墓、庫班河流域的「七兄弟」墓等斯基泰人的墓葬中出土的許多器物就出自希臘工匠之手〔註 55〕。因此早期許多希臘藝術的一些形式也有可能經由南俄草原的斯基泰人吸收，並隨著其遷徙與其他草原游牧部族發生交流，轉而進入中國西北，再沿藏彝走廊南下進入雲南地區。

　　另一階段主要是馬其頓國王亞歷山大東征以後建立的橫跨歐亞的希臘化帝國文化。如前所述，亞歷山大在征服小亞細亞、埃及、美索不達米亞、

〔註51〕〔法〕勒內·格魯塞：《草原帝國》第 33 頁，藍琪譯，商務印書館，1999 年。
〔註52〕〔英〕蘇珊·伍德福特：《希臘和羅馬》第 102～107 頁，羅通秀、錢乘旦譯，《劍橋藝術史（一）》，中國青年出版社，1994 年。
〔註53〕〔美〕羅伯特·E.勒納、斯坦迪什·米查姆、愛德華·麥克納爾·伯恩斯：《西方文明史I》第 105～107 頁，中國青年出版社，2003 年。
〔註54〕彭樹智：《一個游牧民族的興亡——古代塞人在中亞和南亞的歷史交往》，《西北大學學報》（哲社版）1994 年第 1 期。
〔註55〕T. Talbot Rice, *The Scythian* (London. Thames and Hudson, 1997).

波斯、阿富汗及至印度邊境的過程中，一方面將古典希臘的文化帶入這些地區，而另一方面也吸收融合了這些地區的一些文化傳統，並依靠長途貿易將其影響擴展到遠東地區，從而形成了新的希臘化文化；其在繼承早期希臘藝術的基礎上賦予了傳統題材更加生動與激烈的表現形式〔註 56〕。在討論西北秦文化創造的兵馬俑藝術風格時，一些學者就提到秦兵馬俑高度的寫實性與希臘化時期的藝術作品甚多相似之處的觀點〔註 57〕。倪克魯指出早在公元前 4 世紀至前 3 世紀的亞歷山大東征之時，中亞和西亞政治版圖就開始劇烈變動，無疑也開啟了東西方文化交往的可能性〔註 58〕。我們再仔細分析秦兵馬俑的形象特徵以及雲南動物搏噬主題中的人物形象可以看到，秦兵馬俑更注重人物五官細節等個性特徵，但其表情和人體比例通常帶有理想化的傾向，對於細節的處理手法都帶有一絲不苟的精細特徵；而雲南動物搏噬主題中的人物形象五官細節並不十分突出，有時甚至是粗放式的，但卻極重視人物運動的姿態和場景的激烈。這兩個不同的傾向，同時都能在希臘化藝術中找到。

還有一個可能是來自希臘化王國——大夏（巴克特里亞）的影響。公元前 3 世紀中葉，希臘——大夏王國脫離塞琉古王國，其勢力延伸至費爾干納盆地，南部還曾到達印度河，使得由亞歷山大所確立的希臘文化圈的範圍繼續向東擴展。希臘的歷史編撰者阿爾特米塔的阿波羅多羅斯在他的帕提亞帝國史中提到過，希臘血統的大夏人比亞歷山大統治了更多民族，甚至推進到了「絲人」——古代中國人的範圍〔註 59〕。

此外前述身毒道的傳播途徑似乎也值得考慮。印度曾於亞歷山大東征時與希臘文化發生過聯繫，孔雀王朝公元前 322～前 232 時期在帝國各地都出現

〔註 56〕 參考〔英〕E.H.貢布里希：《藝術的故事》第 99～116 頁，范景中譯，生活・讀書・新知三聯書店，1999 年。

〔註 57〕 希臘化時期的作品包含著一種更強烈的、時常是過渡寫實的特性，它經常表現出外貌的獨特之處以及心境、情緒和面部特徵。參考 Andrew Stewart, "*Hellenistic Art —Two Dozen Innovations*", Glenn R. Bugh ed. The Cambridge Companion to the Hellenistic World, Cambridge, 2006, pp. 170~174。

〔註 58〕 〔英〕倪克魯（Lukas Nickel）：《亞洲視野中的秦兵馬俑》，巫鴻、鄭岩主編《古代墓葬美術研究》第一輯第 23～40 頁，文物出版社，2011 年。

〔註 59〕 Strabon, Geographia, 11:11:1. 轉引自倪克魯（Lukas Nickel）：《亞洲視野中的秦兵馬俑》，巫鴻、鄭岩主編《古代墓葬美術研究》第一輯第 23～40 頁，文物出版社，2011 年。關於中國和希臘文獻記載有關交流的問題還可參考赫德遜：《歐洲與中國》，王遵仲等譯，商務印書館，1995 年。

了風格高度寫實的動物頭像（獅子）、人物雕像（藥叉、藥叉女）〔註60〕。因此一些希臘藝術的要素可能也透過印度這一途徑，間接地對雲南的動物搏噬主題產生了影響。

　　不過由於波斯、希臘文化在較早階段就開始發生交流和融合，尤其是在藝術母題以及風格要素上有許多相互借鑒及融合的地方，因此要完全將二者區分出來非常困難。雲南動物搏噬中出現的這兩種文化因素，多是間接交流的結果；且受材料的限制，在材料的年代銜接和交流途徑中缺少一些中間環節；而我們能夠比對的也主要是表現手法和風格上的相似性，於文化內涵方面的分析還有待完善。

第三節　中國北方草原文化

　　我國北方草原文化的動物紋要素也不乏流入雲南，但這種流入卻更多是間傳的結果。北方草原文化對雲南動物搏噬主題最大的影響，在於隨著游牧民族的南遷，將猛獸搏噬的一些特殊形式、思想內涵以及重要的表現載體和工藝技術傳入雲南地區，從而奠定了雲南青銅時代中晚期動物搏噬主題盛行的基礎之一。

　　北方草原文化與我國內地之間的文化交流與互動更為久遠，早在商周時期，中原器物上就出現了來自北方草原文化的要素〔註61〕。除此之外在戰國到漢代的北方草原地區也出土了大量的中原製品以及中原工匠仿製的器物。如諾顏烏拉匈奴墓的隨葬品中有許多中原製品，除絲綢以外，還有「上林」款的漆器等就具有明顯漢代風格的器物。〔註62〕艾瑪‧邦克曾指出，早在公元前1000年，北方游牧民族通過貿易、戰爭、通婚等手段，開始逐漸浸入中原文化。在一些北方風格的藝術品上，採用的是中原工藝技法〔註63〕。學者羅豐進一步認為草原地區的一些器物如飾牌，就是中原工匠（甚至是官方控制）按照自身傳統工藝替特定人群製作，作為商品或者賜物被交換、運送到遙遠的北方

〔註60〕〔美〕羅伊‧C‧克雷文：《印度藝術簡史》第20～31頁，王鏞、方廣羊、陳聿東譯，中國人民大學出版社，2006年。

〔註61〕可參考李海榮：《北方地區出土夏商周青銅器研究》，文物出版社，2003年；楊建華：《春秋戰國時期中國北方文化帶的形成》，文物出版社，2004年。

〔註62〕梅原末治：《蒙古ノィン‧ウラ見の遺物》第28～83頁，便利堂，1960年。

〔註63〕艾瑪‧邦克：《中國游牧民族的藝術———具有蠻夷風味的東周、秦及漢代藝術品》，《中國藝術文物討論會論文集‧器物（下）》第574～576頁，臺北故宮博物院，1992年。

〔註64〕。中原物品向周邊尤其向北方地區輸送，是當時貿易的常態，納貢形式則以胡人貢獻方物、漢廷賞賜禮物的形式出現〔註65〕。新近在西安北郊的秦墓中發現的大量融合中原風格的飾牌模範反映出中原文化和草原文化的交流和融合一直持續反覆在進行〔註66〕。

　　北方草原文化與雲南青銅文化之間發生交流與互動，最有可能的是經由甘青地區南下游牧民族的遷徙將某些文化要素傳入雲南地區並與之發生互動。童恩正先生就認為，東起大興安嶺南段，沿蒙古草原至河湟地區，再折向南方，沿青藏高原東部直抵滇西北，在這一邊地半月形地帶內，從新石器時期晚期直到銅器時代，存在著許多共同的或相似的文化因素；而之所以會出現諸多共同的或相似的文化因素，除了直接的民族遷徙、融合與交往外，還在於在上述地帶存在著一條邊地半月形文化傳播帶，經由這條文化傳播帶，許多北方草原文化因素傳播到西南地區〔註67〕。當然沿著這條半月形文化傳播帶進入中國西南並影響西南民族歷史發展的，不僅有西北河湟地區的古代民族〔註68〕，也應該有一些歐亞草原遷入的游牧民族。

　　自 20 世紀 80 年代以來，文博考古部門相繼在川西南雅礱江下游的鹽源縣採集到不少的青銅器物，其中的雙環柄首短劍、曲柄劍、弧背環首削、兔形泡飾、銅削等器物具有較為明顯的北方鄂爾多斯草原文化風格〔註69〕。而學者樊海濤通過對滇國鍍錫工藝的分析後認為：滇國的青銅兵器鍍錫其單面、雙面均有，是熱鍍工藝形成的，其來源不僅受到了古印度的影響，也可能和我國北方鄂爾多斯青銅文化之間存在一定的聯繫〔註70〕。雲南當地廣泛地出現的圓

〔註64〕羅豐：《中原製造——關於北方動物紋金屬牌飾》，《文物》2010 年第 3 期。
〔註65〕余英時著、烏文玲等譯：《漢代貿易與擴張》第 28～50 頁，上海古籍出版社，2005 年。
〔註66〕陝西省考古研究所：《西安北郊秦墓》，三秦出版社，2006 年。
〔註67〕童恩正：《試論我國從東北至西南的邊地半月形文化傳播帶》，童恩正：《南方文明》第 558～603 頁，重慶出版社，1998 年。
〔註68〕學者一般認為居於此地的早期居民為氐羌系統的原始族群，如馬長壽先生就指出先秦時羌族的分佈在河西走廊之南，洮、岷二州之西，其中心在青海東部古之所謂河曲（黃河九曲）及其以西以北各地。參考馬長壽：《氐與羌》第 80 頁，廣西師範大學出版社，2006 年。
〔註69〕劉弘、唐亮：《老龍頭墓葬與鹽源青銅器》，《中國歷史文物》2006 年第 6 期；涼山州博物館、西昌市文管所、鹽源縣文管所：《鹽源近年出土的西漢戰國文物》，《四川文物》1999 年第 4 期。
〔註70〕樊海濤：《石寨山第 6 號墓出土文物的科技考古與研究》第 24～25 頁，廣西民族大學碩士學位論文，2008 年。

雕杖頭飾、曲刃短劍、三叉格短劍、管銎戈斧等器物也顯示出與我國北方草原游牧文化極為密切的關係。

考古工作者近年來在甘孜藏族自治州的相關調查發現，進一步肯定了北方草原游牧文化在此地的傳播〔註71〕。20 世紀 80 年代，在四川省甘孜藏族自治州爐霍縣卡莎湖石棺墓群，出土了典型北方草原風格特徵的青銅動物紋飾牌，也出土了虎噬羊的青銅飾牌（圖 6-3，1）〔註72〕，其形象與鄂爾多斯文化系統同類器物一致，表明該石棺墓群的主人可能與北方草原有密切關係〔註73〕，再次證明了沿藏彝走廊南下與雲南青銅文化發生交流與碰撞是一條非常重要的途徑。而滇東北爐西石洞村大逸圃墓地出土的一件虎形扣飾則進一步證明除沿藏彝走廊經滇西北進入雲南外，還有部分草原文化的確有可能通過五尺道進入雲南而與滇文化產生交流（圖 6-3，2）〔註74〕。

圖 6-3　爐霍及滬西出土草原文化飾牌

1　　　　　　　　　　　　　　2

1.爐霍石棺葬 LCX：3 銅飾牌　2.滬西大逸圃 M155：1

第四節　荊楚文化

動物搏噬主題中對展現社會生活的偏好來自於春秋戰國以來整個中國裝

〔註71〕故宮博物院，四川省文物考古研究院：《2005 年度康巴地區考古調查簡報》，《四川文物》2005 年第 6 期。

〔註72〕故宮博物院、四川省文物考古研究院：《穿越橫斷山脈——康巴地區民族考古綜合考察》第 38 頁圖版六十，四川出版集團·天地出版社，2008 年。

〔註73〕四川省文物考古研究所、甘孜藏族自治州文化局：《四川爐霍卡莎湖石棺墓》，《考古學報》1991 年第 2 期；陳明芳：《爐霍石棺葬族屬當議——兼論爐霍石棺葬與草原細石器的關係》，《南方文物》1996 年第 1 期。

〔註74〕雲南省考古省文物考古研究所、中共滬西縣委、滬西縣人民政府、紅河州文物管理所：《滬西石洞村大逸圃墓地》，雲南科技出版社，2009 年。

飾藝術風氣的轉變。某種意義上來說，表現人與動物搏噬的思想內核來自當時的主流文化，春秋戰國時期鬥獸習俗的興起、宗教祭祀的需要使得這類題材得到了誕生的溫床。當然雲南人獸搏噬中人與猛獸相搏的構圖中，不乏有著來自斯基泰文化的影響，但這一母題本身在我國卻是延續時間長、影響面廣的美術題材。此類題材在戰國晚期的雲南地區出現，從整個動物搏噬主題所反映的萬物有靈觀念及巫術意識的來源來看，其更有可能來自於楚文化的影響。

殷商時期以來，中國南方地區存在一個大民族集團——百濮，在西周時期主要散布在江漢流域。西周初年楚人來到這一地區後，開始與濮人進行了長期鬥爭〔註75〕。《史記・楚世家》有載楚莊王三年（公元前611年）在秦、巴出兵相助下滅庸並使「百濮離居，從此各走其邑」。自春秋中期至春秋後期止，受強大的楚國壓迫，濮人大量地向西南地區轉移，進入今天雲貴的大部分地區以及川東原巴國境內〔註76〕。對於動物搏噬主題流行中心，滇池區域的族群來源，已經有很多學者做過探討，大家基本認為其主體族群之一就是百濮〔註77〕。那麼來自楚地的濮族，在遷徙過程中將一些楚文化的思想意識以及藝術因素帶入雲南，自然是可能的。

另一種觀點則源自對滇王背景的探討。張增祺先生認為先秦時期的氐羌自北向南遷徙，莊蹻自東北向西南拓展，其路線正是上古中國蠻夷文化與戎狄文化的主要流動方向，而最早產生動物搏噬主題的滇池區域正處於此傳播路線的交匯點上〔註78〕。這裡提到的莊蹻，在歷史文獻中有明確記載。

《史記・西南夷列傳》有載：「始，楚威王時，使將軍莊蹻將兵循江上，略巴、蜀、黔中以西；莊蹻者，故楚莊王苗裔也。蹻至滇池，地方三百里，旁

〔註75〕童恩正：《四川西南地區大石墓族屬試探——附談有關古代濮族的幾個問題》，《考古》1978年第2期。
〔註76〕學者楊帆從可查閱史料，從文獻描述之濮的族群特點——椎髻、衣著尾，與越之族群特點——斷髮文身有較大不同；以及相應考古材料證據顯示：自春秋中後期至戰國西漢時，在以滇、黔及桂西南為中心的廣大地區開始出現使用銅鼓、椎髻衣著尾的眾多民族形象等特點來看，到了春秋戰國時期的雲南土著，已經是楚地及以江漢地區為中小心的長江中游一帶遷徙而來的濮族無疑。參考楊帆：《百濮考》第163～171頁，《中國邊疆考古學術討論會論文摘要》2005年。
〔註77〕參考羅二虎：《文化與生態、社會、族群：川滇青藏民族走廊石棺葬研究》第476～477頁，科學出版社，2012年；彭長林：《雲貴高原的青銅時代》第213～240頁，廣西科學技術出版社，2008年。
〔註78〕參考張增祺：《滇國與滇文化》，雲南美術出版社，1997年。

平地肥饒數千里，以兵威定屬楚。」〔註79〕楚威王時期（公元前 339 年～前
329 年），楚國將軍莊蹻逆長江而上，從蜀地經黔中到達昆明、滇池，並在此
地建立了楚國的統治機構。但不久之後「會秦擊奪楚巴、黔中郡，道塞不通。
因還，以其眾王滇，變服從其俗以長之。」〔註80〕秦昭襄王二十七年（公元前
280 年）秦將司馬錯伐蜀並攻佔了黔中，使得莊蹻與楚國的交通中斷，這一隻
楚人就留在了滇池區域。雖然有關一代滇王的來歷還有許多可爭論的地方，但
楚文化與滇文化的交流應該是可能的，從黔東南清水江流域的考古工作中就
發現了與楚文化有關的青銅文化遺存〔註81〕。

即使是在民族遷徙和文化交流要道——川滇藏彝走廊地帶，發現的楚文
化因素也不少，如學者對牟托一號石棺葬中出土青銅器進行了科學分析，分析
結果反映出其既有當地的合金技術特點，又有中原文化與楚文化在當地的互
動、交融所帶來的楚、中原合金技術〔註82〕，反映出楚文化與遷徙的游牧民族
也有某種程度上的交流。那麼通過游牧民族的遷徙再將楚文化的某些因素輾
轉傳入雲南地區與當地文化發生交流碰撞也是一種可能的途徑。

除此之外，從秦漢時期開闢的幾條重要的由四川到雲南的交通要道來看，
巴蜀地區在與雲南的交流中起到了重要的作用。而秦滅巴蜀以後末代蜀王南
逃的路線也正是在由蜀入滇的重要通道之上〔註83〕。楊勇就曾提到過，戰國秦
漢時期雲貴高原的土著青銅文化尤其是其初始階段的發展，明顯受到過外來
文化的影響，而這一時期也正是蜀人大規模南遷的時期〔註84〕。而戰國晚期至
秦代，秦國處於削弱蜀、楚兩國土著勢力、鞏固統一的需要曾大舉移故楚之民
入川，這一政策一定程度上促使「楚文化」的西向傳播〔註85〕，加上戰國時期
蜀文化中固有的許多來自楚文化的因素，在這種情況下雲南通過與巴蜀地區
的交流接觸到楚文化也是一種間接途徑。

〔註79〕《史記》卷一百一十六，中華書局，1959 年第一版。
〔註80〕《史記‧西南夷列傳》，《史記》卷一百一十六，1959 年第一版。
〔註81〕國家文物局主編：《中國考古 60 年（1949～2009 年）》第 475 頁，文物出版
　　　社，2009 年。
〔註82〕茂縣羌族博物館、成都文物考古研究所、阿壩藏族自治州文物管理所：《茂縣
　　　牟托一號石棺墓》第 149 頁，文物出版社，2012 年。
〔註83〕王有鵬：《犍為巴蜀墓的發掘與蜀人的南遷》，《考古》1984 年第 12 期。
〔註84〕楊勇：《戰國秦漢時期雲貴高原考古學文化研究》第 339 頁，科學出版社，2011
　　　年。
〔註85〕朱萍：《楚文化的西漸——出國經營西部的考古學觀察》第 284 頁，四川出版
　　　集團‧巴蜀書社，2010 年。

第五節　小結

綜上所述，我們可以發現，域外文化與雲南發生交流，可以經西北分兩路進入我國橫斷山脈地區，一路走北道即通常所說的草原之路到甘青地區後轉而沿青藏高原東緣一路南下，由滇西北進入雲南與之發生交流；一路走南道，即在進入新疆後就南下沿塔里木盆地南緣進入藏彝走廊地帶〔註86〕，這條道路也是某些來自希臘、波斯文化的因素進入的可能通路。從西北地區往甘青地區進入四川盆地後從成都平原由僰道、五尺道經滇東北進入雲南，這也是北方草原文化進入的一個途徑。而南方楚文化則多經長江流域輾轉至四川盆地，再由此南下進入雲南。無論哪一條道路，我們可以看到，都有草原民族的影響和痕跡在當地留下。這從另一個側面說明流動性強而開放的游牧民族是交流的主要對象，這一方面是由於雲南社會特殊結構所導致，另一方面也是因為游牧民族的審美嗜好迎合了以畜牧業為生的雲南上層貴族的需要。

新近對於青銅冶煉、冶鐵以及食用植物傳播等的研究已經證明，在文獻記錄的首次交往之前，中國和亞洲其他地區之間應該已經存在著頻繁的交流〔註87〕。春秋戰國時期是各諸侯國同北方草原頻繁往來，並通過北方草原與中亞、西亞廣泛交流的時期〔註88〕。中西間的交流於春秋末突然出現一次高潮，已經成為中西交通史研究的定論。在草原地區發現的大量中國內地製作的物品更證實了這種交流的可能性，考古學家在公元前5世紀的巴澤雷克墓群中，就發現了來自楚地的絲綢刺繡以及當時流行的「山」字形銅鏡〔註89〕，

〔註86〕藏彝走廊地帶又分為五條通道，分別為緬語支、羌語支、彝語支等族權由北向南遷徙的路線。參考李星星：《論「民族走廊」及「二縱三橫」的格局》，《中華文化論壇》2005年第3期。

〔註87〕可參考 Hermann Parzinger, *"The 'Silk Roads' Concept Reconsidered. About Transfers, Transportation and Transcontinental Interactions in Prehistory"*, The Silk Road Project Newsletter, no. 5.2, 2008, pp. 7-15;Katie Boyle, Colin Renfew, Marsha Vevine ed., *Ancient Interactions—East and West in Eurasia*, Cambridge, 2002;Andrew Sherratt, *"The Trans —Eurasian Exchange —The Prehistory of Chinese Relations with the West"*, Victor Mair ed., Contact and Exchange in the Ancient World, Honolulu, 2006, pp. 30-61.

〔註88〕Jenny F.So and Emma C. Bunker, *Traders and Raiders on China』s Northern Frontier* (Arthur M.Sackler Gallery. Smithsonian Institution,in association with the University of Washington Press,Seattle and London,1996),pp.86~87.

〔註89〕參考 C.И.魯金科：《論中國與阿爾泰部落的古代關係》，《考古學報》1957年第2期； Karl Jettmar, Art of the Steppes, NewYork, 1964, pp.103~130.

到了漢代這種情況更多。此外在阿富汗北部提利亞泰墓葬中也出土了一枚西漢銅鏡〔註90〕。塞人活動的整個中亞地區,在歷史上就是文化交流匯聚的中西交通要道,其本身的藝術中就包含著多樣化的要素。俄羅斯學者普加琴科娃和列穆佩曾對中亞藝術作過如下總結:在公元前 10 世紀到前 1 世紀期間中亞農耕地區原始城市文明的早期藝術是以前亞古代東方文化為範例發展起來的;而在廣闊的草原地區,則產生了游牧部落的仿傚變體。這兩種藝術並沒有明晰的地理界限,同時在其發展過程中還不斷吸收著來自波斯阿赫美尼德王朝藝術、斯基泰—塞人藝術、希臘—大夏藝術等等藝術形式〔註91〕。

　　在這樣中西交流頻繁的歷史大背景之下,雲南,憑藉其交通上的優勢以及長期以來形成的多民族雜糅聚居、多種信仰崇拜並存的社會文化特點,廣泛地吸納來自外部的文化要素,是構築自身青銅文化藝術的一個非常重要的途徑。也正是由於途徑及交流形式的複雜,導致動物搏噬主題在雲南表現出較為明顯的類型差別以及構圖形式的多樣,從而形成了當地獨具特色的動物搏噬主題系統。

〔註90〕 參考 Victor Sarianidi, *Bactrian Gold, from the Excava-tions of the Tillya-Tepe Necropoleis in Northern Afghanistan*, Leningrad, 1985, p.202;李學勤:《阿富汗席巴爾甘出土的一面漢鏡》,《走出疑古時代》第 296～299 頁,遼寧大學出版社,1997 年。

〔註91〕 參考〔俄〕Г・普加琴科娃、Л・И・列穆佩:《中亞古代藝術》,陳繼周、李琪譯,新疆美術攝影出版社,2004 年。

結　語

　　動物搏噬主題作為雲南青銅時代最具代表性的紋飾題材，為研究當時的社會結構、信仰崇拜、自然環境等提供了重要依據，對於雲南青銅時代的文化藝術乃至社會歷史進程有著重要的研究價值，本書在前人的研究基礎上進一步結合考古資料，重新界定了雲南動物搏噬主題的研究對象，全面梳理和分析其主題類型以及文化內涵，並就學者廣泛關注的雲南青銅時代動物紋中外來文化因素問題，對動物搏噬主題構圖要素及思想內涵方面與地區外相似材料進行比對和分析，以找出其中共性和差異性，並從中找出雲南動物搏噬主題出現和流行背景原因及其與域外文化交流的可能途徑，為整個雲南青銅時代動物紋整體研究作鋪墊。

第一節　本書的主要內容和觀點

　　本書內容主要分為三個部分，第一部分是提出選題以及對相關研究的回顧。對於本書的研究來說，首要的任務是界定雲南青銅時代動物搏噬主題的研究對象，要立足於青銅時代雲南土著文化特點、崇拜形式的複雜性以及社會轉型期的特殊性，全面梳理有關動物之間搏噬乃至人與動物之間搏噬的圖像材料。同時對與動物搏噬主題相關的有關宗教信仰、社會狀況等問題作研究回顧，重點關注於長期以來爭論頗多的有關外來文化因素的研究論述以及近年來在雲南青銅時代圖像紋飾研究中出現的社會學、圖像學等新方法、新觀點。

　　第二部分是全面梳理和分析雲南青銅時代動物搏噬主題類型以及其分期情況。按照參與角色以及表現情節的差異動物搏噬主題可分為三種主題類型：

猛獸搏噬、蛇獸搏噬以及人獸搏噬。每一類之下按照表現內容和動物角色之間的力量對比情況又可劃分不同的類型。值得注意的是這些類型，從圖像整體上看並沒有完全相同的構圖形式和載體，其製作是非量化的。通過對出土材料的相關遺跡單位年代問題的梳理，可以看到，動物搏噬主題從出現到流行還是存在一個較短的過渡時間。而整個動物搏噬主題的流行主要集中在西漢時期，西漢末年驟然衰落，其發展軌跡與整個雲南青銅文化鼎盛期是吻合的，這一特點進一步說明動物搏噬主題的出現並非完全由外部傳入，本需是其存在的基礎。

最後三章為本書重點，主要是深入地分析動物搏噬主題的文化內涵以及其中所反映的地區外文化因素。從目前出土的動物搏噬主題分布使用情況來看，其在雲南社會中所承擔的功能是複雜的，在其出現之初，其原始崇拜的意義非常強烈，其表現內容並不一定同今天的寫生一樣，完全取材自現實生活，而是從巫術功能的角度對現實題材有所創造發展，如李 M24 的虎牛銅案，其設計思路就是源於現實但又明顯高於現實，其反映的也不僅僅是弱肉強食的自然規律，更多反映的是古人對於生死循環觀念的認識；隨著社會的發展，尤其是滇國社會的發展，統治階級的主動選擇和偏好在圖像設計和使用上顯得越來越突出，圖像本身一定程度上被賦予了區分等級的身份標識功能。也正由於統治者偏好和地區文化傳統、風俗信仰等都同時在動物搏噬主題流行時期起著重要作用，從而出現了在同一墓葬中同時存在不同內涵和形式風格的動物搏噬主題現象。而通過將動物搏噬主題中比較固定並成熟的構圖要素與地區外相似材料比較分析之後發現，動物搏噬主題各種主題類型或多或少都受到了地區外文化因素的影響。至少從目前的材料來看，雲南動物搏噬主題中的斯基泰文化因素、波斯希臘文化因素、北方草原文化因素以及楚文化因素是比較明顯的。然而這些因素與雲南土著青銅文化發生交流碰撞的途徑卻比較複雜。通過進一步考察有關文化交流的可能途徑後可知，某些主題類型如猛獸搏噬的襲咬、後半軀反轉向上、多獸合噬草食動物以及對獸以及逐獸的構圖，人獸搏噬中猛獸噬人的構圖、蛇獸搏噬中猛獸與蛇相搏的構圖，其形式較為固定並成熟，很可能是南下游牧民族傳入斯基泰文化以及我國北方草原文化動物紋藝術的結果；某些表現內容如蛇獸搏噬中的蛇鳥搏噬以及人獸搏噬中的強烈巫術意識卻又有南方巫文化尤其是楚文化的影響，很有可能是通過更早的民族遷徙傳入雲南；而其他一些要素如對細節的高度關注、強烈的雕塑感以及關注禮儀性及王權的特徵，則更多的是通過貿易交換等形式間接地學習和參

考了來自波斯、希臘文化的動物紋藝術。不同類型的動物搏噬主題，其外來因素的多寡和融合程度，反映出與地區外文化發生交流的時間和程度有所不同，除了交流途徑的複雜多樣外，本地區社會文化藝術發展需求及統治者偏好對其有應有直接的作用。

　　文化人類學家理安‧艾斯勒在《聖杯與劍》中指出，約公元前 3000 年的新石器時代末期，在西亞、歐洲和北非的大陸地區，信仰女神的宗教普遍地被戰神崇拜代替，這種文化轉向的原因來自氣候變遷導致的游牧民族的野蠻入侵。〔註 1〕游牧於中亞草原、屬於印歐民族一支的庫爾干人——在約公元前 4300 年至公元前 2800 年三次大規模南下西進，使得以農業為基礎的古代歐洲新石器文明遭遇浩劫〔註 2〕。他們是由祭司和戰士統治的，崇拜戰神和其他男性神祇，武器被視為戰神的化身受到崇拜，武器上常用金、銀等貴重金屬進行鑲嵌，並開始出現搏鬥狩獵的裝飾母題〔註 3〕。這個論述似乎暗示了「搏噬」這一主題透露的社會轉型基本信息：父權的日益膨脹以及母權的相對萎縮〔註 4〕；各類搏噬題材的出現，在某種意義上，始終反映著男性暴力美學的特徵。

　　就這一點來看，本書認為雲南動物搏噬主題尤其是大量猛獸搏噬突然的出現與流行正是暗合這種趨勢的產物。無論游牧民族的鐵蹄是否對雲南產生過衝擊性的影響，但其藝術表現的內涵的確符合了當時正處於轉型期的雲南上層社會多方面的需求：一方面，動物搏噬主題本身存在的巫術性質，符合了雲南固有的萬物有靈觀念，也適應了宗教儀式表達的需求；另一方面動物搏噬主題表現出來的激烈對抗意識，迎合了處於漢文化日漸擴張壓迫下的雲南上層統治者的審美偏好；再一方面動物搏噬主題複雜的構圖樣式和精細工藝超出一般單體動物紋的製作，顯然是統治者彰顯身份權威的需要；而動物搏噬主題明顯的男性氣質進一步體現了男性的權威與性別的認同。

〔註 1〕〔美〕理安‧艾斯勒：《聖杯與劍——男女之間的扎掙》第 60 頁，程志民譯，社會科學文獻出版社，1995 年。

〔註 2〕〔美〕斯塔夫里阿諾斯：《全球通史‧1500 年以前的世界》第 151 頁，吳象嬰、梁赤民譯，上海社會科學院出版社，1999 年。

〔註 3〕J‧梅拉特：《近東和安納托利亞的黃銅時代和早期青銅時代》，貝魯特‧‧哈葉茲出版社，1966 年版。轉引自〔美〕理安‧艾斯勒：《聖杯與劍——男女之間的扎掙》第 6 頁，程志民譯，社會科學文獻出版社，1995 年。

〔註 4〕易華：《青銅之路：上古西東文化交流概說》，王仁湘、湯慧生主編：《東亞古物 A》第 78 頁，文物出版社，2004 年。

　　當然我們要看到，由於社會發展階段和經濟形態、族屬的不同，動物搏噬主題的分布和使用的具體情況是不一樣的。動物搏噬主題的使用始終緊緊圍繞在以晉寧石寨山、江川李家山為中心的滇池區域，這反而為我們透露出一個重要的信息：雖然學者多認為滇王可能僅僅是一個部落聯盟的首領，但從滇王及親族墓葬出土的大宗精美隨葬品以及禮器來看，王權正在萌芽，禮的意識已經開始出現。此時已經吸收了近東文化中王權精神的斯基泰文化適時而出，對於急需找到一種有別於周邊文化同時又能表達權力意志的貴族首領而言，是一個可接觸、可參考的「模板」。從雲南當時的考古材料中，我們也能看到在當時的滇國對待塞人族群的態度是不同的，張增祺先生就分析過，在表現勞動者的圖像中找不到塞人，其頭人還可參加滇國隆重的祭祀活動〔註5〕。有意思的是圖像中的塞人頭人還杵著一根杖，顯示出其頗高的地位。那麼斯基泰文化中，業以成熟的一些圖像主題為之所用，應該是自然選擇下的結果。滇王及氏族首領通過「採納這種來自北方牧民的圖像語言來重新解釋自己的權威」，顯示和傳達共存的特有信念〔註6〕。

　　但不能否認的是，雲南動物搏噬主題並非照搬外來文化的結果。仲高先生曾說過，中亞藝術在不同階段，先後移植和模仿過波斯、古希臘、羅馬、印度及我國中原藝術，其結果是通過雜交與嫁接，進入創造的新階段〔註7〕。雲南動物搏噬主題完全符合這一寫照，在雲南萬物有靈觀和「酋邦」社會轉型期這一背景之下，雲南的動物搏噬主題並非特定於某種風格要素或固定的內容形式，在其模仿和學習地區外文化的動物紋表現內容和形式的過程中，時不時會有跳脫規則或範式的例子出現，兼容並蓄並有所發展創造是其特點。我們很難看到一模一樣的內容和完全一致的構圖在動物搏噬主題中反覆出現，「相似」是我們在作與地區外材料比較時使用最多的比喻。但正如歐亞草原民族的藝術發展演變一般，雖然其經歷了與宗教儀式、草原敘事詩和整個裝飾藝術同步發展的諸多階段，但藝術靈感的源泉卻始終是題材豐富和形式多樣的動物世界，這是對其生存環境的積極回應。正是這一特點使得草原民族通過遷徙與貿易將各種圖像母題流入其馬蹄過處的區域，與當地文化發生碰撞後被當地文

〔註5〕張增祺：《晉寧石寨山》第143頁，雲南美術出版社，1998年。

〔註6〕〔意〕羅伯特・強南、〔意〕墨哥里勞・奧里柯利：《中國西南游牧考古芻議》，盧智基譯，《南方民族考古》第七輯，科學出版社，2011年。

〔註7〕仲高：《東西文化視野中的中亞藝術——讀三部中亞古代藝術譯著》，《西域研究》1995年第4期。

化有選擇的吸收和融合併加以適應性創造；而在穩定社會環境中，某些母題或母題中的風格要素會被加以持續而廣泛的使用，甚至突破原有的功能限制而有可能出現井噴式的發展，這正是雲南動物搏噬主題所表現出來的特點。

正如「野獸紋」不能涵蓋整個歐亞草原文化藝術一樣，雲南的動物搏噬主題也不能用「野獸紋」或「野獸風格」來指稱。雲南動物搏噬主題中還存在許多非草原的因素，如南方巫楚文化的意識以及某些內容和構圖始終在動物搏噬主題發展時期存在（如蛇獸搏噬），南方固有的傳統意識並沒有隨著草原文化的衝擊而湮滅（如多人鬥獸、縛牛圖像），這些固有的東西還不斷吸收轉化著來自草原文化的因素，使之更富勃勃生機，也因此形成了雲南獨特的動物搏噬主題藝術。

春秋戰國時期，正是我國幾大地方文化形成的時期，在這種背景的刺激下，突破原有周代禮制的束縛，不斷與外來文化融合創新是這一時期各地方文化共有的特徵，原有的代表身份地位的禮樂制度已經逐漸崩壞，器型及圖像紋飾都表現出新的趣味和傾向；秦的短暫統治和漢初的分封六國，使得這種地方主義始終保留著頑強的勢力，在藝術上表現尤為突出；加上武帝之前，中央政權在治國方針上保持著「無為而治」的態度，更使得地方文化得到了發展。可以說大量外來文化因素能夠進入雲南主流社會並得到創造性的發展是當時歷史環境下的必然結果。同時中原王朝對外的勢力擴張，並由此導致的一系列民族遷徙，對於雲南青銅時代文化交流、民族融合有著起到了重要的推動作用；一系列的互動，最終促進了動物搏噬主題多樣性特徵的形成及其內涵的豐富性。

也正是在漢代歷史大背景之下，隨著漢武帝西擊匈奴，將霸踞草原的這一強大游牧民族驅逐，北方草原絲綢之路之暢通對於需要翻山越嶺跨江渡河的南方絲綢之路的衝擊不可謂不小；雖然漢王朝對於滇似乎有所「偏寵」〔註8〕，但卻在周邊加大了對其的包圍和侵蝕，郡縣的設置一步步向滇池區域推進，控制外貿交流的通道是其重要的目的；而一旦交流的通道被納入郡縣的管轄，滇國本身可接觸的外來文化就越來越少，再加上草原絲綢之路的暢通，西方及中亞的商人轉而通過陸路進入中國並與更為廣闊的人群進行商貿往來，此後雲

〔註8〕《史記·西南夷列傳》有載：西南夷君長以百數，獨夜郎、滇受王印。滇小邑，最寵焉。漢武帝在封滇王之後採取以夷治夷的方針，保留當地首領的權力和文化習俗。

南所能接觸到更多的則是來自漢文化和鄰近南亞、東南亞的文化。至少就東漢以後雲南地區的文化藝術發展狀況來看，這是一個不爭的事實。這樣一來在滇國貴族的偏好下，吸收多方藝術精華創造的動物搏噬主題，在經歷了短暫的輝煌後最終也只能淹沒在漢代主流藝術中。

第二節　研究的反思和本書的不足之處

雲南具象類圖像的研究，可說是一個老聲長談的問題，具象類圖像本身源於遠古人類在自然競爭中逐漸領會到的弱肉強食的生存規律。因此世界上無論哪一民族、哪一文化都有此類圖像的表現，並根據各地區民族、文化的發展水平、宗教信仰等對其內容和形式作出不斷的調整、創新，同時也會經由交流吸收到其他民族、文化類似圖像的一些構圖要素。但無論怎樣發展，其出現的基礎或其參考的對象，都是來源於本地區的自然生態系統和思想意識；即使是直接傳入的一些圖像，在經歷一段磨合期之後，也會隨著當地社會文化的需求進行融合改造和創新。因此，要想從複雜多樣的雲南動物搏噬主題中找出地區外的因素，並分析其所具有的社會文化意義及宗教內涵，是比較困難的事情。尤其是各類圖像在製作風格和表現內容形式上並不固定，更加大了研究的難度。

不可否認的是，過去許多學者，對於動物搏噬、騎士獵獸、縛牛鬥牛等的分析已經比較深入，但若要將更多類型的具象圖像整合在一起進行分析，卻是一個具有較高難度的嘗試。認識不同，觀點不同，對戰國秦漢時期雲南考古材料圖像的界定和分析也會有很大不同。而這一工作恰是整合材料的第一步驟。只有整合了材料，對圖像在青銅時代的雲南地區使用具體情況作分析後，才能從整體上把握其在當時社會中的功能及價值。

同時，我們可以看到，過往研究對於動物搏噬主題其有無地區外影響的可能爭議較大。其原因主要有三：一方面對於很多材料出土單位的年代判斷本身就存在較大的爭議，甚至可說不同學者的認識差異很大。動物搏噬主題主要出現於雲南社會上層甚至可說是部族首領的墓葬中，若能對其年代先後順序進行較為準確判斷，能夠建立譜系的話，將對動物搏噬主題乃至各類紋飾題材的出現原因及內涵起到關鍵性的作用；另一方面，動物搏噬主題沒有完全固定的內容形式和表現風格，不同文化要素經常混合出現於同一場景中，這就造成了

在比較分析地區外相似材料的時候，由於研究者觀察角度不同，共性還是差異性的側重點不同，導致對動物搏噬主題外來文化因素有無的判斷也不一樣；最後也是較為關鍵的一點，是雲南周邊地區，尤其是前文所述可能的交流途徑上，僅有零星的動物搏噬主題材料發現，且風格也與雲南地區有較大的差異，因此造成了類似「文化飛地」的現象。這種現象在討論交流和傳播問題時始終是一個難題，因此不同研究者依據不同的文化人類學理論，會作出差異較大的結論。

　　本書研究之初，亦面臨這些難題，研究過程中亦不時反思自己的思路和立足點，探討理論方法應用是否正確。筆者始終認為，古代雲南並非一個封閉的孤立的地理單元，從石器時代就與周邊地區有所交流互動，是個多民族雜糅的地區，其文化同樣具備複雜的多樣性。對雲南動物搏噬主題的分析應該秉承巫鴻先生所提倡的藝術史研究中的「開」與「合」原則。

　　早在上世紀蒙文通先生也曾根據孟子所說「觀水有術，必觀其瀾」提出：觀史亦然，須從波瀾壯闊處著眼；必須通觀，才能看的清歷史脈絡〔註9〕。而「事不孤起，必有其鄰」，同一時代之事，必有其「一貫而不可分離者」〔註10〕。蒙先生之觀點，兼顧今人所說之歷時性和共時性，是事物永恆發展與普遍聯繫的觀點〔註11〕。這一治史觀點同樣適用於本書研究。只有立足於春秋戰國以來社會發展大背景之下，將雲南動物搏噬主題置於開放的文化環境中，我們才能發現其出現及流行的原因所在，同時才能在與地區外材料作比較分析中把握住其地方文化特徵。

　　本書尚有許多不足之處。在討論文化內涵時，尚不能就某類型圖像作更為深入的分析；對於出土材料年代的判斷，還有一些不足之處；尤為突出的是在與地區外相似材料作比較時，由於材料搜集的局限性，比較的材料較少，地區覆蓋面也不夠廣泛，至少目前來看南亞、東南亞一帶在文中幾乎是沒有談到，而西漢以後的材料也未稍作比較，分析還不夠全面，這一問題同樣反映在對交

〔註9〕 可參考蒙文通：《治學雜語》，蒙默編：《蒙文通學記》第 1、6 頁，生活‧讀書‧新知三聯書店，1993 年；蒙文通：《經史抉原‧中國史學史》，《蒙文通文集》（第 3 卷）第 254～255 頁，巴蜀書社，1995 年。

〔註10〕 可參考蒙文通：《經史抉原‧評〈學史散篇〉》，403 頁；《經史抉原‧中國史學史》，222 頁，《蒙文通文集》（第 3 卷），巴蜀書社，1995 年。

〔註11〕 參考羅志田：《事不孤起，必有其鄰：蒙文通先生與思想史的社會視角》，《四川大學學報》2005 年第 4 期。

流途徑的梳理上，也因此筆者不敢對有關動物搏噬主題的源流問題妄下斷言，而只能含糊於「交流」之中。受語言能力的限制，對於外文材料的運用以及國外學者的研究理論和觀點的運用還不夠充足。同時對於動物搏噬主題與其他動物紋在墓葬中的組合情況還有待進一步分析。在今後的學習研究中，也要針對這些不足之處進行改進。

　　總之，本書是對雲南青銅時代動物搏噬主題系統研究的初步建構，在研究方法、思路及結論方面都算是一種探索式的創新。正是意圖從整體上完善對雲南動物搏噬主題的研究，才會在過程中存在相當多的困難。因此在現有材料和前人研究的基礎之上，雖然本書的研究結論仍嫌力度不足，認識還拘囿於片面。但從整體而言，本書仍屬於雲南青銅時代文化的基礎研究之一，在研究方法和認識角度等方面略有突破，可為今後同類題材的研究做鋪墊。〔註12〕

〔註11〕本書來源於作者博士論文《雲南青銅時代動物搏噬紋研究》，四川大學，2013年。

附表1 動物搏噬主題器物登記表 [註1]

編　號	器物描述	器物圖像	圖像描述	來　源
石 M17：14〔註2〕	透空浮雕銅扣飾		八人二犬獵虎	《滇·昆明》第118頁圖一三四
石 M17：9	直管銅葫蘆笙		管端鑄立體的虎噬牛	《滇·昆明》第178頁圖二一五

〔註1〕 按出土地點依次排序，對應正文遺址情況的簡介。此處有關內容和器型的描述乃簡要索引原文中的器物描述、圖像內容的描述，為原始資料。在對動物搏噬主題分類時將會統一相同構圖或內容的部分描述，對於某些特殊重要的器物，會對其紋飾圖像進行詳細論述，此處則不加贅述。圖片資料分別來自原報告和《中國青銅器全集·14·滇、昆明》，個別材料未見發表圖像，因此僅收錄依據報告中有明確描述紋飾圖像者，摘引時詳細記錄其描述文字。附表圖片儘量採集原始的圖版和線圖資料。
〔註2〕 雲南省博物館：《雲南晉寧石寨山古墓群發掘報告》，文物出版社，1959年。

石 M71：90②〔註3〕	透空浮雕銅扣飾		二豹噬一豬，下端一蛇	《晉寧石寨山第五次發掘報告》第 83 頁圖五一，2
石 M71：133	桶形銅貯貝器		蓋面上有立體動物搏鬥場面，為兩牛一虎搏鬥場景	《晉寧石寨山第五次發掘報告》第 72 頁圖四四
石 M71：142	疊鼓形銅貯貝器		蓋上焊鑄狩獵場面，其中騎士、獵人、獵狗追擊一鹿；騎士，獵狗追擊另一鹿；獵人在器蓋中央；②層紋飾騎士獵鹿並俘獲場景；③層多種動物搏鬥場景	《晉寧石寨山第五次發掘報告》第 68～72 頁圖四三
石 M71：168	銅啄		鋬背焊兩虎相向欲鬥，下一蛇	《晉寧石寨山第五次發掘報告》第 62 頁圖三六，3

〔註3〕M71：187 來自雲南省文物考古研究所、昆明市博物館、晉寧縣文物管理所：《雲南晉寧石寨山第五次搶救性清理發掘簡報》，《文物》1998 年第 6 期。M71 其餘材料均來自雲南省文物考古研究所、昆明市博物館、晉寧縣文物管理所：《晉寧石寨山第五次發掘報告》，文物出版社，2009 年。

石 M71：173	銅啄		鍪背焊鑄一熊一虎相向搏擊	《晉寧石寨山第五次發掘報告》第 63 頁圖三七，1
石 M3：65	透空浮雕銅扣飾		豹狼爭鹿，下端有一蛇	《滇・昆明》第 127 頁圖一五〇
石 M3：67	透空浮雕銅扣飾		二虎噬一豬，下端一蛇	《滇・昆明》第 127 頁圖一四九
石 M3：67	透空浮雕銅扣飾	暫無	二虎噬一牛	
石 M3：67	透空浮雕銅扣飾		虎噬一牛	《滇・昆明》第 124 頁圖一四四
石 M3：68	透空浮雕銅扣飾	暫無	二豹噬一牛	
石 M3：69	透空浮雕銅扣飾		一人三犬獵鹿，下端有一蛇	《滇・昆明》第 121 頁圖一四〇

石M3：71	透空浮雕銅扣飾		一虎捕鹿，下端一蛇	《滇‧昆明》第128頁圖一五一
石M3：86（2）	管銎戈		銎背焊鑄豹噬鼠	《滇‧昆明》第87頁圖九八
石M3：140	長方形銅扣飾		鬥牛場景	汪寧生《雲南考古》圖版三柒，1
石M10：4	透空浮雕銅扣飾		二豹噬豬，下端一蛇	《滇‧昆明》第126頁圖一四八
石M10：5	透空浮雕銅扣飾		虎牛搏鬥，下端一蛇	《滇‧昆明》第124頁圖一四五
石M12：11	管銎戈		銎背焊鑄虎、牛相向相鬥，足下有蛇	《雲南文明之光》第322頁

石 M12：11	管銎戈		銎背焊鑄虎豬相鬥，足下有蛇	《滇·昆明》第 90 頁圖一〇一
石 M12：38	透空浮雕銅扣飾		虎背牛，下端一蛇	《滇·昆明》第 123 頁圖一四三
石 M12：128（2）	銅鉞		猴蛇搏鬥，兩件略異	《滇·昆明》第 106 頁圖一二〇；《雲南文明之光》第 297 頁
石 M12：156	透空浮雕銅扣飾	暫無	二虎噬牛	
石 M13：46〔註4〕	鎏金透空浮雕銅扣飾		五人鬥牛，下一蛇纏繞其間	《雲南晉寧石寨山古墓群出土銅鐵器補遺》圖五
石 M13：108	透空浮雕銅扣飾	暫無	虎熊搏鬥	
石 M13：108	透空浮雕銅扣飾	暫無	二虎噬牛	
石 M13：162	透空浮雕銅扣飾		騎士獵鹿，下端一蛇	《雲南文明之光》第 17 頁

〔註 4〕 M13：46、M13：262、石 M7：31、石採來自雲南省博物館:《雲南晉寧石寨山古墓群出土銅鐵器補遺》,《文物》1964 年第 12 期。

石 M13：163	透空浮雕銅扣飾		騎士獵鹿	《滇‧昆明》第 119 頁圖一三六
石 M13：168	銅鉞	暫無	銎部貓(蠓)蛇搏鬥	
石 M13：172	曲刃銅短劍		人、猴、虎搏鬥	《雲南晉寧石寨山古墓群發掘報告》第 44 頁插圖九，8、9
石 M13：184	銅鉞	暫無	銎部焊鑄貓(蠓)蛇搏鬥	
石 M13：191	透空浮雕銅扣飾	暫無	騎士攜犬獵豬，下端一蛇殘缺	
石 M13：219	曲刃銅短劍		虎豹猴爭鬥	《雲南晉寧石寨山古墓群發掘報告》第 44 頁插圖九，10、11
石 M13：252	透空浮雕銅扣飾		一虎背牛	《滇‧昆明》第 126 頁圖一四七
石 M13：258	透空浮雕銅扣飾	暫無	三獸噬牛，下端兩蛇	
石 M13：260	透空浮雕銅扣飾	暫無	二虎噬牛，一長尾小猴抱住牛後腿，下一蛇	

石 M13：262	鎏金透空浮雕銅扣飾		九人縛牛，一人被牛踐倒	《雲南晉寧石寨山古墓群出土銅鐵器補遺》圖七
石 M13：281	管鎏戈		鎏背焊鑄熊虎猴蛇搏鬥	《滇·昆明》第 89 頁圖一〇〇
石 M19：4	銅杖頭飾		水鳥銜蛇	《滇·昆明》第 146 頁圖一七七
石 M4:10	透空浮雕銅扣飾	暫無	虎噬牛	
石 M6:14〔註5〕	鎏金透空浮雕銅扣飾		騎士獵鹿	《滇·昆明》第 119 頁圖一三五
石 M6:15	透空浮雕銅扣飾	暫無	一虎背一鹿	

〔註5〕 M6：8、M6：14 來自雲南省博物館：《雲南晉寧石寨山古墓群出土銅鐵器補遺》，《文物》1964 年第 12 期。其餘材料皆來自雲南省博物館：《雲南晉寧石寨山古墓群發掘報告》，文物出版社，1959 年。

石M6:21	曲刃銅短劍		人、猴、虎搏鬥	《雲南晉寧石寨山古墓群發掘報告》第45頁插圖九，15、16
石M6:41	長方形銅扣飾		鬥牛場景	《滇·昆明》第130頁圖一五五
石 M6：107	透空浮雕銅扣飾		二狼噬鹿，下端一蛇	《滇·昆明》第125頁圖一四六
石 M6：113	透空浮雕銅扣飾	暫無	二虎噬牛	
石M7:30〔註6〕	透空浮雕銅扣飾		武士獵鹿	《滇·昆明》第121頁圖一三九
石M7:31	透空浮雕銅扣飾		一虎噬豬	《雲南晉寧石寨山古墓群出土銅鐵器補遺》圖版四，4

〔註6〕M7：31，石採來自雲南省博物館：《雲南晉寧石寨山古墓群出土銅鐵器補遺》，《文物》1964年第12期。其餘材料皆來自雲南省博物館：《雲南晉寧石寨山古墓群發掘報告》，文物出版社，1959年。

石 M7:32	透空浮雕銅扣飾	暫無	一虎背鹿	
石 M7:33	長方形銅扣飾		鬥牛場景	《滇·昆明》第滇、昆明 p130 頁圖一五四
石 K3：7	透空浮雕銅扣飾	暫無	虎噬牛	
石 K6:17	透空浮雕銅扣飾	暫無	虎噬牛	
石採〔註7〕	透空浮雕銅扣飾		二虎爭一牛，下有殘蛇	《雲南晉寧石寨山古墓群出土銅鐵器補遺》圖版四，3
李 M13：4〔註8〕	銅臂甲		群獸紋場景：中有虎豬搏鬥、豹噬雞場景	《雲南江川李家山古墓群發掘報告》第121頁圖二五
李 M13：7	透空浮雕銅扣飾		二騎士一犬獵二鹿，下端一蛇	《雲南江川李家山古墓群發掘報告》第128頁圖三三，6

〔註7〕 雲南省博物館：《雲南晉寧石寨山古墓群出土銅鐵器補遺》,《文物》1964 年第 12 期。

〔註8〕 江川李家山 M13、M17、M18、M20～M24 資料來自雲南省博物館：《雲南江川李家山古墓群發掘報告》,《考古學報》1975 年第 2 期；其餘均來自雲南省文物考古研究所，玉溪市文物管理所，江川縣文化局：《江川李家山第二次發掘報告》，文物出版社，2007 年。

李 M13：8	透空浮雕銅扣飾		二人兩犬獵野豬，下端一蛇	《滇・昆明》第112圖一二八
李 M17：23	銅枕		背面浮雕猛虎噬牛圖案三組	《雲南江川李家山古墓群發掘報告》第131頁圖三六
李 M18：7	桶形銅貯貝器		蓋頂有三組孔雀銜蛇圖案	《雲南文明之光》第88頁
李 M18：11	銅枕	暫無	背面浮雕虎噬牛兩組	
李 M20：29	透空浮雕銅扣飾		一虎噬豬，下端一蛇	《滇・昆明》第122頁圖一四一
李 M21	銅杖頭飾	暫無	蛇噬（雄）魚	
李 M22：21	虎鹿牛桶形貯貝器		腹部鑄一組鳥銜蛇浮雕	《雲南文明之光》第249頁

李 M24：5	銅案		虎噬牛	《雲南江川李家山古墓群發掘報告》圖版拾肆，3
李 M24：13a	銅啄		銎上焊鑄一虎噬牛	《滇·昆明》第101頁圖一一三
李 M24：17	銅狼牙棒		棒頂端虎噬牛立雕	《滇·昆明》第 79 頁圖八九
李 M24：43-3	銅矛		頂端為一人持劍刺虎，下三人以繩捕虎；近刃處二人搏虎	《雲南江川李家山古墓群發掘報告》第 110 頁圖三三，3
李 M24：43-4	銅錐		把手作託圓球狀體，上有孔雀銜蛇圖案	《雲南江川李家山古墓群發掘報告》第 128 頁圖三三，3
李 M24：75	銅矛		頂端為一人持劍刺虎，下三人以繩捕虎；近刃處二人搏虎	《滇·昆明》第 96 頁圖一〇八
李 M24：90	透空浮雕銅扣飾		剽牛祭祀，一人掛於牛角上，下端二蛇盤繞左側蛇噬蛙	《雲南江川李家山古墓群發掘報告》第 128 頁圖三三，1

李 M24：96	銅杖頭飾		蛇噬（雄）魚	《雲南江川李家山古墓群發掘報告》圖版捌，7
李 M47	銅杖頭飾	暫無	蛇噬（雄）魚	
李 M47	銅杖頭飾	暫無	蛇噬（雌）魚	
李 M47：65	管銎銅戈	暫無	銎部七人獵虎	
李 M47：111	透空浮雕銅扣飾	暫無	虎作向上攀登狀，地面二蛇分別咬虎頸和虎尾	
李 M47：112	透空浮雕銅扣飾		虎作欲躍撲出狀，下端二蛇	《江川李家山第二次發掘報告》第109頁圖七〇，2
李 M47：113	透空浮雕銅扣飾		騎士獵鹿，下端一蛇首殘	《雲南江川李家山青銅器》圖版一一二
李 M47：141	透空浮雕銅扣飾	暫無	奔跑野豬，下端一蛇	
李 M47：142	透空浮雕銅扣飾		一熊行走覓食，下端有背向二蛇	《江川李家山第二次發掘報告》第109頁圖七〇，5

李 M47：161	透空浮雕銅扣飾	暫無	虎垂首作捕食狀，下有一蛇	
李 M51：156-2	銅劍鞘		鴟鴞攫雙蛇	《江川李家山第二次發掘報告》第 82 頁圖五一，3
李 M51：242	透空浮雕銅扣飾		一虎作奔跑狀，下端纏繞二蛇	《江川李家山第二次發掘報告》第 109 頁圖七〇，4
李 M51：272	透空浮雕銅扣飾		騎士獵鹿，下端背向二蛇	《江川李家山第二次發掘報告》第 109 頁圖七三，2
李 M51：276	透空浮雕銅扣飾		虎作行走狀豹，下端二蛇	《江川李家山第二次發掘報告》第 109 頁圖七〇，3
李 M51：338-1	銅杖頭飾		蛇噬（雌）魚	《江川李家山第二次發掘報告》第 137 頁圖九三，2

李 M51：338-2	銅杖頭飾		蛇噬（雄）魚	《江川李家山第二次發掘報告》第 137 頁圖，2
李 M57	銅杖頭飾	暫無	蛇噬（雄）魚	
李 M57	銅杖頭飾	暫無	蛇噬（雌）魚	
李 M57：9	透空浮雕銅扣飾		一虎作奔跑追捕獵物狀，下端纏繞二蛇	《江川李家山第二次發掘報告》第109頁圖七〇，1
李 M57：10	透空浮雕銅扣飾		騎士獵鹿，下有一蛇	《江川李家山第二次發掘報告》第113頁圖七三，1
李 M57：19	透空浮雕銅扣飾	暫無	一虎作奔跑追捕獵物狀，下端纏繞二蛇	
李 M57：22	透空浮雕銅扣飾	暫無	熊作奔跑狀，熊首尾已殘，下有一蛇	
李 M57：23	透空浮雕銅扣飾		奔跑野豬，下端一蛇	《江川李家山第二次發掘報告》第110頁圖七一，1

李 M57：24	透空浮雕銅扣飾		一熊行走覓食，下端背向二蛇	《江川李家山第二次發掘報告》第 109 頁圖七〇，6
李 M57：25-2	銅劍鞘飾	暫無	鴟鴞攫雙蛇	
李 M57：35	銅劍		莖首端人面噬蛇	《江川李家山第二次發掘報告》第 176 頁圖四八，3
李 M57：181	管銎銅戈		銎部七人獵虎	《江川李家山第二次發掘報告》第 52 頁圖三一，7
李 M57：195	銅矛		骹部蛇纏蛙	《江川李家山第二次發掘報告》第 57 頁圖三四，3
李 M68：240	透空浮雕銅扣飾	暫無	三虎一豹噬鹿，下有一蛇	
李 M68 X1：16	透空浮雕銅扣飾		三虎噬牛，一猴抓住虎尾下有一蛇	《江川李家山第二次發掘報告》第 112 頁圖七二，4
李 M68 X1：17-2	透空浮雕銅扣飾		二虎一豹噬鹿，下端一蛇	《雲南江川李家山青銅器》圖版一〇〇

李 M68 X1：18	透空浮雕 銅扣飾		三人二犬獵 豹，下端一蛇	《江川李家 山第二次 發掘報告》 第114頁圖 七四，2
李 M68 X1：27-1	透空浮雕 銅扣飾		二虎一豹噬 牛，下端一蛇	《江川李家 山第二次 發掘報告》 第112頁圖 七二，3
李 M68 X1：35-1	透空浮雕 銅扣飾		三人一犬獵 虎，下端一蛇	《江川李家 山第二次 發掘報告》 第114頁圖 七四，1
李 M68 X1：43	透空浮雕 銅扣飾		二虎一豹噬 鹿，下端一蛇	《江川李家 山第二次 發掘報告》 第112頁圖 七二，1
李 M68 X1：51-1	透空浮雕 銅扣飾		一虎一豹噬 牛，下端一蛇	《江川李家 山第二次 發掘報告》 第112頁圖 七二，5
李 M68 X1：51-2	透空浮雕 銅扣飾		八人二犬獵虎 喜歸	《江川李家 山第二次 發掘報告》 第114頁圖 七四，4

李 M68 X1：51-3	透空浮雕 銅扣飾		七人二犬獵 豹，下端一蛇	《江川李家 山第二次 發掘報告》 第114頁圖 七四，3
李 M68 X1：51-5	透空浮雕 銅扣飾		十一人縛牛於 圓柱，一人被 牛角挑穿大 腿，身倒懸掛 於牛角上	《江川李家 山第二次 發掘報告》 第114頁圖 七四，6
李 M68 X1：17-3	透空浮雕 銅扣飾	暫無	十一人縛牛	
李 M68 X1：51-6	透空浮雕 銅扣飾		二虎噬鹿，下 端一蛇	《江川李家 山第二次 發掘報告》 第112頁圖 七二，2
李 M68 X2：17	銅劍		人纏雙蛇	《江川李家 山第二次 發掘報告》 第76頁圖 四八，1
李 M68 X2：26-1	銅劍		人噬蛇	《江川李家 山第二次 發掘報告》 第69頁圖 四二，5
李 M68 X2：13-1	銅劍		人噬蛇	《江川李家 山第二次 發掘報告》 第69頁圖 四二，6

李M69：160	銅杖頭飾		鳥銜蛇	《江川李家山第二次發掘報告》第139頁圖九四，7
李M69：204	銅杖頭飾		鳥銜蛇	《雲南李家山青銅器》圖版一一七
李採：347	透空浮雕銅扣飾		三狼噬羊，下有一蛇	《雲南江川李家山古墓群發掘報告》第149頁圖五二，10
李採：349	透空浮雕銅扣飾	暫無	一蛇噬豬	
李採：515	透空浮雕銅扣飾		四人二犬獵獸，下端一蛇	《雲南江川李家山古墓群發掘報告》第149頁圖五二，9
羊T1613採：17〔註9〕	透空浮雕銅扣飾	暫無	騎士狩獵	

〔註9〕雲南省文物考古研究所、昆明市博物館、官渡區博物館：《昆明羊甫頭墓地》，科學出版社，2005年。

羊 T1403採：2	透空浮雕銅扣飾	暫無	多人獵虎歸，殘	
羊 01YC：104	透空浮雕銅扣飾	暫無	鳥銜蛇場景，殘	
羊 M104：38	透空浮雕銅扣飾		四虎噬牛，下端一蛇	《昆明羊甫頭墓地》第354 頁圖二九九，4
羊 M113：83	漆柲		整器為叉形儀仗器，漆木柲上有長蛇兩條，蛇尾各纏一猴	《昆明羊甫頭墓地》第202 頁圖一七九，2
羊 M113：87	漆柲		整器為矛形儀仗器，漆木柲上纏繞長蛇兩條，各有一猴抓扯蛇尾	《昆明羊甫頭墓地》第202 頁圖一七九，1
羊 M113：353-2	漆柲		整器為卷刃器，器身線刻四體纏繞的龍紋，木柄雕刻成蛇吞蛙狀	《昆明羊甫頭墓地》第214 頁圖一九○，2
羊 M113：181-3	銅啄		銎背焊鑄豹襲豬	《昆明羊甫頭墓地》第186 頁圖一六五，2
羊 M113：235	銅鉞		銎部焊鑄人虎搏鬥	《昆明羊甫頭墓地》第192 頁圖一七○，5

羊 M113：267	長方形銅扣飾		邊框內兩側為虎噬人場景	《昆明羊甫頭墓地》第228頁圖二〇一，1
羊 M113：302	銅啄		銎背焊鑄豹襲鳥	《昆明羊甫頭墓地》第187頁圖一六六，1
羊 M113：365	銅箭箙		中層為二虎噬牛場景	《昆明羊甫頭墓地》第197頁圖一七四
羊 M113：366-2	漆木箭箙銅片飾件		第三層為一虎噬一龍形怪獸	《昆明羊甫頭墓地》第240頁圖二一〇，2
羊 M113：363	漆木箭箙		整器為漆木箭箙，箭箙下部為孔雀銜蛇場景	《昆明羊甫頭墓地》第242頁圖二一二，2
羊 M746：4	透空浮雕銅扣飾		一虎噬鹿，殘	《昆明羊甫頭墓地》第454頁圖三八二，4

曲靖八塔臺 M100：1〔註10〕	透空浮雕銅扣飾		雙鳥銜蛇	《曲靖八塔臺與橫大路》第95頁圖七八，4
呈貢天子廟 M41：47	透空浮雕銅扣飾		殺牛祭柱場面，一人被牛撞倒	《滇・昆明》第109頁圖一二三
呈貢天子廟 M41：49	透空浮雕銅扣飾		房屋模型：梯頭、柱頭焊鑄三猴戲蛇，一蛇纏於正中一猴頸部，略殘	《呈貢天子廟滇墓》圖版十六，1
呈貢天子廟 M41：51	透空浮雕銅扣飾		蛇噬蛙	《呈貢天子廟滇墓》第526頁圖一九，1
呈貢天子廟 M41：53	透空浮雕銅扣飾	暫無	三豹鬥牛，一小猴立牛身，下端一蛇	
祥雲大波那〔註11〕	銅杖頭飾		杖頭鑄成二豹相搏狀	《中國青銅器綜述》第2336頁圖一四・一三一，18

〔註10〕雲南省文物考古研究所：《曲靖八塔臺與橫大路》，科學出版社，2003 年。

〔註11〕雲南省文物工作隊：《雲南祥雲大波那木槨銅棺墓清理報告》，《考古》1964 年第 12 期。

祥雲大波那	銅棺兩端壁板		壁板上部均鑄相對的兩虎欲撲野豬狀，周圍有鹿、馬、鷹、鳥等環繞	《雲南祥雲大波那木槨銅棺墓清理報告》第609頁圖五
祥雲檢村 M1：52〔註12〕	銅編鍾		一面為對虎搏鬥圖像	《戰國秦漢時期雲貴高原考古學文化研究》第226頁圖6-14，6
楚雄萬家壩 M72：1〔註13〕	銅矛		人攫雙蛇圖像	《楚雄萬家壩古墓群發掘報告》第362頁圖二四，1
巍山縣馬鞍鄉母古魯村〔註14〕	銅編鍾		雙虎對峙，上方一人	《巍山發現一批古代青銅器》圖四
昌寧漭水鄉打掛紋山3號〔註15〕	銅編鍾	暫無	上部分鐘面為二虎對峙	

〔註12〕大理州文物管理所、祥雲縣文化館：《雲南祥雲檢村石槨墓》，《文物》1983年第5期。

〔註13〕雲南省文物工作隊：《楚雄萬家壩古墓群發掘報告》，《考古學報》1983年第3期。

〔註14〕劉喜樹、范斌：《巍山發現一批古代青銅器》，《雲南文物》2007年第1期。

〔註15〕張紹全：《昌寧縣第三次出土古代編鍾》，《雲南文物》1993年第12期。

昌寧漭水鄉打掛紋山 4 號	銅編鍾	暫無	上部分鐘面為二虎對峙，二虎下爪相交處有一牛頭面紋	
安寧太極山採:019〔註 16〕	透空浮雕銅扣飾		三猴並排立於豹身，豹腹下有小豹下有二蛇盤繞，一蛇頭被豹咬住	《雲南安寧太極山古墓葬清理報告》第 454 頁圖六，3
昌寧大理寨天生橋〔註 17〕	銅鼓		獵鹿場景：完整的一個是犬噬鹿形象，另弩待發的獵人形象，一個似為摟鼓敲擊助威的人物形象	《再論萬家壩型銅鼓》圖版肆
朱丹收藏〔註 18〕	管銎戈		銎被焊鑄虎噬雞	

〔註 16〕雲南省文物工作隊：《雲南安寧太極山古墓葬清理報告》，《考古》1965 年第 9 期。

〔註 17〕李昆聲、黃德榮：《再論萬家壩型銅鼓》，《考古學報》2007 年第 2 期。

〔註 18〕朱丹：《青銅兵器》第 112 頁圖 97，雲南人民出版社，2005 年。

附表 2 動物搏噬主題類型及分期登記表

標本號	器　型	動物搏噬主題類型	墓葬年代	發展階段
李 M17：23	銅枕	猛獸搏噬 A-a	戰國晚期至西漢初年	一
李 M18：11	銅枕	猛獸搏噬 A-a	戰國晚期至西漢初年	一
李 M18：7	桶形銅貯貝器	蛇獸搏噬 E	戰國晚期至西漢初年	一
李 M18：4	銅針線盒	蛇獸搏噬 E	戰國晚期至西漢初年	一
李 M24：5	銅案	猛獸搏噬 A-a	戰國晚期至西漢初年	一
李 M24：17	銅狼牙棒	猛獸搏噬 A-a	戰國晚期至西漢初年	一
李 M24：13a	銅啄	猛獸搏噬 A-a	戰國晚期至西漢初年	一
李 M24：43-4	銅錐	蛇獸搏噬 E	戰國晚期至西漢初年	一
李 M24：75	銅矛	人獸搏噬 A-a	戰國晚期至西漢初年	一
李 M24：43-3	銅矛	人獸搏噬 A-a	戰國晚期至西漢初年	一
李 M24：90	透空浮雕銅扣飾	人獸搏噬 C-a	戰國晚期至西漢初年	一
石 M17：9	直管銅葫蘆笙	猛獸搏噬 A-a	戰國晚期至西漢初年	一
石 M17：14	透空浮雕銅扣飾	人獸搏噬 A-a	戰國晚期至西漢初年	一
祥雲大波那	銅杖頭飾	猛獸搏噬 A-c	戰國末年至西漢早期	一
祥雲大波那	銅棺兩端壁板	猛獸搏噬 C	戰國末年至西漢早期	一
呈貢天子廟 M41：53	透空浮雕銅扣飾	猛獸搏噬 A-b	戰國末年至西漢初年	一

呈貢天子廟 M41：49	透空浮雕銅扣飾	蛇獸搏噬 A	戰國末年至西漢初年	一
呈貢天子廟 M41：51	透空浮雕銅扣飾	蛇獸搏噬 B	戰國末年至西漢初年	一
呈貢天子廟 M41：47	透空浮雕銅扣飾	人獸搏噬 C-a	戰國末年至西漢初年	一
羊 M104：38	透空浮雕銅扣飾	猛獸搏噬 A-b	戰國末年至西漢初年	一
羊 M113：366-2	漆木箭箙銅片飾件	猛獸搏噬 A-a	西漢早期到武帝元封二年以前	二
羊 M113：365	銅箭箙	猛獸搏噬 A-b	西漢早期到武帝元封二年以前	二
羊 M113：302	銅啄	猛獸搏噬 D	西漢早期到武帝元封二年以前	二
羊 M113：181-3	銅啄	猛獸搏噬 D	西漢早期到武帝元封二年以前	二
羊 M113：353-2	漆柲	蛇獸搏噬 B	西漢早期到武帝元封二年以前	二
羊 M113：87	漆柲	蛇獸搏噬 D	西漢早期到武帝元封二年以前	二
羊 M113：83	漆柲	蛇獸搏噬 D	西漢早期到武帝元封二年以前	二
羊 M113：363	漆木箭箙	蛇獸搏噬 E	西漢早期到武帝元封二年以前	二
羊 M113：267	長方形銅扣飾	人獸搏噬 A-b	西漢早期到武帝元封二年以前	二
羊 M113：235	銅鉞	人獸搏噬 A-b	西漢早期到武帝元封二年以前	二
石 M71：90②	透空浮雕銅扣飾	猛獸搏噬 A-c	西漢早期到武帝元封二年以前	二
石 M71：133	桶形銅貯貝器	猛獸搏噬 A-c	西漢早期到武帝元封二年以前	二
石 M71：173	銅啄	猛獸搏噬 B	西漢早期到武帝元封二年以前	二
石 M71：168	銅啄	猛獸搏噬 B	西漢早期到武帝元封二年以前	二

石 M71：142	疊鼓形銅貯貝器	蓋頂人獸搏噬 B-b；②層人獸搏噬 B-b；③層蛇獸搏噬 D，猛獸搏噬 A-a；⑤層猛獸搏噬 A-c，B	西漢早期到武帝元封二年以前	二
石 M3：86（2）	管銎戈	猛獸搏噬 A-a	西漢早期到武帝元封二年以前	二
石 M3：71	透空浮雕銅扣飾	猛獸搏噬 A-a	西漢早期到武帝元封二年以前	二
石 M3：67	透空浮雕銅扣飾	猛獸搏噬 A-a	西漢早期到武帝元封二年以前	二
石 M3：67	透空浮雕銅扣飾	猛獸搏噬 A-b	西漢早期到武帝元封二年以前	二
石 M3：68	透空浮雕銅扣飾	猛獸搏噬 A-b	西漢早期到武帝元封二年以前	二
石 M3：65	透空浮雕銅扣飾	猛獸搏噬 A-c	西漢早期到武帝元封二年以前	二
石 M3：67	透空浮雕銅扣飾	猛獸搏噬 A-c	西漢早期到武帝元封二年以前	二
石 M3：69	透空浮雕銅扣飾	人獸搏噬 B-a	西漢早期到武帝元封二年以前	二
石 M3：140	長方形銅扣飾	人獸搏噬 C-b	西漢早期到武帝元封二年以前	二
石 M13：108	透空浮雕銅扣飾	猛獸搏噬 A-b	西漢早期	二
石 M13：260	透空浮雕銅扣飾	猛獸搏噬 A-b	西漢早期	二
石 M13：258	透空浮雕銅扣飾	猛獸搏噬 A-b	西漢早期	二
石 M13：108	透空浮雕銅扣飾	猛獸搏噬 A-c	西漢早期	二
石 M13：219	曲刃銅短劍	猛獸搏噬 A-c	西漢早期	二
石 M13：281	管銎戈	猛獸搏噬 A-c	西漢早期	二
石 M13：252	透空浮雕銅扣飾	猛獸搏噬 D	西漢早期	二
石 M13：172	曲刃銅短劍	人獸搏噬 A-b	西漢早期	二
石 M13：162	透空浮雕銅扣飾	人獸搏噬 B-b	西漢早期	二
石 M13：163	透空浮雕銅扣飾	人獸搏噬 B-b	西漢早期	二
石 M13：191	透空浮雕銅扣飾	人獸搏噬 B-b	西漢早期	二

石 M13：46	鎏金透空浮雕銅扣飾	人獸搏噬 C-a	西漢早期	二
石 M13：262	鎏金透空浮雕銅扣飾	人獸搏噬 C-a	西漢早期	二
石 M12：156	透空浮雕銅扣飾	猛獸搏噬 A-b	西漢早期	二
石 M12：11	管鎏戈	猛獸搏噬 B	西漢早期	二
石 M12：11	管鎏戈	猛獸搏噬 B	西漢早期	二
石 M12：38	透空浮雕銅扣飾	猛獸搏噬 D	西漢早期	二
石 M12：128（2）	銅鉞	蛇獸搏噬 A	西漢早期	二
石 M10：5	透空浮雕銅扣飾	猛獸搏噬 A-c	西漢早期到武帝元封二年以前	二
石 M10：4	透空浮雕銅扣飾	猛獸搏噬 A-c	西漢早期到武帝元封二年以前	二
李 M13：4	銅臂甲	猛獸搏噬 A-c；猛獸搏噬 A-a	西漢早期到武帝元封二年以前	二
李 M13：8	透空浮雕銅扣飾	人獸搏噬 A-a	西漢早期到武帝元封二年以前	二
李 M13：7	透空浮雕銅扣飾	人獸搏噬 B-b	西漢早期到武帝元封二年以前	二
李 M20：29	透空浮雕銅扣飾	猛獸搏噬 A-a	西漢早期到武帝元封二年以前	二
李 M21	銅杖頭飾	蛇獸搏噬 C	西漢早期到武帝元封二年以前	二
李 M22：21	桶形銅貯貝器	蛇獸搏噬 E	西漢早期到武帝元封二年以前	二
曲靖八塔臺 M100：1	透空浮雕銅扣飾	蛇獸搏噬 E	西漢早期到武帝元封二年以前	二
楚雄萬家壩 M72：1	銅矛	人獸搏噬 D	西漢早期到武帝元封二年以前	二
祥雲檢村 M1：52	銅編鍾	猛獸搏噬 C	西漢早期到武帝元封二年以前	二
巍山縣馬鞍鄉母古魯村	銅編鍾	猛獸搏噬 C	西漢早期到武帝元封二年以前	二
保山昌寧済水鄉打掛紋山 4 號	銅編鍾	猛獸搏噬 C	西漢早期到武帝元封二年以前	二

保山昌寧漭水鄉打掛紋山3號	銅編鍾	猛獸搏噬 C	西漢早期到武帝元封二年以前	二
昌寧大理寨天生橋	銅鼓	人獸搏噬 B-a	西漢早期到武帝元封二年以前	三
石 M6：113	透空浮雕銅扣飾	猛獸搏噬 A-b	西漢武帝元封二年後-西漢晚期昭宣時期	三
石 M6：107	透空浮雕銅扣飾	猛獸搏噬 A-b	西漢武帝元封二年後-西漢晚期昭宣時期	三
石 M6：15	透空浮雕銅扣飾	猛獸搏噬 D	西漢武帝元封二年後-西漢晚期昭宣時期	三
石 M6：21	曲刃銅短劍	人獸搏噬 A-b	西漢武帝元封二年後-西漢晚期昭宣時期	三
石 M6：14	鎏金透空浮雕銅扣飾	人獸搏噬 B-b	西漢武帝元封二年後-西漢晚期昭宣時期	三
石 M6：41	透空浮雕銅扣飾	人獸搏噬 C-b	西漢武帝元封二年後-西漢晚期昭宣時期	三
石 M4：10	透空浮雕銅扣飾	猛獸搏噬 A-a	西漢武帝元封二年後-西漢晚期昭宣時期	三
石 M19：4	銅杖頭飾	蛇獸搏噬 E	西漢武帝元封二年後-西漢晚期昭宣時期	三
李 M47：111	透空浮雕銅扣飾	蛇獸搏噬 A	西漢武帝元封二年後-西漢晚期昭宣時期	三
李 M47：112	透空浮雕銅扣飾	蛇獸搏噬 A	西漢武帝元封二年後-西漢晚期昭宣時期	三
李 M47：141	透空浮雕銅扣飾	蛇獸搏噬 A	西漢武帝元封二年後-西漢晚期昭宣時期	三
李 M47：142	透空浮雕銅扣飾	蛇獸搏噬 A	西漢武帝元封二年後-西漢晚期昭宣時期	三
李 M47：161	透空浮雕銅扣飾	蛇獸搏噬 A	西漢武帝元封二年後-西漢晚期昭宣時期	三
李 M47	銅杖頭飾	蛇獸搏噬 C	西漢武帝元封二年後-西漢晚期昭宣時期	三
李 M47	銅杖頭飾	蛇獸搏噬 C	西漢武帝元封二年後-西漢晚期昭宣時期	三
李 M47：65	管銎銅戈	人獸搏噬 A-a	西漢武帝元封二年後-西漢晚期昭宣時期	三

李 M47：113	透空浮雕銅扣飾	人獸搏噬 B-b	西漢武帝元封二年後-西漢晚期昭宣時期	三
李 M51：242	透空浮雕銅扣飾	蛇獸搏噬 A	西漢武帝元封二年後-西漢晚期昭宣時期	三
李 M51：276	透空浮雕銅扣飾	蛇獸搏噬 A	西漢武帝元封二年後-西漢晚期昭宣時期	三
李 M51：338-1	銅杖頭飾	蛇獸搏噬 C	西漢武帝元封二年後-西漢晚期昭宣時期	三
李 M51：338-2	銅杖頭飾	蛇獸搏噬 C	西漢武帝元封二年後-西漢晚期昭宣時期	三
李 M51：156-2	銅劍鞘	蛇獸搏噬 D	西漢武帝元封二年後-西漢晚期昭宣時期	三
李 M51：272	透空浮雕銅扣飾	人獸搏噬 B-b	西漢武帝元封二年後-西漢晚期昭宣時期	三
李 M57：9	透空浮雕銅扣飾	蛇獸搏噬 A	西漢武帝元封二年後-西漢晚期昭宣時期	三
李 M57：19	透空浮雕銅扣飾	蛇獸搏噬 A	西漢武帝元封二年後-西漢晚期昭宣時期	三
李 M57：22	透空浮雕銅扣飾	蛇獸搏噬 A	西漢武帝元封二年後-西漢晚期昭宣時期	三
李 M57：23	透空浮雕銅扣飾	蛇獸搏噬 A	西漢武帝元封二年後-西漢晚期昭宣時期	三
李 M57：24	透空浮雕銅扣飾	蛇獸搏噬 A	西漢武帝元封二年後-西漢晚期昭宣時期	三
李 M57：195	銅矛	蛇獸搏噬 B	西漢武帝元封二年後-西漢晚期昭宣時期	三
李 M57	銅杖頭飾	蛇獸搏噬 C	西漢武帝元封二年後-西漢晚期昭宣時期	三
李 M57	銅杖頭飾	蛇獸搏噬 C	西漢武帝元封二年後-西漢晚期昭宣時期	三
李 M57：25-2	銅劍鞘飾	蛇獸搏噬 D	西漢武帝元封二年後-西漢晚期昭宣時期	三
李 M57：181	管銎銅戈	人獸搏噬 A-a	西漢武帝元封二年後-西漢晚期昭宣時期	三
李 M57：10	透空浮雕銅扣飾	人獸搏噬 B-b	西漢武帝元封二年後-西漢晚期昭宣時期	三

李 M57：35	銅劍	人獸搏噬 D	西漢武帝元封二年後-西漢晚期昭宣時期	三
李 M68：240	透空浮雕銅扣飾	猛獸搏噬 A-b	西漢武帝元封二年後-西漢晚期昭宣時期	三
李 M68X1:16	透空浮雕銅扣飾	猛獸搏噬 A-b	西漢武帝元封二年後-西漢晚期昭宣時期	三
李 M68X1：17-2	透空浮雕銅扣飾	猛獸搏噬 A-b	西漢武帝元封二年後-西漢晚期昭宣時期	三
李 M68X1：27-1	透空浮雕銅扣飾	猛獸搏噬 A-b	西漢武帝元封二年後-西漢晚期昭宣時期	三
李 M68X1:43	透空浮雕銅扣飾	猛獸搏噬 A-b	西漢武帝元封二年後-西漢晚期昭宣時期	三
李 M68X1：51-1	透空浮雕銅扣飾	猛獸搏噬 A-b	西漢武帝元封二年後-西漢晚期昭宣時期	三
李 M68X1：51-6	透空浮雕銅扣飾	猛獸搏噬 A-b	西漢武帝元封二年後-西漢晚期昭宣時期	三
李 M68X1:18	透空浮雕銅扣飾	人獸搏噬 A-a	西漢武帝元封二年後-西漢晚期昭宣時期	三
李 M68X1：35-1	透空浮雕銅扣飾	人獸搏噬 A-a	西漢武帝元封二年後-西漢晚期昭宣時期	三
李 M68X1：51-2	透空浮雕銅扣飾	人獸搏噬 A-a	西漢武帝元封二年後-西漢晚期昭宣時期	三
李 M68X1：51-3	透空浮雕銅扣飾	人獸搏噬 A-a	西漢武帝元封二年後-西漢晚期昭宣時期	三
李 M68X1：17-3	透空浮雕銅扣飾	人獸搏噬 C-a	西漢武帝元封二年後-西漢晚期昭宣時期	三
李 M68X1：51-5	透空浮雕銅扣飾	人獸搏噬 C-a	西漢武帝元封二年後-西漢晚期昭宣時期	三
李 M68X2：13-1	銅劍	人獸搏噬 D	西漢武帝元封二年後-西漢晚期昭宣時期	三
李 M68X2:17	銅劍	人獸搏噬 D	西漢武帝元封二年後-西漢晚期昭宣時期	三
李 M68X2：26-1	銅劍	人獸搏噬 D	西漢武帝元封二年後-西漢晚期昭宣時期	三
石 M7：31	透空浮雕銅扣飾	猛獸搏噬 A-a	西漢武帝元封二年後-西漢晚期昭宣時期	三

石 M7：32	透空浮雕銅扣飾	猛獸搏噬 D	西漢武帝元封二年後-西漢晚期昭宣時期	三
石 M7：30	透空浮雕銅扣飾	人獸搏噬 B-a	西漢武帝元封二年後-西漢晚期昭宣時期	三
石 M7：33	透空浮雕銅扣飾	人獸搏噬 C-b	西漢武帝元封二年後-西漢晚期昭宣時期	三
李 M69：160	銅杖頭飾	蛇獸搏噬 E	西漢晚期元成帝時期至東漢初期	三
李 M69：204	銅杖頭飾	蛇獸搏噬 E	西漢晚期元成帝時期至東漢初期	三
安寧太極山採：19	透空浮雕銅扣飾	蛇獸搏噬 A	西漢時期	
KYT1613 採：17	透空浮雕銅扣飾	人獸搏噬 B-b	西漢時期	
KYT1403 採：2	透空浮雕銅扣飾	人獸搏噬 A-a	西漢時期	
KY01YC：104	透空浮雕銅扣飾	蛇獸搏噬 E	西漢時期	
JSM 採（無號）	透空浮雕銅扣飾	猛獸搏噬 A-b	西早中期	
JSK6：17	透空浮雕銅扣飾	猛獸搏噬 A-a	西漢時期	
JSK3：7	透空浮雕銅扣飾	猛獸搏噬 A-a	西漢時期	
JSK1：45	透空浮雕銅扣飾	蛇獸搏噬 A	西漢時期	
JL 採：515	透空浮雕銅扣飾	人獸搏噬 A-a	西漢時期	
JL 採：349	透空浮雕銅扣飾	人獸搏噬 B-b	西漢時期	
JL 採：347	透空浮雕銅扣飾	猛獸搏噬 A-b	西漢時期	
朱丹收藏	管銎戈	猛獸搏噬 A-b	西漢時期	

參考文獻

一、田野考古勘查與發掘資料

（一）期刊簡報、簡訊及地方出土文物綜述

1. 雲南省博物館：《雲南晉寧石寨山古墓群出土銅鐵器補遺》，《文物》1964 年第 12 期。

2. 張紹全：《昌寧縣第三次出土古代編鍾》，《雲南文物》1993 年第 12 期。

3. 劉喜樹、范斌：《巍山發現一批古代青銅器》，《雲南文物》2007 年第 1 期。

4. 昆明市文物管理委員會：《呈貢天子廟滇墓》，《考古學報》1985 年第 4 期。

5. 雲南省博物館：《雲南江川李家山古墓群發掘報告》，《考古學報》1975 年第 2 期。

6. 雲南省文物工作隊：《雲南祥雲大波那木槨銅棺墓清理報告》，《考古》1964 年第 12 期。

7. 雲南省文物工作隊：《雲南安寧太極山古墓葬清理報告》，《考古》1965 年第 9 期。

8. 雲南省文物考古研究所、昆明市博物館、晉寧縣文物管理所：《雲南晉寧石寨山第五次搶救性清理發掘簡報》，《文物》1998 年第 6 期。

9. 耿德銘、張紹全：《雲南昌寧青銅器綜說》，《考古》1992 年第 5 期。

10. 雲南省文物考古研究所：《雲南昌寧墳嶺崗青銅時代墓地》，《文物》2005 年第 8 期。

11. 寧夏文物考古研究所：《寧夏固原楊郎青銅文化墓地》，《考古學報》1993 年第 1 期。

12. 田廣金：《近年來內蒙古地區的匈奴考古》,《考古學報》1983 年第 1 期。

13. 內蒙古考古研究所：《內蒙古涼城縣小雙古城發掘簡報》,《考古》2009 年第 3 期。

14. 內蒙古文物考古研究所：《涼城山享縣窯子墓地》,《考古學報》1989 年第 1 期。

15. 新疆文物考古研究所、西北大學文化遺產與考古學研究中心：《新疆巴里坤縣東黑溝遺址 2006～2007 年發掘簡報》,《考古》2009 年第 1 期。

16. 孟強、耿建軍：《徐州西漢宛朐侯劉埶墓》,《文物》1997 年第 2 期。

17. 寧夏文物考古研究所等：《寧夏同心倒墩子匈奴墓地》,《考古學報》1988 年第 3 期。

18. 湖南省博物館：《長沙馬王堆一號漢墓》,文物出版社,1973 年。

（二）考古報告

1. 雲南省博物館：《雲南晉寧石寨山古墓群發掘報告》,文物出版社,1959 年。

2. 雲南省文物考古研究所、昆明市博物館、晉寧縣文物管理所：《晉寧石寨山第五次發掘報告》,文物出版社,2009 年。

3. 雲南省文物考古研究所：《曲靖八塔臺與橫大路》,科學出版社,2003 年。

4. 涼山彝族自治州博物館、成都文物考古研究所：《老龍頭墓地與鹽源青銅器》,文物出版社,2009 年。

5. 雲南省文物考古研究所、昆明市博物館、官渡區博物館：《昆明羊甫頭墓地》,科學出版社,2005 年。

6. 雲南省文物考古研究所,玉溪市文物管理所,江川縣文化局：《江川李家山第二次發掘報告》,文物出版社,2007 年。

7. 四川省文物考古所編：《四川考古報告集》,文物出版社,1998 年。

8. 茂縣羌族博物館、成都文物考古研究所、阿壩藏族自治州文物管理所：《茂縣牟托一號石棺墓》,文物出版社,2012 年。

（三）圖集

1. 《中國青銅器全集》編輯委員會編：《中國青銅器全集·14·滇·昆明》,文物出版社,1993 年。

2. 《中國青銅器全集》編輯委員會編：《中國青銅器全集·15·北方民族》,

文物出版社，1995 年。

3. 玉溪地區行政公署：《雲南李家山青銅器》，雲南人民出版社，1995 年。

4. 中國國家博物館、雲南省文化廳編：《雲南文明之光——滇王國文物精品集》，中國社會科學出版社，2004 年。

5. 曹瑋：《陝北出土青銅器卷》四川出版集團・巴蜀書社，2009 年。

6. 肖先進主編：《三星堆與南絲路——中國西南地區的青銅文化》，文物出版社，2007 年。

7. 田廣金、郭素新：《鄂爾多斯青銅器》，文物出版社，1986 年。

8. 朱鳳瀚：《中國青銅器綜述》，上海古籍出版社，2009 年。

9. 寧夏固原博物館：《固原歷史文物》，科學出版社，2004 年。

二、歷史文獻

1. 〔西漢〕司馬遷：《史記》，中華書局，1959 年。

2. 〔東漢〕班固：《漢書》，中華書局，1962 年。

3. 〔劉宋〕范曄：《後漢書》，中華書局，1965 年。

4. 〔晉〕常璩：《華陽國志》，任乃強校注《華陽國志校補圖注》，上海古籍出版社，2007 年。

5. 〔唐〕樊綽撰、向達校注：《蠻書校注》，中華書局，1962 年。

6. 《十三經注疏》，藝文印書館，民國 65 年。

三、研究文章

1. 蔡葵：《論雲南晉寧石寨山第 6 號墓的史料價值》，《南方民族考古》第一輯，四川大學出版社，1987 年。

2. 赤新：《斯基泰等文化對鄂爾多斯青銅器鳥（首）紋飾影響淺析》，《藝術探索》2009 年第 2 期。

3. 杜正勝：《歐亞草原動物文飾與中國古代北方民族之考察》，《中央研究院歷史語言研究所集刊》第六十四本第二分，民國八十二年六月（1993）。

4. 馮漢驥：《雲南晉寧石寨山出土文物族屬問題試探》，《考古》1961 年第 9 期。

5. 馮漢驥：《雲南石寨山出土青銅器研究——若干主要人物活動圖像試釋》，《考古》1963 年第 6 期。

6. 樊海濤：《滇青銅器中「鬥牛扣飾」、「縛牛扣飾」及相關問題考釋》,《雲南文物》2007 年第 1 期。

7. 郭物：《一人雙獸母題考》,《歐亞學刊》第五輯,中華書局,2004 年。

8. 洪猛、韓金秋：《西北地區出土半月形多孔銅鉞及其相關問題》,《中國國家博物館館刊》2011 年第 7 期。

9. 黃美椿：《晉寧石寨山出土青銅器上蛇圖像試釋》,《雲南青銅文化論集》,雲南人民出版社,1991 年。

10. 霍巍：《關於岷江上游牟托石棺墓幾個問題的探討》,《四川文物》1997 年第 5 期。

11. 霍巍：《再論西藏帶柄銅鏡的有關問題》,《考古》1997 年第 11 期。

12. 霍巍：《從考古材料看吐蕃與中亞、西亞的古代交通——兼論西藏西部在佛教傳入吐蕃過程中的歷史地位》,《中國藏學》1995 年第 4 期。

13. 霍巍：《古滇尋蹤——雲南青銅文化與古代滇文化》,《西南天地間——中國西南的考古、民族與文化》,香港城市大學出版社,2006 年。

14. 霍巍：《鹽源青銅器中的「一人雙獸紋」青銅枝形器及其相關問題初探》,《三星堆文明巴蜀文化研究動態》2007 年第 3 期。

15. 胡俊：《古滇文物中「蛇」、「咬尾」、「搏鬥」、「狩獵」——裝飾紋樣的文化符號意義》,《新美術》2006 年第 6 期。

16. 胡果文：《碰撞與遷徙：公元前九至七世紀歐亞草原上的歷史背景》,《華東師範大學學報》(哲社版),2000 年第 5 期。

17. 黃德榮：《滇國青銅器上的線刻技術》,《雲南文物》2007 年第 1 期。

18. 蔣志龍：《再論石寨山文化》,《文物》1998 年第 6 期。

19. 紀宗安：《塞人對早期中西文化交流的貢獻》,《西北民族研究》1980 年第 1 期。

20. 李學勤：《試論虎食人卣》,《南方民族考古》1987 年第 1 輯。

21. 李昆聲、黃德榮：《再論萬家壩型銅鼓》,《考古學報》2007 年第 2 期。

22. 李水城：《從考古發現看公元前二千紀東西方文化的碰撞與交流》,《新疆文物》1999 年第 1 期。

23. 李傑玲：《蛇與崑崙山：古代「不死」文化觀念之源》,《青海社會科學》2011 年第 3 期。

24. 李星星：《論「民族走廊」及「二縱三橫」的格局》，《中華文化論壇》2005年第 3 期。

25. 羅豐：《中原製造——關於北方動物紋金屬牌飾》，《文物》2010 年第 3 期。

26. 羅志田：《事不孤起，必有其鄰：蒙文通先生與思想史的社會視角》，《四川大學學報》2005 年第 4 期。

27. 劉學堂、李文瑛：《中國早期青銅文化的起源及其相關問題新探》，《藏學學刊》第 3 輯《吐蕃與絲綢之路研究專輯》，四川大學出版社，2007年。

28. 劉敦願：《試論戰國藝術品中的鳥蛇相鬥題材》，《湖南考古輯刊》第一輯，嶽麓書社，1982 年。

29. 盧昉：《商代青銅神秘紋樣——「人虎母題」新論》，《文物世界》2010 年第 5 期。

30. 馬健：《公元前 8-前 3 世紀的薩彥——阿爾泰》，《歐亞學刊》第 8 輯，中華書局，2008 年。

31. 馬健：《黃金製品所見中亞草原與中國早期文化交流》，《西域研究》2009年第 3 期。

32. 彭樹智：《一個游牧民族的興亡——古代塞人在中亞和南亞的歷史交往》，《西北大學學報（哲學社會科學版）》1994 年第 1 期。

33. 彭長林：《試論滇文化文明起源之成因》，《邊疆民族考古與民族考古學集刊 1》，中山大學人類學系、中國社會科學院邊疆考古研究中心，文物出版社，2009 年。

34. 申旭：《藏彝民族走廊與西亞文化》，《西藏研究》2000 年第 2 期。

35. 邵會秋、楊建華：《早期斯基泰文化及歐亞草原的動物紋起源問題的探討——從《斯基泰—伊朗動物紋風格的起源》一文談起》，《西域研究》2006年第 4 期。

36. 沈愛鳳：《亞歐草原野獸風格若干紋樣研究》，《南京藝術學院學報（美術與設計版）》2009 年第 6 期。

37. 童恩正：《四川西南地區大石墓族屬試探——附談有關古代濮族的幾個問題》，《考古》1978 年第 2 期。

38. 童恩正：《中國西南地區古代的酋邦制度——雲南滇文化中所見實例》，《中華文化論壇》1994 年第 1 期。

39. 王大道：《滇池區域的青銅文化》，《雲南青銅器論叢》，文物出版社，1981年。

40. 王厚宇：《考古資料中的蛇和相關神怪》，《中國典籍與文化》第 37 期。

41. 伍仙華：《雲南晉寧石寨山滇人青銅藝術論略》，《中央民族大學學報》（哲社版）1988 年第 2 期。

42. 烏恩：《北方草原青銅透雕帶飾》，《考古學報》1983 年第 1 期。

43. 汪寧生：《石寨山青銅器圖像所見古代民族考》，《民族考古學論集》，文物出版社，1998 年。

44. 徐學書：《關於滇文化和滇西青銅文化年代的再探討》，《考古》1999 年第 5 期。

45. 徐拓：《雲南滇族青銅扣飾雕塑對於生命力的表現》，《新視覺藝術》2009 年第 1 期。

46. 吳敬：《以滇文化塑牛青銅器看滇國社會的發展與演進》，《邊疆考古研究》第 10 輯，科學出版社，2011 年。

47. 吳春明、王櫻：《南蠻蛇種文化史》，《南方文物》2010 年第 2 期。

48. 易學鍾：《初涉「雉」的文化史——石寨山「刻紋銅片」圖釋》，《雲南文物》2002 年第 2 期。

49. 易學鍾：《滇青銅器三題》，《雲南文物》2003 年第 3 期。

50. 易華：《青銅之路：上古西東文化交流概說》，王仁湘、湯慧生主編：《東亞古物 A》第 78 頁，文物出版社，2004 年。

51. 楊孝鴻：《歐亞草原動物紋飾對漢代藝術的影響——從徐州獅子山西漢楚王陵出土的金帶扣談起》，《南京藝術學院學報（美術及設計版）》1998 年第 1 期。

52. 楊帆：《試論金沙江流域及雲南青銅文化的區系類型》，《中華文化論壇》2002 年 4 期。

53. 楊帆：《百濮考》，《中國邊疆考古學術討論會論文摘要》2005 年。

54. 楊勇：《雲貴高原出土青銅扣飾研究》，《考古學報》2011 年第 3 期。

55. 楊壽川、田曉雯：《古滇文化研究》，《西南邊疆民族研究 1》，雲南大學出版社，2011 年。

56. 謝崇安：《從環滇池墓區看上古滇族的聚落形態及其社會性質——以昆明羊甫頭滇文化墓地為中心》，《四川文物》2009 年第 4 期。

57. 張增祺:《再論雲南青銅時代的「斯基泰文化」影響及其傳播者》,《雲南文物》1989 年第 12 期。

58. 張增祺:《「萬家壩型」銅鼓與「石寨山型」銅鼓的關係》,《銅鼓和青銅文化的新探索》,廣西民族出版社,1993 年。

59. 張增祺:《滇王國時期的原始宗教和人祭問題》,《雲南青銅文化論集》,雲南人民出版社,1991 年。

60. 張增祺:《滇國的戰馬、馬具及馬鐙》,《雲南省博物館》建館五十週年論文集》,雲南教育出版社,2001 年。

61. 曾現江:《中國西南地區的北方游牧民族——以藏彝走廊為核心》,《思想戰線》2010 年第 1 期。

62. 趙媛:《匈奴族組合動物風格紋飾特徵解析》,《藝術探索》2010 年第 2 期。

63. 朱和平、譚嫄嫄:《匈奴飾牌類型辨析》,《中原文物》2010 年第 1 期。

64. 周志清:《滇文化及其淵源》,王仁湘、湯慧生主編:《東亞古物 A》,文物出版社,2004 年。

65. 仲高:《東西文化視野中的中亞藝術——讀三部中亞古代藝術譯著》,《西域研究》1995 年第 4 期。

66. 仲高:《歐亞草原動物紋樣的角色轉換》,《西域研究》2004 年第 2 期。

67. 戴茜:《生殖崇拜象徵符號中性別指向的考古學研究——以新疆小河墓地為例》,賀雲翔主編:《女性考古與女性遺產》,南京大學出版社,2011 年。

68. 〔美〕Emma C Bunker:《滇國藝術中的「動物格鬥」和騎馬獵手》,《雲南文物》1989 年第 12 期。

69. 〔美〕艾瑪・邦克:《中國游牧民族的藝術———具有蠻夷風味的東周、秦及漢代藝術品》,《中國藝術文物討論會論文集・器物（下）》,臺北故宮博物院,1992 年。

70. 〔美〕邱滋惠:《滇青銅文化多元藝術風格的涵義》,王仁湘、湯慧生主編:《東亞古物 A》,文物出版社,2004 年。

71. 〔美〕邱滋惠:《試論東南亞所見之萬家壩式銅鼓》,《銅鼓和青銅文化的再探索》,《民族藝術》1997 年增刊。

72. 〔美〕羅伯特・E.勒納、斯坦迪什・米查姆、愛德華・麥克納爾・伯恩斯:《西方文明史 I》,中國青年出版社,2003 年。

73. 〔日〕量博滿：《滇王族的文化背景》，《雲南文物》1991 年第 6 期。

74. 〔日〕梶山勝：《貯貝器考》，蔡葵譯，《雲南文物》1983 年第 3 期。

75. 〔日〕江上波夫：《匈奴的祭祀》，《日本學者研究中國史論著選譯》第九卷，中華書局，1993 年。

76. 〔意〕羅伯特·強南、〔意〕墨哥里勞·奧里柯利：《中國西南游牧考古芻議》，盧智基譯，《南方民族考古》第七輯，科學出版社，2011 年。

77. 〔英〕孟夏露：《公元前 5-前 2 世紀從成都平原的社會認同與墓葬實踐》，《南方民族考古》第六輯，科學出版社，2010 年。

78. 〔法〕米歇爾·皮拉左里：《滇文化的年代問題》，吳臻臻譯，《考古》1990 年第 1 期。

79. 〔俄〕С.И.魯金科：《論中國與阿爾泰部落的古代關係》，《考古學報》1957 年第 2 期。

80. 北京大學歷史系考古專業碳十四實驗室：《碳十四年代報告》（續一），《文物》1978 年第 5 期。

81. 中國科學院考古研究所實驗室：《放射性碳素測定年代報告（四）》，《考古》1977 年第 3 期。

四、編著文集

1. 雲南省博物館：《雲南青銅文化論集》，雲南人民出版社，1991 年。

2. 雲南省文物考古研究所：《雲南考古文集》，雲南民族出版社，1998 年。

3. 《雲南青銅論叢》編輯組：《雲南青銅器論叢》，文物出版社，1981 年。

4. 雲南省社科院歷史研究所編：《中國西南文化研究》，雲南民族出版社，1996 年。

5. 〔法〕A.H.丹尼、〔法〕V.M.馬松主編：《中亞文明史》第一卷，芮傳明譯，中國對外翻譯出版公司，聯合國教科文組織，2002 年。

6. 〔匈〕雅諾什·哈爾馬塔主編：《中亞文明史》第二卷，許文勘譯，中國對外翻譯出版公司，聯合國教科文組織，2002 年。

7. 〔俄〕李特文斯基主編：《中亞文明史》第三卷，馬小鶴譯，中國對外翻譯出公司，聯合國教科文組織，2003 年。

8. 段渝主編：《南方絲綢之路研究論集》，巴蜀書社，2008 年。

9. 林富士主編：《禮制與宗教》，中國大百科全書出版社，2005 年。

10. 巫鴻、鄭岩主編：《古代墓葬美術研究》第一輯第，文物出版社，2011 年。

11. 張志堯主編：《草原絲綢之路與中亞文明》，新疆美術攝影出版社，1994 年。

五、著作

1. 鄧廷良：《西南絲綢之路考察札記》，成都出版社，1990 年。

2. 杜正勝：《藝術殿堂內外》，臺北：三民書局，2004 年。

3. 馮恩學：《俄國東西伯利亞與遠東考古》，吉林大學出版社，2002 年。

4. 蔣廷瑜：《古代銅鼓通論》，紫禁城出版社，1999 年。

5. 彭長林：《雲貴高原的青銅時代》，廣西科學技術出版社，2008 年。

6. 何業恒：《中國虎與中國熊的歷史變遷》，湖南師範大學出版社，1996 年。

7. 黃懿陸：《滇國史》，雲南人民出版社，2004 年。

8. 胡新生：《中國古代巫術》，山東人民出版社，1998 年。

9. 霍巍、趙德雲：《戰國秦漢時期中國西南的對外文化交流》，四川出版集團巴蜀書社，2007 年。

10. 梁釗韜：《中國古代巫術：宗教的起源和發展》，中山大學出版社，1999 年。

11. 李曉岑、韓汝玢：《古滇國金屬技術研究》，科學出版社，2011 年。

12. 李海榮：《北方地區出土夏商周時期青銅器研究》，文物出版社，2003 年。

13. 李零：《中國方術續考》，中華書局，2006 年。

14. 林梅村：《古道西風──考古新發現所見中西文化交流》，三聯書店，2000 年。

15. 羅二虎：《文化與生態、社會、族群：川滇青藏民族走廊石棺葬研究》，科學出版社，2012 年。

16. 沈福偉：《中西文化交流史》，上海人民出版社，2006 年。

17. 田廣金、郭素新：《鄂爾多斯青銅器》，文物出版社，1986 年。

18. 芮傳名、余太山：《中西紋飾比較》，上海古籍出版社，1995 年。

19. 沈愛鳳：《從青金石之路到絲綢之路──西亞、中亞、亞歐草原古代藝術溯源》，山東美術出版社，2009 年。

20. 童恩正：《中國西南民族考古論文集》，文物出版社，1990 年。

21. 童恩正：《童恩正文集‧南方文明》，重慶出版社，1998 年。

22. 童恩正：《人類與文化》，重慶出版社，2004 年。

23. 湯惠生：《青藏高原的古代文明》，三秦出版社，2003 年。

24. 王子今：《秦漢時期生態環境研究》，北京大學出版社，2007 年。

25. 王興運：《古代伊朗文明探源》，商務印書館，2008 年 7 月。

26. 汪寧生：《雲南考古》，雲南人民出版社，1980 年。

27. 汪寧生：《汪寧生論著萃編》，雲南民族出版社，2001 年。

28. 烏恩：《北方草原考古學文化研究——青銅時代至早期鐵器時代》，科學出版社，2007 年。

29. 許新國：《西陲之地與東西方文明》，北京燕山出版社，2006 年。

30. 許智范、肖明華：《南方文化與百越滇越文明》，江蘇出版社，2005 年。

31. 謝崇安：《滇桂地區與越南北部上古青銅文化及其族群研究》，民族出版社，2010 年。

32. 項英傑：《中亞：馬背上的文化》，浙江人民出版社，1993 年。

33. 楊勇：《戰國秦漢時期雲貴高原考古學文化》，科學出版社，2011 年。

34. 余太山：《塞種史研究》，中國科學出版社，1992 年。

35. 余英時：《漢代貿易與擴張》，鄔文玲等譯，上海古籍出版社，2005 年。

36. 張增祺：《滇國與滇文化》，雲南美術出版社，1997 年。

37. 張增祺：《晉寧石寨山》，雲南美術出版社，1998 年。

38. 張增祺：《滇文化》，文物出版社，2001 年。

39. 張增祺：《中國西南民族考古》，雲南人民出版社，1990 年。

40. 朱萍：《楚文化的西漸——楚國經營西部的考古學觀察》，四川出版集團·巴蜀書社，2010 年。

41. 朱鳳瀚：《中國青銅器綜述》，上海古籍出版社，2009 年。

42. 詹鄞鑫：《神靈與祭祀——中國傳統宗教綜論》，江蘇古籍出版社，1992 年。

43. 周振鶴：《中國歷史文化區域研究》，復旦大學出版社，1997 年。

44. 鄒昌林：《中國古代國家宗教研究》，學習出版社，2004 年。

45. 〔美〕斯塔夫里阿諾斯：《全球通史·1500 年以前的世界》，吳象嬰、梁赤民譯，上海社會科學院出版社，1999 年。

46. 〔美〕簡·艾倫·哈里森：《古代藝術與儀式》，劉宗迪譯，生活·讀書·新知三聯書店，2008 年。

47. 〔美〕弗朗茲‧博厄斯:《原始藝術》,金輝譯,貴陽,貴州人民出版社,2004 年。

48. 〔美〕巫鴻:《中國古代藝術與建築中的「紀念碑性」》,李清泉、鄭岩等譯,世紀出版集團、上海人民出版社,2009 年。

49. 〔美〕巫鴻:《禮儀中的美術》,鄭岩等譯,生活‧讀書‧新知三聯書店出版社,2005 年。

50. 〔美〕巫鴻:《美術史十議》,生活‧讀書‧新知三聯書店,2008 年。

51. 〔美〕巫鴻:《黃泉下的美術——宏觀中國古代墓葬》,施傑譯,生活‧讀書‧新知三聯書店出版,2010 年。

52. 〔美〕理安‧艾斯勒:《聖杯與劍——男女之間的扎掙》,程志民譯,社會科學文獻出版社,1995 年。

53. 〔美〕羅伯特‧萊頓:《藝術人類學》,文化藝術出版社,1992 年。

54. 〔美〕亨利‧弗蘭克弗特:《近東文明的起源》,子林譯,格致出版社‧上海人民出版社,2009 年。

55. 〔美〕羅伊‧C‧克雷文:《印度藝術簡史》,王鏞、方廣羊、陳聿東譯,中國人民大學出版社,2006 年。

56. 〔英〕傑西卡‧羅森:《祖先與永恆——傑西卡‧羅森中國考古藝術文集》,鄧菲、黃洋、吳曉筠等譯,生活‧讀書‧新知三聯書店出版,2011 年。

57. 〔英〕羅賓‧布里古斯:《與巫為鄰:歐洲巫術的社會和文化語境》,北京大學出版社,2005 年。

58. 〔英〕蘇珊‧伍德福特:《希臘和羅馬》,羅通秀、錢乘旦譯,《劍橋藝術史(一)》,中國青年出版社,1994 年。

59. 〔英〕E.H.貢布里希:《藝術的故事》,范景中譯,生活‧讀書‧新知三聯書店,1999 年。

60. 〔俄〕E.H.切爾內赫、〔俄〕C.B.庫茲明內赫:《歐亞大陸北部的古代冶金:塞伊瑪-圖爾賓諾現象》,王博、李明華譯,中華書局,2010 年。

61. 〔俄〕Г‧普加琴科娃、Л‧И‧列穆佩:《中亞古代藝術》,陳繼周、李琪譯,新疆美術攝影出版社,2004 年。

62. 〔俄〕馬林諾夫斯基著:《巫術、科學宗教與神話》,李安宅譯,中國民間文藝出版社,1986 年。

63. 〔法〕安德烈‧勒魯瓦‧古昂:《史前宗教》,俞灝敏譯,上海文藝出版社,

1990 年。

64. 〔法〕丹納:《藝術哲學》,傅雷譯,北京,人民文學出版社,1981 年。

65. 〔法〕勒內・格魯塞:《草原帝國》,藍琪譯,商務印書館,1999 年。

66. 〔法〕馬塞爾・莫斯・昂利、於貝爾:《獻祭的性質與功能》,楊渝東、梁永佳、趙丙祥譯,廣西師範大學出版社,2007 年。

67. 〔德〕溫克爾曼:《希臘人的藝術》,邵大箴譯,桂林,廣西師範大學出版社,2001 年。

68. 〔意〕吉賽佩・杜齊:《西藏考古》,向紅笳譯,西藏人民出版社,2004 年。

69. 〔荷蘭〕 J.E.范・洛惠澤恩—德・黎烏:《斯基泰時期》,許建英、賈建飛譯,雲南人民出版社,2002 年。

70. 〔日〕林巳奈夫:《神與獸的紋樣學——中國古代諸神》,常耀華、王平、劉曉燕、李環譯,生活・讀書・新知三聯書店,2009 年。

71. 〔日〕梅原末治:《蒙古ノィン・ウラ見の遺物》,便利堂,1960 年。

六、外文資料

1. 〔日〕林巳奈夫編:《漢代の文物》,明文舍印刷株式會社,昭和五一年十二月。

2. 〔日〕高濱秀:《前 2 千年紀前半の中央銅器若干について》,《シルクロード學研究叢書 3》,シルクロード學研究セソタ,2000 年。

3. 〔日〕岡村秀典:《中國古代的農耕儀禮與王權》,《東洋史研究》2006 年第 12 期。

4. 〔日〕梅原末治:《蒙古ノィン・ウラ見の遺物》,便利堂,1960 年。

5. Alfred Salmony,*Sino-Siberian Art in The Collection of C.T.Loo*,SDI Publications,1998.

6. Andersson J. G, *Hunting Magic in the Animal Style* , *Bulletin of the Museum of the Far Eastern Antiquities*, No.4, Stockholm ,1932.

7. Alice Yao, *Recent Developments in the Archaeology of Southwestern China*, J Archaeol Res (2010) 18.

8. Emma C. Bunke, *Nomodic Art of the Eastern Eurasian Steppes*, New York: The Metropolitan Museum of Art, 2002.

9. Boris Piotrovsky, *The ScythianArt* ,London: Phaidon, 1987.

10. Bemhard Karlgren, *"Ordos and Huai", Bulletin of the Museum of Far Eastern Antiquitie*s, Vol. 9. (1937).

11. Charles Higham, *The bronze of southeast asia, Cambridge world archaeology*, New York: Cambridge University Press, 1996.

12. Charles Higham , *The Yunnan Plateau*,The bronze of southeast asia, Cambridge world archaeology P136-182 , New York: Cambridge University Press,1996.

13. D. Collon, *Ancient Near Eastern art*, London: The British Museum Press, 1995.

14. Dietrich Von Bothmer, "Greek Vases from the Hearst Collection," *The Metropolitan Museum of Art Bulletin, New Series*, Vol.15. No. 7. (Mar.,1957).

15. Emma C . Bunker, *Ancient Bronzes of the Eastern Eurasian Steppes from the Arthur M.Sackler Collections*, New York: Arthur M. Sackler Foundation, 1997-9-1.

16. Jessica Rawson, *The Chinese bronzes of Yunnan*, London: Sidgwick and Jackson Press, 1983.

17. J. Curtis, *Ancient Persia-1*,London: The British Museum Press, 2000.

18. Judith M. Treistman, *The early cultures of Szechwan and Yunnan*, China-Japan Program, New York: Cornell University, 1974.

19. Jenny F. So, Emma C. Bunker, *Traders and raiders on China's northern frontier*, Arthur M. Sackler Gallery, Smithsonian Institution, in association with University of Washington Press, Seattle and London, 1995. Based on an exhibition.

20. Joan Aruz, Ann Farka, Andrei Alekseev, and Elena Korolkova ed., *The Golden Deer of Eurasia, Scythian and Sarmatian Treasures from the Russian Stepp*s ,New York: The Metropolitan Museum of Art, 2000.

21. Liudmila Galanina and Nonna Grach, *Scythian Ar, The Legacy of the Scythian World mid-7th to3rd Century B. C.*, Leningrad: Aurora Art Publishers, 1986.

22. Magalene von Dewall, The Tien Culture of Southwest China, *Antiquity*, 1967, Vol.XLI.

23. Maxwell-Hyslop, *'British Museum axe no. 123628: a Bactrian bronze'*, Bulletin of the Asia Institute, NS I (1987).

24. M. Rostovtzeff, *The Animal Style in South Russia and Chirsa* (Princeton Monographs in Art and Archaeology XIV, Princeton: Princeton University Press, 1929),　p. 82.

25. M. Rostovtzeff, 　*Inlaid Bmnzes of the Han Dynasty in the Collection of C. T. LOO* , Paris and Brussels: Librairie Nationale d' Art et Histoire, 1927

26. Martin Stuart-Fox, *A Short History of China and southeast Asia: Tribute, Trade and Influence*, Singapore:Printed by South Wind Production , Private Limited, 2003.

27. Nicola Di Cosmo, *Ancient China and Its Enemies* ——*The Rise of Nomadic Powerin East Asian History*, New York: Cambridge University Press, 2002.

28. Richter, Gisela M.A., The Department of Greek and Roman Art: Triumphs and Tribulations, *Metropolitan Museum Journal* 1970(3).

29. Renata Rolle, *The World of the Scythians* , London: B. T. Batzford Lfd. , 1989.

30. Stephen Shennan, *Archaeological approaches to cultural identity Routledge,* 1994.

31. Sergei I. Rudenko, *Frozen Tombs of Siberia-the Pazyryk Burials of Iron Age Horsemen*, Translated and preface by M.W.Thompson , New York: University of California Press,1970.

32. William Watson, *The Arts Of China To AD 900,*Yale University Press,1995.

33. Edited by John Curtis and Nigel Tallis, FORGOTTEN EMPIRE——The world of Ancient Persia, University of California Press, 2005, by the trustess of the British Museum.

七、學位論文

1. 侯波:《滇文化青銅器動物裝飾淵源探討》,四川大學碩士學位論文,2003年。

2. 張彥:《滇文化青銅器具象裝飾初步研究》,四川大學碩士學位論文,2005年。

3. 包桂英:《論北方系青銅器動物紋飾與北方民族審美文化》,內蒙古師範大學碩士學位論文,2005年。

4. 代岱:《中國古代的蛇崇拜和蛇紋飾研究》,蘇州大學設計碩士學位論文,

2008 年。

5. 景聞:《商、西周青銅器寫實動物紋飾研究》,西北大學碩士學位論文,2010 年。

6. 謬哲:《漢代藝術中外來母題舉例——以畫像石為中心》,南京師範大學博士學位論文,2007 年。

7. 李建華:《關於斯基泰歷史研究的幾個問題》,廣西師範大學碩士學位論文,2008 年。

8. 樊海濤:《石寨山第 6 號墓出土文物的科技考古與研究,廣西民族大學碩士學位論文,2008 年。

9. 劉雪飛:《古代黑海斯基泰人研究》,華東師範大學博士學位論文,2011 年。

10. 陳葦:《甘青地區與西南山地先秦時期考古學文化及互動關係》,吉林大學博士學位論文,2009 年。

11. Alice Yao, *Culture contact and social change along China's ancient southwestern frontier, 900 B.C.~100 A.D,* A dissertation submitted in partial fulfillment of the requirements of the degree of Doctor of Philosophy (Anthropolory) in the University of MIchigan, UMI Microform 3305113, ProQuest LLC, 2008。